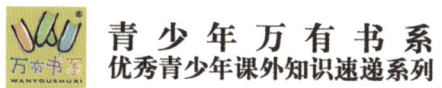

人类与社会

RENLEI YU SHEHUI

青少年万有书系编写组 编写

北方联合出版传媒（集团）股份有限公司
辽宁少年儿童出版社
沈阳

编委会名单（按姓氏笔画排序）

冯子龙　许科甲　胡运江
钟　阳　梁　严　谢竞远
薄文才

图书在版编目（CIP）数据

人类与社会/青少年万有书系编写组编写.—沈阳：
辽宁少年儿童出版社，2014.1（2022.8 重印）
　（青少年万有书系.优秀青少年课外知识速递系列）
　ISBN 978-7-5315-6031-9

　Ⅰ.①人…Ⅱ.①青…Ⅲ.①社会人类学－青年读物
②社会人类学－少年读物Ⅳ.①C912.4-49

中国版本图书馆CIP数据核字(2013)第003908号

出版发行	北方联合出版传媒（集团）股份有限公司
	辽宁少年儿童出版社
出 版 人	胡运江
地　　址	沈阳市和平区十一纬路25号
邮　　编	110003
发行部电话	024-23284265　23284261
总编室电话	024-23284269
E-mail	lnsecbs@163.com
http	www.lnse.com
承 印 厂	三河市嵩川印刷有限公司

责任编辑	谭颜葳
责任校对	朱艳菊
封面设计	红十月工作室
版式设计	揽胜视觉
责任印制	吕国刚

幅面尺寸	170 mm × 240 mm
印　张	12　字数　330千字
出版时间	2014年1月第1版
印刷时间	2022年8月第4次印刷
标准书号	ISBN 978-7-5315-6031-9
定　　价	45.00元

版权所有　侵权必究

全案策划　唐码书业(北京)有限公司
WWW.TANGMARK.COM

图片提供　台湾故宫博物院　时代图片库 等
www.merck.com　www.netlibrary.com
digital.library.okstate.edu　www.lib.usf.edu　www.lib.ncsu.edu

版权声明

经多方努力，本书个别图片版权人至今无法取得
联系。请相关权利人见书后及时与我们联系，以便按
国家规定标准支付稿酬。

联系人：刘 颖　联系电话：010-82676767

ZONGXU 总 序

青少年最大的特点是多梦和好奇。多梦，让他们心怀天下，志存高远；好奇，让他们思维敏捷，触觉锐利。而今我们却不无忧虑地看到，低俗文化在消解着青少年纯美的梦想，应试教育正磨钝着青少年敏锐的思维。守护青少年的梦想，就是守护我们的未来。葆有青少年的好奇，就是葆有我们的事业。

正是基于这一认识，我社策划编写了《青少年万有书系》丛书，试图在这方面做一些有益的尝试。在策划编写过程中，我们从青少年的特点出发，力求突出趣味性、知识性、神秘性、前沿性、故事性，以最大限度调动青少年读者的好奇心、探索性和想象力。

考虑到青少年读者的不同兴趣，我们将丛书分为"发现之旅系列""探索之旅系列""优秀青少年课外知识速递系列""历史地理系列"等。

"发现之旅系列"包括《改变世界的发明与发现》《叹为观止的世界文明奇迹》《精彩绝伦的世界自然奇观》和《永无止境的科学探索》。读者可以通过阅读该系列内容探究世界的发明创造与奇迹奇观。比如神奇的纳米技术将如何改变世界？是否真的存在"时空隧道"？地球上那些瑰丽奇特的岩洞和峡谷是如何形成的？在该系列内容里，将会为读者一一解答。

"探索之旅系列"包括《揭秘恐龙世界》《走进动物王国》《打开奥秘之门》。它们将带你走进神奇的动物王国一探究竟。你将亲临恐龙世界，洞悉动物的奇趣习性，打开地球生命的奥秘之门。

"优秀青少年课外知识速递系列"涵盖自然环境、科学科技、人类社会、文化艺术四个方面的内容。此系列较翔实地列举了关于这四大领域里的种种发现和疑问。通过阅读此系列内容，广大青少年一定会获悉关于自然以及人类历史发展留下的各种谜团的真相。

"历史地理系列"则着重于为青少年朋友描绘气势恢宏的世界历史和地理画卷。其中《世界历史》分金卷和银卷，以重大历史事件为脉络，并附近千幅珍贵图片为广大青少年读者还原历史真颜。《世界国家地理》和《中国国家地理》图文并茂地让读者领略各地风情。该系列内容包含重大人类历史发展进程的介绍和自然人文风貌的丰富呈现，绝对是青少年读者朋友不可错过的知识给养。

现代社会学认为，未来社会需要的是更具想象力、更具创造力的人才。作为编者，我们衷心希望这套精心策划、用心编写的丛书能对青少年起到这样的作用。这套丛书的定位是青少年读者，但这并不是说它们仅属于青少年读者。我们也希望它成为青少年的父母以及其他读者群共同的读物，父女同读，母子共赏，收获知识，收获思想，收获情趣，也收获亲情和温馨。

谁的青春不迷茫？愿《青少年万有书系》能够为青少年在青春成长的路上指点迷津，带去智慧的火花，带来知识的宝藏。

Contents
目录 >>

RENLEI YU SHEHUI

中国历史篇

人类的童年 2
腊玛古猿 2
南方古猿 2
猿人 3

智人 3
直立行走 4
火的使用 4
原始群落 4
没有剥削的氏族公社 5
打磨的石器时代 5

● 远古文明 6
元谋人 6
北京人 6
山顶洞人 6
半坡与河姆渡文化 7
太湖流域的良渚文化 7
燧人氏、伏羲氏和神农氏 8
炎帝和黄帝 8
仓颉造字 8
尧舜禅让 9
大禹治水 9

● 王朝更替 10
夏 10
商 10
西周 10
东周（春秋战国） 11
秦 11
西汉 12
东汉 13
三国 13
两晋和南北朝 14
隋 14
唐 15
五代十国 15

北宋	16
南宋	16
辽、西夏和金	17
元	17
明	18
清	18

- 历史事件 …… 19
  - 武王伐纣 …… 19
  - 卧薪尝胆 …… 19
  - 三家分晋 …… 20
  - 商鞅变法 …… 20
  - 合纵与连横 …… 21
  - 焚书坑儒 …… 21
  - 陈胜吴广起义 …… 22
  - 文景之治 …… 22
  - 张骞通西域 …… 23
  - 王莽改制 …… 23
  - 班超重开丝绸之路 …… 24
  - 隋末农民起义 …… 24
  - 贞观之治 …… 25
  - 玄奘取经 …… 26
  - 开元盛世 …… 26
  - 鉴真东渡 …… 27
  - 安史之乱 …… 27
  - 杯酒释兵权 …… 28
  - 宋辽澶渊之盟 …… 28
  - 靖康之变 …… 29
  - 马可·波罗来华 …… 29
  - 红巾军起义 …… 30
  - 郑和下西洋 …… 30
  - 土木堡之变 …… 31
  - 康乾盛世 …… 31
  - 土尔扈特东归 …… 32
  - 鸦片战争 …… 32
  - 太平天国运动 …… 32
  - 甲午战争 …… 33
  - 戊戌变法 …… 34
  - 八国联军侵华 …… 34

- 著名战例
  - 围魏救赵 …… 35
  - 长平之战 …… 35
  - 巨鹿之战 …… 36
  - 官渡之战 …… 36
  - 赤壁之战 …… 37
  - 淝水之战 …… 37
  - 黄天荡之战 …… 38
  - 萨尔浒之战 …… 38

PART 2 世界历史篇 39

- 人类文明的火种
  - 古埃及文明 …… 40

苏美尔文明..................40
爱琴文明....................41
古印度文明..................42
古希腊文明..................42
巴比伦文明..................43
奥尔梅克文明................44
玛雅文明....................44

● 强盛的古代帝国 45
亚述帝国....................45
波斯帝国....................45
亚历山大帝国................46
罗马帝国....................47
阿拉伯帝国..................47
查理曼帝国..................48
奥斯曼土耳其帝国............48
帖木儿帝国..................49
印加帝国....................49
阿兹特克帝国................50

● 从中世纪到启蒙运动 51
北欧的海盗时代..............51
十字军东征..................51
英法百年战争................52
文艺复兴....................53
黑死病泛滥..................53
大航海时代..................54
宗教改革....................54
欧洲工业革命................55
启蒙运动....................56
法国大革命..................56

拿破仑时代..................57
美国的诞生..................58
美国南北战争................58

● 两次世界大战 59
第一次世界大战..............59
萨拉热窝事件................59
马恩河战役..................60
凡尔登战役..................60
索姆河战役..................61
凡尔赛体系..................62
第二次世界大战..............62
纳粹党掌权..................62
慕尼黑会议..................63
德国入侵波兰................64
法国的沦陷..................64
苏德战争....................65
斯大林格勒保卫战............65
偷袭珍珠港..................66
诺曼底登陆..................67
雅尔塔会议..................67
攻克柏林....................68
日本投降....................68

PART 3

中国名人篇 69

● 古代君王 70
秦始皇嬴政..................70
西楚霸王项羽................70

直言进谏的魏徵	81
功盖天下的郭子仪	82
抗金名将岳飞	82
正气浩然的文天祥	83
徐达	83
抗倭英雄戚继光	84
收复台湾的郑成功	84
力主禁烟的林则徐	85
与舰同沉的邓世昌	85

● 历代思想家

道家创始人老子	86
"至圣先师"孔子	86
墨家鼻祖墨子	87
"亚圣"孟子	87
逍遥游的庄子	88
儒家大师荀子	88
集法家大成的韩非	89
"独尊儒术"的董仲舒	89
理学大家朱熹	90
国学大师王国维	90

汉高祖刘邦	71
汉武帝刘彻	71
魏武帝曹操	72
唐太宗李世民	72
女皇武则天	73
宋太祖赵匡胤	73
成吉思汗铁木真	74
元世祖忽必烈	74
明太祖朱元璋	75
明成祖朱棣	75
开创盛世的康熙帝	76
六下江南的乾隆帝	76

● 历代名将名相　77

管仲	77
兵家孙武	77
秦相李斯	78
"谋圣"张良	78
国士无双的韩信	79
"飞将军"李广	79
常胜将军卫青	80
骠骑将军霍去病	80
"智圣"诸葛亮	81

PART 4 外国名人篇　91

● 君王与统治者

汉谟拉比	92
波斯之王大流士一世	92
阿育王	93
梭伦	94
军事天才亚历山大	94

恺撒大帝 95
奥古斯都屋大维 95
拜占庭皇帝查士丁尼 96
伊丽莎白一世 96
"太阳王"路易十四 97

● 西方思想家　98
苏格拉底 98
柏拉图 98
博学的亚里士多德 99
培根 99
伽利略 100
伏尔泰 100
辩证法大师黑格尔 101
弗洛伊德 101

● 近现代政治伟人　102
"护国主"克伦威尔 102
美国之父华盛顿 102
大革命领袖罗伯斯庇尔 103
林肯 103
明治天皇睦仁 104
革命导师列宁 104
罗斯福 105
丘吉尔 105
戴高乐 106

PART 5 世界民族篇　107

● 中华民族大家庭　108
人口众多的汉族 108
满族 108
文化悠久的藏族 109
宽袍大袖的蒙古族 109
能歌善舞的维吾尔人 109
回族 110
热情好客的哈萨克人 110
羌族 110
彝族 111
苍山洱海旁的白族 111
生活在孔雀之乡的傣族人 112
苗族 112
壮族 113
瑶族 113
台湾土著高山族 113

● 东方文明的创造者　114
日本人 114
印度斯坦人 114
高棉人 115
波斯人 115
土耳其人 116

● 开创西方文明的欧洲人　117
日耳曼人 117
法兰西人 117

PART 6 民间风尚篇 127

意大利人	118
德意志人	118
希腊人	119
热情奔放的西班牙人	119
流浪民族吉卜赛	120

● 非洲大陆的主人　121
　贝扎人　121
　班图人　121
　柏柏尔人　122
　埃及人　122

● 美洲民族　123
　印第安人　123
　印加人　123
　因纽特人　124
　能歌善舞的古巴人　124
　美利坚人　125
　热情豪放的墨西哥人　125

● 大洋洲的居民　126
　澳大利亚土著　126
　波利尼西亚人　126

● 中国节庆
　二十四节气　128
　除夕守岁　128
　辞旧迎新的春节　129
　灯火如昼的元宵节　129
　"二月二"龙抬头　130
　清明节　130
　端午节　130
　牛郎织女会"七夕"　131
　"鬼节""七月半"　131
　全家团圆的中秋节　132
　草原盛会那达慕　132
　傣族的泼水节　132

● 传统风俗
　十二生肖　133
　出生"洗三"　133
　满月与抓周　134
　成年礼　134
　结婚的三书六礼　135
　祝寿礼仪　135

外国节庆 136
- 圣诞节 136
- 复活节 136
- 万圣节 137
- 狂欢节 137
- 感恩节 138
- 愚人节 138
- 情人节 138

服饰与饮食 139
- 日本的和服 139
- "白衣民族"的"韩袍" 139
- 印度的纱丽 139
- 苏格兰方格裙 140
- 麻辣著称的川菜 140
- 清鲜独特的粤菜 141
- 鲜嫩香脆的鲁菜 141
- 制作精细的苏菜 141
- 闽菜 142
- 有浓郁地方特色的徽菜 142
- 北京烤鸭 143
- 意大利的比萨饼和面条 143
- 印度的咖喱 144
- 日本的寿司 144
- 朝鲜冷面和韩国泡菜 145
- 埃及的酸面包 145
- 墨西哥玉米饼 146
- 美国的汉堡包 146
- 英国的三明治 146
- 阿拉伯烤饼 147
- 俄罗斯鱼子酱 148
- 法式大餐 148

PART 7 国际事务篇 149

联合国 150
- 联合国的成立 150
- 联合国大会 150
- 安全理事会 150
- 联合国秘书处 151
- 国际法院 152
- 教科文组织 152
- 世界卫生组织 153
- 世界遗产委员会 153
- 维持和平部队 153

国际组织 154
- 北大西洋公约组织 154
- 欧洲联盟 154
- 美洲国家组织 155
- 非洲统一组织 155
- 世界贸易组织 156

世界银行 156
石油输出国组织 157
国际红十字会 157
绿色和平组织 158
国际奥委会 158

● 外交常识   159
外交代表机构 159
外交人员 159
外交特权 159
出国访问 160
护照与签证 160

PART 8 经济生活篇 161

● 经济与生活   162
交换与货币 162
通货膨胀 162
银行与储蓄 163
股票 163
信用卡 164
商标与广告 164

● 货币   165
最早的纸币 165
人民币 165
港元 165
美元 166
欧元 166
日元 167
英镑 167
新加坡元 168

PART 9 未来展望篇 169

● 未来的工作   170
未来的笔 170
电子智能黑板 170
未来的新型图书馆 170
光脑 171
宇宙工厂 171

● 未来的衣着   17
特殊的军靴 172
蛋白质衣料 172
细菌织的布 173
变色衣 173

● 未来的居住环境   17
智能化大楼 174
太阳能住宅 174
现代化厕所 175
海上城市 175
地下空间 176
未来的太空城 176

● 未来的交通   17
自动人行道 177
高速自行车 177
未来的船舶 178
太空"电梯" 178
空天飞机 179
超空间发动机 179

8

Part 1

中国历史篇

奥杜韦峡谷：又译为奥杜伊瓦峡谷，位于东非的坦桑尼亚。考古学家在该峡谷发现多处早期"能人"的遗迹，挖掘出大量遗骨化石，所以称其为"人类的摇篮"。

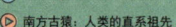
腊玛古猿：正在形成的人
南方古猿：人类的直系祖先

人类的童年

■ 腊玛古猿：正在形成的人

腊玛古猿在人类祖先演化的历史中占有很重要的地位，是古猿进化为人类的第一阶段的形态，恩格斯称他们为"正在形成的人"。

距今约1000万年前，原始的哺乳类动物逐渐发展成为类猿动物。从类猿动物到现代人又经历了古猿、猿人、智人几个发展阶段。其中，从古猿到猿人的飞跃是相当关键的一步。

自腊玛古猿化石在印度被发现之后，大多数人都接受了腊玛古猿是人类最早期的祖先的说法。

1934年，美国耶鲁大学研究生刘易斯在印度的西瓦立克山区，发现了距今约1500万年前的古猿化石，他用印度梵文史诗《腊玛耶那》中祭神首领的名字"腊玛"为之命名。在此之后，同类的化石陆陆续续在世界各地，例如肯尼亚、希腊、土耳其、匈牙利、巴基斯坦和我国云南省等地都有发现。

根据考古化石和当时的地层资料得知，腊玛古猿主要生活在森林的边缘地带和林间的空地上，是一种正向着适于在开阔地带生活变化的古猿。考古学家们推断，腊玛古猿已经初步能用两足直立行走，并且已经能够用石块作为工具从事劳动。他们主要吃植物果实，但也可能吃一点肉食。由于腊玛古猿的肢骨还没有被发现，所以人们只能根据一些有关古猿的知识，推测出腊玛古猿的身高大概超过1米，脑量约300毫升。其体质上的特征与人类的体质特征相似。

腊玛古猿从热带森林走向热带草原之后，便开始播下了人类进化的种子。但不知什么原因，到了距今约800万年前的时候，地球上便再看不见他们的影子，他们逐渐销声匿迹了。

■ 南方古猿：人类的直系祖先

自20世纪20年代起，非洲发现了相当丰富的南方古猿化石。南方古猿虽然在解剖学上还具有猿的特征，但他们已能直立行走。

南方古猿生活在距今约400万年前的南非和东非地区，大体可分为纤细型和粗壮型两个类型，纤细型后来进化成人类。现在已知的南方古猿有的身体粗壮，脑子较大；有的身体低矮，脑子较小；有的带有明显类人猿特征；有的则明显接近人类。

【百科链接】

梵文：
公元前1000年左右，印度雅利安语的早期名称。它不仅是印度的古典语言，也是佛教的经典语言。

最早的南方古猿化石是1924年在南非开普省的汤恩采石场发现的，它是一个古猿幼儿的头骨。当时考古学家们都把注意力集中在了亚洲，直到1959年，在坦桑尼亚的奥杜韦峡谷发现了与南方古猿化石相似的东非人化石之后，南方古猿才开始成为人们关注的焦点。随后，人类学家在南非以及非洲的其他地区又发现了数以百计的南方古猿化石。

20世纪60年代以后，人类学界一致肯定南方古猿是人类进化过程中最初阶段的形态，在分类学上应归入人科。

南方古猿的头骨化石
南方古猿生活在距今420多万年至100万年前，已采用两足直立的行走方式，身体各方面具备了一系列人的特征。大体上可分为纤细型和粗壮型两个类型，其中的纤细型后来进化成更进步的人类。

- 猿人：完全形成的人
- 智人：最古老的现代人

蓝田人：旧石器时代早期人类，生活在距今80万至75万年前，属直立人。其生活遗迹和遗骨化石发现于中国陕西省蓝田县境内，故得此名。

中国历史篇

■ 猿人：完全形成的人

猿人已能直立行走，可以算是最原始的人类，但其某些体质形态尚接近于猿类，所以被称为"猿人"。它是从猿到人过渡阶段的中间形态之一，恩格斯称之为"完全形成了的人"。

科学研究发现，距今约300多万年前，人就完全形成了，这是早期猿人；到距今约200万年或150万年前，早期猿人又发展为晚期猿人。属于早期猿人的人类化石，有1960年在东非坦桑尼亚西北部发现的"能人"和1972年在东非肯尼亚特卡纳湖发现的"Knm-er 1470号人"等，他们生活在距今300万年至170万年之间。与南方古猿相比，

【百科链接】

最早发现的直立人：
1891年在印度尼西亚爪哇岛上发现的爪哇猿人，生活在距今80万至60万年前，能够直立行走，是世界上最早发现的直立人。

早期猿人的脑容量明显增大，约700多毫升。或许正是因为这样，早期猿人才学会了制造工具。

属于晚期猿人的有印度尼西亚的爪哇直立人、莫佐克托人、欧洲的海德堡人、我国的元谋人、蓝田人和北京猿人等，他们大多生活在距今200万年至50万年之间。晚期猿人又叫"直立人"，其头骨扁平，骨壁较厚，脑容量大约为1200毫升，平均身高160厘米。直立人的下肢结构与现代人类十分相似，这说明原始人类发展到这一阶段，直立行走的姿势已非常成熟。

在晚期猿人形成后，人类的分布区域扩大

北京猿人遗址
位于北京市房山区周口店镇龙骨山北部。北京猿人已经能直立行走，食物主要来源于狩猎和采集，采取以石击石的方法打制出刮削器、钻具、尖状器、雕刻器和砍斫器等工具并用其肢解猎物，懂得了用火。

到了亚、非、欧各洲，生活方式也发生了很大变化。但无论是"能人"还是"直立人"，他们都兼有猿的特性，并未完全脱离动物的范畴。

■ 智人：最古老的现代人

智人在人类发展史上非常重要，可以说他们已经属于最古老的现代人类了。同猿人相似，智人可以分为早期智人和晚期智人。

考古学家在非洲、欧洲和亚洲发掘到了不少早期智人的化石。中国也有十余处重大考古成果，比如在陕西大荔出土的头骨，在辽宁金牛山发现的头骨和体骨以及在山西许家窑出土的头骨残片等等，都是非常珍贵的早期智人化石。这些化石解剖结构的特征显示，早期智人是直立人与晚期智人之间的过渡形态。从我国发现的化石材料来看，早期智人的脑颅比直立人稍高而比现代人低，脑颅在眼眶后方的收缩程度通常接近现代人，眼眶上方一般都有

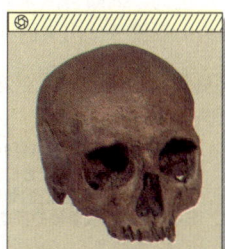

克罗马农人的头骨化石
克罗马农人属于晚期智人，是我们现代人最直接的祖先，他们的化石首先是在法国一个小村庄边的克罗马农山洞中发现的。

厚的眉脊……总之，中国早期智人头骨有一些特征与直立人相仿，有一些则已接近现代人。

晚期智人化石在各大洲已经出土了很多，法国克罗马农出土的人类化石是其中最著名的代表。中国晚期智人化石已发现四十余块，其中最重要的有北京山顶洞人的头骨与体骨化石，广西柳江的智人头骨与体骨化石等。进化相对完善的晚期智人除了具有某些原始特征之外，和现代人类已非常相似。在生产上，人工取火的发明、镖枪的改进、弓箭的出现，使渔猎经济有了重要发展，提高了晚期智人的物质生活水平。在文化上，他们已经有了雕刻和绘画作品。

氏族公社： 原始社会的基本单位，以生产资料公有制为基础、以血缘纽带和血统世系相联结的社会组织形式。曾普遍存在于世界各地的原始社会中，是人类社会发展的必经阶段。

▶ 直立行走：人类形成的标志
▶ 火的使用：人类迈向文明的第一步
▶ 原始群落：最早的社会组织

■ 直立行走：人类形成的标志

自古以来，学者们对人类有着各种定义。古希腊的柏拉图曾经说过，人是"没有羽毛的两足动物"。1871年，达尔文提出，人类的特征是两足直立行走，脑容量大和智力很高。这个观点直到今天仍然有着很大的影响。

由四肢爬行到两足直立行走的转变，引起了人类身体的一系列变化，比如说骨盆、大腿骨、足骨有关肌肉的改变，后肢的增长、关节灵活性的增强和足弓的形成等等。所以，人体结构的基本特征大都是随着直立姿势的形成而产生的。因而有人认为，两足直立行走才是人从猿的系统分化出来的标志，是猿转变为人的最重要的条件。

两足直立行走对人类的进化有着重要的意义。它使人类祖先的前肢从支撑和行走的机能中完全解放了出来，成为自由和灵巧的双手，因而能充分使用和制造工具来获得食物和防御敌害，或者从事其他各种各样的活动。这一切都在人与自然界的斗争中发挥了极为重要的作用。

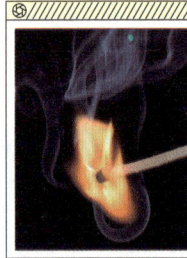

四肢爬行的黑猩猩
黑猩猩在灵长类动物中与人类血缘最为接近，尽管它们也能短暂地直立行走，但它们的骨骼和身体显然更适应四肢着地的行走方式。

■ 火的使用：人类迈向文明的第一步

在人类文明发展史上，没有一项发明能和火相提并论。在远古时代，自然火对生态环境的变化有着十分重要的影响。一场大火过后，无数生命被吞噬，幸存下来的人类只得从灰烬中寻找可以充饥的东西。原始人在从灰烬里寻找食物的过程中发现，火虽然是可怕的，但靠近它时又可取暖。由此，人类产生了利用火的意识，并开始将自然火种带回洞穴中保存起来。

原始人类对火的使用有两个阶段。利用自然中的野火，把它作为火种保存起来只是第一个阶段。经过了一段极为漫长的时期，人类懂得了人工取火的知识。他们发现石头间的碰撞可以产生火花，物体间的高速摩擦也可以生火。后人在前南斯拉夫一个旧石器时代的遗址中，发现了一根烧焦的木棍，它的一端光滑明

点燃的火柴
现在我们只要轻轻一划火柴，就可以擦出火苗，可是石器时代的人们想要点燃柴火并且留住火种，常常需要大费周章。

亮，是由摩擦造成的。这被认为是人工取火的有力证据。

人类学会用火，增强了人类征服自然的能力，为人类自身的发展开辟了一个新的、广阔的前景。火的使用也是人类从原始迈向文明的第一步，是人类从动物界最终分化出来的标志之一。

■ 原始群落：最早的社会组织

原始社会是人类从猿类分化出来之后所建立的第一个共同体，也是人类最早的社会组织形式。它前期为原始群落时期，后期为氏族公社时期。这两个时期的人类都以石器为主要生产工具，因此在考古学上称之为石器时代。

原始群落是人类最早的社会组织形式。当时的人类刚刚从猿类分化出来，生产能力很低，征服自然、改造自然的能力也很弱，只能以血缘为纽带结成群体谋生。所谓血缘家族，就是家族内部实行群婚，只按辈分设限，同辈之间皆可通婚，而长辈与子辈之间不可通婚。一个血缘家族就是一个生产单位，单位成员人人平等，共同生产，共同消费。

对偶婚：一男一女在或长或短的时间内保持相对稳定的偶居生活的婚姻形式，是群婚制向一夫一妻的个体婚制转变的过渡形态，产生于原始社会蒙昧时期和野蛮时期的交替阶段。

■ 没有剥削的氏族公社

氏族公社的早期阶段是母系氏族社会。这一时期，女性在社会中享有很高的地位，掌握着氏族的领导权。世系随母系计算，子孙归属母亲。一般认为中国的仰韶文化处于母系氏族社会阶段，美洲印第安人的易洛魁氏族也处于典型的母系氏族社会。在母系氏族社会，人类体质上的原始动物性基本消失，因此被称为"新人"。

中国境内的新人化石和文化遗存遍及各地，其中新人的主要代表有河套人、柳江人等，文化遗存的主要代表为河姆渡文化、红山文化等等。此时的生产力水平有了明显进步，例如磨制、穿孔石器取代打制石器，原始农业产生，家畜饲养、原始手工业及副业出现等等。

中国进入父系氏族社会的时间大约在距今4000年前。其主要文化遗存代表有龙山文化、齐家文化、大汶口文化和良渚文化等。随着社会生产力的发展和男子在生产中作用的突显，男子开始在氏族中占据主导地位。与此同时，婚姻由对偶婚向一夫一妻制过渡，父权制随家庭出现而产生，财产按照父系继承，世系随父系计算。父系氏族制形成后，私有制也开始萌芽并逐渐形成。在贫富分化加剧的情况下，阶级对立出现，由此进一步导致原始社会解体，国家开始产生。

■ 打磨的石器时代

石器时代分为新、旧两个阶段。旧石器时代是以使用打制石器为标志的人类文化发展阶段。它是从距今约250万年前开始，延续到距今1万年左右止。在中国发现的这一时代的人类化石和文化遗物有很多，例如著名的北京人化石和西侯度遗址文化。

新石器时代是远古人类采用磨制方法制造石器的时代。距今约1万年，中国进入了新石器时代。迄今所发现的我国境内的新石器时代遗址有7000多处，正式发掘的有100多处。磨制石器的大量涌现、陶器的制造以及农牧业的产生，是这个时代区别于旧石器时代的主要标志。具有代表性的新石器时代的文化，有磁山文化、仰韶文化、大汶口文化、河姆渡文化、龙山文化等。新石器时代在我国大约延续了6000年。

【百科链接】

仰韶文化：
中国新石器时代（距今约6000年前）的一种文化，因其遗址最早发现于河南省渑池县仰韶村而得名。

龙山文化陶鬶（guī）
龙山文化泛指中国黄河中下游地区约在新石器时代晚期的一类文化遗存，距今约4350年至3950年。此时社会已进入了父系社会，出现了私有财产，开始跨入阶级社会。鬶是原始先民用来烧水的器皿，也是龙山文化最具特色的器物种类之一。

远古骨器
旧石器时代晚期，最原始的石器、骨器等劳动工具虽然十分粗糙，但已开始体现出原始的平整、浑厚、挺拔、均衡、对称等美的规律。

骨角器：使用兽骨或动物头角（如鹿角）研磨而成的器具，可用来渔猎或装饰。考古学中，骨角器的出现常被视为人类文明进步的重要标志。

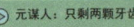
元谋人：只剩两颗牙齿
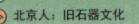
北京人：旧石器文化
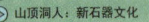
山顶洞人：新石器文化

远古文明

■ 元谋人：只剩两颗牙齿

中国是世界文明古国，也是人类的发源地之一。到目前为止，中国是发现旧石器时代人类化石和文化遗址最多的国家。

1965年，中国的地质学家在云南省元谋县那蚌村西北小山冈上发现了两颗与人类牙齿很相像的牙齿化石。这两颗牙齿齿冠保存得很完整，齿根末梢稍有残缺，表面有碎小的裂纹。经过测定，它们为距今170万年前的原始人类所有，属于元谋直立人化石。元谋人是中国境内最早的人类，在新石器时代，他们已经能使用石斧之类简单的生产工具，从事原始的农业生产了；有些地方，人们还会建造简易木结构房，并逐渐形成较大的村落。元谋人对于揭示人类演化历史具有重要的意义。

■ 北京人：旧石器文化

大约70万至20万年前，北京房山周口店地区就有原始人类在那里劳动、生息，这就是举世闻名的"北京人"，又称北京猿人。

北京人化石的发现证明了直立人的存在，明确了人类发展的序列，为"从猿到人"的学说提供了有力的证据。北京人所处的时代，在人类文化史上属于旧石器时代初期。

周口店龙骨山北坡的山洞中，曾出土过许多骸骨化石、使用过的工具和大批哺乳动物的化石。在此洞穴附近，人们还发现了北京人已会使用火的证据。

北京人骸骨化石个体数目之多，文化遗存之丰富，发掘记录之完整，在世界远古人类发展历史的研究上都是绝无仅有的。1991年，北京人遗址被世界遗产委员会列入世界文化遗产名录。

■ 山顶洞人：新石器文化

山顶洞人属距今约1.8万年前的晚期智人，因1930年发现于北京市周口店龙骨山顶部的山顶洞而得名。以后专家经过数次发掘，在那里发现了许多人类化石和文化遗物，证明山顶洞人为新石器时期人类的代表。

山顶洞人牙齿较小，下颚突出，脑量已达1300至1500毫升，男性身高约为1.74米，女性约为1.59米。这些特征都与现代人一致。他们制造的石器数量不多，大概有20多件，主要是砍砸器和刮削器，其中骨角器最具代表性，尤以骨针最为典型。山顶洞人制造的骨针，针身保存完好，长约82毫米，磨得很光滑；针孔则是用一些细小而又锐利的尖状器挖成的。此外，山顶洞人还制作了大量的装饰品，有穿孔的兽牙、海蚶壳、小石珠和石坠等，一些兽牙还被制成成串的项链，表面用赤铁矿粉染成红色。这些发现表明，山顶洞人已经发明和掌握了钻孔、磨制和染色技术，反映出他们特有的审美观念。而山顶洞人将死者埋葬在地下室，说明他们已经有了原始的宗教信仰，那些撒在尸体上及周围的赤铁矿粉象征血液，人死血枯，

北京人复原头像
这座头像是古人类学家于1959年根据对北京人头骨化石的研究复原成的，是一个中年妇女头像。从复原头像上可以看出，其头部仍然保留了不少猿的特征。

【百科链接】

世界遗产委员会：
1972年，联合国教科文组织在巴黎通过了《保护世界文化和自然遗产公约》，成立联合国教科文组织世界遗产委员会。

加上同色的物质，是希望死者在另外的世界中复活。

■ 半坡与河姆渡文化

半坡村文化遗址位于陕西省西安市东郊，是一个保存较完整的村落遗址。它生动展现了6000多年前处于母系氏族社会繁荣时期的半坡先民们的生产生活情景。遗址内的房屋有大有小，并且已形成一定的布局。生产工具包括石器、骨器、陶器等，以石器为主，石斧、石铲、石刀等多磨制得比较精细。半坡人已处于锄耕农业阶段，所种谷物有粟、稻等，还开始种植白菜、芥菜等，已开始饲养猪、狗等家畜。居民们还从事捕鱼、狩猎、采果子等活动，以补助生活。在半坡遗址出土的部分彩陶上刻画有各种符号，可能是中国古文字的萌芽。

【百科链接】

黑陶：
龙山文化时期的黑陶有细泥、泥质和夹砂三种，其中以细泥薄壁黑陶制作水平最高，有"黑如漆、薄如纸"的美誉，距今约有4000余年的历史。

尖底陶瓶
出土于半坡遗址，是先民汲水用的器具。放入水中后便自动下沉，盛满水后又会自动立起，然后人们用绳将瓶吊出水面。尖底陶瓶的制作充分显示了半坡人非凡的智慧。

河姆渡文化遗址分布于我国长江下游地区，其年代属于新石器时代繁荣期，距今约6800年，因发现于浙江余姚河姆渡村而得名。从那儿发掘出的生产工具有石斧、骨耜和手制的黑陶陶器等；还发现很多稻谷、稻壳、稻茎的遗存，证明河姆渡人已大量种植水稻。当时的人们用动物肩胛骨制成骨耜，绑上木柄，用来翻土耕作；收割则使用石刀，舂米使用木杵。河姆渡人已经会驯养猪、狗、牛等家畜。此外，在该遗址还发现一种类似今天傣家竹楼的干栏式建筑，证明河姆渡人已掌握了较先进的建筑技术。

■ 太湖流域的良渚文化

良渚文化是我国长江下游太湖流域一种重要的古文化，其遗址在1936年首先发现于浙江余杭市良渚镇，因此得名。

良渚文化遗址分布在江苏、浙江、上海三省市境内，成为距今四五千年左右长江下游及太湖流域这一类物质文化遗存的统一称谓。它见证了长江下游古代文明和文化的发展，并被世界考古学界认定为中国和世界东方早期文明的主要代表之一。

良渚玉琮
良渚文化是我国长江下游太湖流域重要的古文明，存在于铜石并用时代。玉琮是良渚文化的代表器物，琮上面所刻的人面或兽面，或人兽组合纹，为当时氏族社会人们崇拜的"神徽"。

良渚文化在建筑和制陶等方面都很有成就，是史前时期中国南方文化的主流，促进了中原地区原始文明的极大发展，并最终形成了中国繁荣的早期文明。其中，良渚玉器的制作在中国同时期原始文化中显得十分突出，主要的玉器有珠、管、坠、瑷、璜、镯、琮、璧、蝉等。其中外方内圆的长筒形玉琮最为珍贵，在磨制抛光、雕刻纹饰、规格定型等方面都表现出了很高的工艺技术水平。良渚文化的陶器以夹细砂的灰黑陶和泥质灰胎黑皮陶为主，特点是器壁较薄，器表以素面磨光的为多，少数有精细的刻画花纹和镂孔。代表性的器形有鱼鳍形或断面呈丁字形足的鼎，竹节形把的豆、贯耳壶，大圈足浅腹盘和宽把带流杯等。

距今4200年前，良渚文化因为北进失利及水患等因素而很快衰亡，代之而起的是太湖流域的马桥四层文化。

蚩尤：传说中的古代九黎族首领，曾与黄帝大战于涿鹿，兵败被杀。据说蚩尤"以金作兵器"，所以被后世公认为金属冶炼的发明者。

▶ 燧人氏、伏羲氏和神农氏
▶ 炎帝和黄帝
▶ 仓颉造字

■ 燧人氏、伏羲氏和神农氏

在远古蛮荒时期，人们还不知道怎样有效地保存火种，因而常吃生的食物，经常得病，寿命也很短。传说中有个人叫燧人氏，他看见小鸟在啄树时会闪出火花，他灵机一动，如法炮制，果然也砸出了火花。燧人氏又找来不同的材料做试验，最终找到了人工取火的方法。自此，人们就不再生活在寒冷和恐惧之中了。所以，燧人氏一直受到人们的敬重和崇拜，被尊为"火祖"。

神农氏炎帝像
在《世本·帝系篇》中，炎帝和神农氏被扯在一起，称为"炎帝神农氏"。此图中，炎帝手持野草，正在品尝，反映的正是神农氏遍尝百草，发现药材，教人治病的故事。

伏羲是一位很了不起的文化始祖。他上知天文，下知地理，拥有神奇的法力，还熟知人间万物的自然法则。传说是他发明了八卦，以乾代表天，坤代表地，坎代表水，离代表火，艮代表山，震代表雷，巽代表风，兑代表沼泽。他还教会子民利用八卦占卜吉凶，获得神意的指示。总之，他的众多举措开启了人类最早的文化活动，使先民从蛮荒时代转入了早期文明时代。

远古的时候，人们吃野草、喝生水，常常生病。冬天食物变得非常稀少时，人们又不得不忍饥挨饿。有的人饥不择食，乱吃植物，结果误食了有毒的花草死去。神农氏为了使部落族人免于饥饿和病痛，花了大量的时间去找寻可以食用的植物和能够除病痛的药物，并且亲自尝试各种药草的功效。通过长时间的探索和试验，他终于研制出了许多草药，解救了许多受病痛折磨的族人。神农氏也因此被后人尊为农耕和医药的始祖。

■ 炎帝和黄帝

远古时期，人们对自然灾害的抵抗能力较低。每次遇到水灾或旱灾，整个部落都必须搬离原来的住所。有一次，炎帝部落迁移到了一个条件较好的地方，但那个地方已经被黄帝部落占领。于是双方为争夺领地而发动了战争，结果炎帝战败。经过商议，炎、黄两个部落联合在一起组成了炎黄联盟，并在涿鹿大战中打败了凶残的蚩尤部落。

黄帝陵
黄帝陵位于陕西黄陵县桥山山顶，陵前有一座祭亭，亭中央立有一高大石碑，碑上有郭沫若题的"黄帝陵"三个大字。

【百科链接】

八卦：
《周易》中的八种基本图形，用"—"和"--"作为基本符号，以"—"为阳，以"--"为阴，分乾、坤、震、巽、坎、离、艮、兑八卦，象征天、地、雷、风、水、火、山、泽八种自然现象。

在那之后，炎帝听从了黄帝的命令，并把自己部落的木犁和草药送给了黄帝，两个部落相处得很融洽。在炎帝的帮助下，黄帝统一了天下，天下实现了真正的太平。所以后人就把黄帝和炎帝尊为中华民族的始祖，并自称"炎黄子孙"。

■ 仓颉造字

仓颉原本是黄帝手下负责管理牲口和粮食的一个官吏，传说他生有"双瞳四目"。

远古时期，仓颉看到人们利用结绳记事很麻烦，就想造出一种简单易记的符号，用来传

娥皇、女英：传说中尧的两个女儿，合称"皇英"。姐妹同嫁虞舜为妻。虞舜"父顽，母嚚，弟傲"，三人曾多次加害他，他终因娥皇、女英之助而脱险。

【百科链接】

结绳记事：
　　文字发明前人们所使用的一种记事方法，即在一条绳子上打结，用以记录不同的事件。《易·系辞下》记载：上古结绳而治，后世圣人易以书契，百官以治，万民以察。

授经验，记载历史。仓颉日思夜想，终于创造出了一种新的符号。为了叫起来方便，他给这些符号取了一个共同的名字，叫作"字"。这些字都是依照万物的形态造出来的，比如"日"字，是照着太阳圆圆的模样创造的；"月"字，是仿照着月牙儿的形态描出来的；"人"字，是看着人的侧影画的；"爪"字，是观察了鸟兽的爪印后涂的……仓颉就是这样观察着周围的事物，创造出了我们今天使用的汉字，并将字的写法传授给了别人，为中华民族的繁衍和昌盛建立了不朽的功绩。

仓颉像
　　传说仓颉有四只眼睛，观察力非常敏锐。他观察天上星宿、地上山川、鸟兽虫鱼的足迹、草木器具的形状，从而创造了文字。

尧舜禅让

　　尧帝是黄帝的五世孙，为人非常贤能。他当上部落首领以后，和大家一样住茅草屋，吃糙米饭，夏天披粗麻，衣服一直穿到破烂不堪才丢掉。因而老百姓十分拥护他。

　　尧在位70多年。年老时，他召开部落联盟会议，讨论继承人的问题，想找一个道德高尚、有本事的人代替自己。大家都推举虞舜，说他是个德才兼备的人物。尧就把自己的两个女儿娥皇、女英嫁给舜，并考验了他三年时间，最终将帝位禅让给舜。舜接位后，亲自带领大家耕田、打鱼、制陶，还通过部落联盟会议，把国家治理得井井有条，完善了社会管理制度，深受大家爱戴。尧舜禅让的历史传说反映了原始公社的民主制度。

大禹治水

　　尧在位的时候，黄河流域发生了很大的水灾，于是尧派鲧去治理洪水。但鲧花了9年时间，依然没有把洪水治服。舜当上首领以后，就改让鲧的儿子禹去治水。禹采用了开渠排水、疏通河道、引水入海的办法，和老百姓一起劳动，戴着毡帽，拿着铁锹，带头挖土、挑土。经过13年的努力，终于把洪水引到大海里去。传说禹治水期间到处奔波，多次经过自己的家门，都没有进去。有一次，他妻子涂山氏生下了儿子启，禹在门外经过听见婴儿哭声，也狠下心没进去探望。后代的人都称颂禹治水的功绩，尊称他为大禹。

　　舜年老以后，也像尧一样，在全国各地物色继承人。由于大禹治水有功，提高了自己的威信和影响力，大家都推选他。舜死后，大禹就继任了部落联盟首领。

大禹像
　　史书记载，大禹在治水的过程中考察了九州的土地物产，规定了各地的贡品赋税，指出了各地朝贡的方便途径，并划定了五服界域，使全国范围内出现了统一、安定和欣欣向荣的局面。

作坊：从事手工业生产的场所，也称"作场""坊""房"等，生产中实行以分工为基础的协作。古代有官府作坊及民间作坊之分。

▶ 夏：第一个奴隶制国家
▶ 商：频频迁都的王朝
▶ 西周：分封天下诸侯

王朝更替

■ 夏：第一个奴隶制国家

大禹治水有功，成为了部落首领。他在位期间，各个部族之间的战争越来越频繁，而战俘变成了奴隶，社会财富日益集中在了少数人手里，奴隶和奴隶主两大阶级逐渐形成。禹因部落在对外战争中，不断取得胜利，俘获了更多的奴隶和财富，势力迅速增强，最后成为了整个国家的首领。

大禹死后，他的儿子启在亲信的支持下，废除了禅让制度，实行父传子的王位继承方式。经过几场战争，启动用军队镇压了其他拥护禅让、反对世袭制度的人。不久后，启继位，正式建立了夏朝，开始了"家天下"的局面。

夏朝是我国第一个奴隶制王朝，原先的氏族贵族转化为奴隶主，成为新兴的统治阶级。广大的劳动者成为奴隶，其人身隶属于奴隶主。夏朝的国家机构，实际是奴隶主为保护自己的既得利益而镇压奴隶的工具。

夏代铜爵
这个铜爵出土于河南省偃师市二里头遗址，是我国历史上最早的青铜酒器之一。

■ 商：频频迁都的王朝

夏朝到了最后一个王——夏桀统治时期，政治黑暗腐朽，诸侯互相攻伐。商族首领成汤趁夏乱而灭掉了一些亲夏的诸侯国，扩大了自己的力量。后来成汤又拜出身于"庖厨之中"的伊尹为相，使国家得到了很好的治理。

约公元前17世纪，成汤率众灭夏，建立了商朝，以商为核心的方国联盟在广大中原地区占有了主导地位。夏桀则被放逐于南巢之山，最终死于此地。

商朝的历史可以分为三个阶段。成汤灭夏以前称为先商；成汤灭夏至盘庚迁殷以前称为早商；盘庚迁殷以后称为晚商。早商时期，王室内讧不断，再加上频繁的自然灾害，国势日渐衰微，曾经五次迁都。而盘庚即位后，为稳固统治，发展经济，决定将都城自奄（今山东曲阜）迁至殷。

盘庚名旬，盘庚是其庙号，盘庚是商汤的九世孙，也是商朝的第20代王。当时，许多贵族平民都反对迁都，盘庚耐心进行劝说，晓以利害，迁都的计划才得以实现。

殷地在今河南安阳小屯村一带，在该地发现的商代王陵、宫殿、作坊及其他遗址，表明这里就是当年商朝的都城。因此，后代也将商朝称为殷朝。

盘庚迁殷以后，商都不再频繁更换，这对商朝的巩固和发展起到了十分重要的作用。

商汤像
商汤是商部落首领，后灭夏而建商朝。他革除夏的弊端，减轻征赋，鼓励生产，安抚民心，将商势力扩展至黄河上游，建立了一个强大的奴隶制王朝。

■ 西周：分封天下诸侯

据《史记·殷本纪》记载，商代最末一位君主名纣，是中国历史上著名的暴君。他对内设置了炮烙等种种酷刑以镇压臣民的反抗，对外穷兵黩武，导致国内兵力空虚。周文王的儿子周武王继位后，取得了牧野之战的胜利，从商迁九鼎归周，建立了周王朝。

禅让制：
古代的部落联盟首领将权位让给别人的一种制度，实质上就是上古时代的军事民主制。

> 东周（春秋战国）：战乱不断
> 秦：第一个封建帝国

犬戎：又称畎夷、犬夷等，中国古代少数民族，活动于今陕西、甘肃一带。《史记·宋微子世家》载："周幽王为犬戎所杀，秦始列为诸侯。"

中国历史篇

"分封制"是西周建立的一种地方行政制度，对后世影响颇大。周王将王畿以外的土地封给各诸侯，使之建立自己的邦国。受封的诸侯多为王室的同姓亲属、功劳极大的臣子，或者是古帝王之后。所有诸侯都隶属于周王，承担着镇守疆土、交纳贡税、朝觐述职等义务。封国之内，诸侯以君主的身份也实行分封制。国内的土地，诸侯直辖一部分，另一部分则分封给他的卿大夫，称为"采邑"。卿大夫又将采邑之内的土地分给士，士则直接统治着庶民。周王以下至士，都是贵族，庶民则主要是劳动者。西周通过分封诸侯，不但巩固了对原来商朝地区的统治，而且扩大了统治范围，加速了全国经济的发展。

周公像
周公名旦，是周文王姬昌的第四子，周武王的弟弟，西周初期杰出的政治家、军事家和思想家。西周的分封制度和礼乐制度就是在周公的主持下建立起来的。

■ 东周（春秋战国）：战乱不断

公元前770年，由于受到北方游牧部落犬戎的威胁，周平王向东迁都至洛阳，史称东周，春秋时期开始。此后，周王朝的影响力逐渐减弱，周天子的政治、经济地位日益衰退，诸侯逐渐崛起。100多个诸侯国互相蚕食，最终形成大国争霸的局面，齐桓公、晋文公、楚庄王、吴王阖闾、越王勾践相继称霸，号称"春秋五霸"。

春秋时期，大国争霸紧锣密鼓，始终不断。据《春秋》记载，242年间列国之间的战争共483次，朝聘会盟450次。春秋末年，势力较大的国家有齐、秦、楚、燕等，此外还有周、宋、卫、鲁、郑、中山等中原小国，以及匈奴、百越、巴蜀等夷狄国家。

各国为了壮大自身实力，纷纷进行变法改革运动，其中最有名的当属秦国商鞅、魏国李悝及楚国吴起的变法。当变法取得成绩之后，各国之间频繁开战，大国不断兼并小国，最后剩下魏、赵、韩、齐、楚、秦、燕七个大国，号称"战国七雄"。

公元前221年，秦国大将王贲攻下齐国都城临淄，至此六国全部灭亡，战国时代结束。

【百科链接】

夷狄：
在古代时期，中原诸族自称为"华""夏"，而将周边的少数民族称为"蛮夷戎狄"，简称"夷狄"。

越王丌北古剑
这柄青铜古剑出土于安徽省安庆市的战国古墓，铸造工艺十分精湛，出土时通体无锈蚀，刃锋锐利，鸟篆书铭文32字，细如毫发，字迹清晰。丌北古即越王盲姑，是越王勾践的孙子。

■ 秦：第一个封建帝国

公元前221年，秦王嬴政灭六国统一中原，建立了我国历史上第一个专制主义中央集权的封建王朝——秦朝。

嬴政自称始皇帝，建都咸阳。秦朝疆域东至大海，西至陇西，南至云南、广西，北到阴山，东北为辽东地区，成为当时世界上最大的国家。秦始皇还创设了影响深远的皇帝制度，在中央设立三公九卿制，在地方推广郡县制；此外又采取了一系列巩固统一的措施，如统一文字、货币、度量衡等。随后又北征匈奴、南服百越，修筑西起临洮（今甘肃岷县）东至辽东的万里长城等，进一步促进了统一的多民族封建国家的形成。但秦朝赋役繁重，刑罚苛暴，给劳动人民带来了巨大的灾难和痛苦。公元前210年秦始皇病死后，继位的秦二世胡亥进一步加重了对农民的剥削和压迫，继续修建阿房宫，征发农民戍边。赋敛愈

11

推恩令：汉武帝为削弱诸侯王势力而颁行的重要法令，主要内容是令诸侯推私恩分封子弟为列侯。名义上是施德惠，实际上是剖分其国以弱其势。

▶ 西汉：大一统的帝国

重，徭役无期，广大农民的困苦达到极点。

公元前209年，终于爆发了陈胜吴广起义，将秦朝推向了灭亡之路。公元前206年，秦朝被刘邦领导的起义军所灭，前后仅仅统治了15年。

秦朝存在的时间虽短，但当时开创的各种制度以及辽阔的疆域、高度的文明，在以后2000多年的封建社会中，影响十分深远。秦始皇顺应历史潮流，统一中国，建立了中央集权制的封建国家，在中国历史上具有突出的地位。

■ 西汉：大一统的帝国

继秦末农民大起义之后，项羽和刘邦之间为争夺封建统治权力又进行了历时5年之久的楚汉战争。最终刘邦在这场角逐中打败项羽，建立了西汉王朝。

汉初时期，统治者在制度上多承袭秦制，但注重改变了秦朝的苛政，采取"休养生息"的政策，使西汉经济迅速复苏，出现了"文景之治"的局面。

汉武帝继位后，进一步采取措施加强皇权，如实行"推恩令""中朝制""盐铁专卖""均输平准"及"独尊儒术"等措施，使西汉的政治、经济和文化都发展至一个高峰期。汉武帝还派出卫青、霍去病等名将与匈奴进行了大规模战争，基本消除了匈奴人的威胁。

在征讨匈奴的同时，张骞出使西域，扩大了对外交往，著名的丝绸之路由此产生。这使西汉出现大一统局面，统一的多民族国家得到巩固和发展，西汉进入鼎盛时期。汉武帝时期，儒学获得了独尊地位。另外，文学、艺术和科学技术领域，辉煌成就不断出现，其中司马迁所著的《史记》彪炳千秋。

西汉末期，由于土地兼并剧烈，奢侈腐败之风盛行，社会矛盾不断激化，西汉政权被王莽所建立的"新朝"所取代。王莽改制失败之后，新朝在绿林、赤眉起义的浪潮中崩溃。

长信宫灯

出土于河北满城中山靖王刘胜之妻窦绾墓中。灯体通高48厘米，设计十分巧妙，宫女一手似在挡风，实为虹管，用以吸收油烟，防止空气污染。长信宫灯一直被认为是我国古代制灯工艺的巅峰之作，堪称"中华第一灯"。

秦始皇陵兵马俑坑

秦始皇陵兵马俑坑是秦始皇陵的陪葬坑，是世界最大的地下军事博物馆。最早发现的一号俑坑呈长方形，东西长230米，南北宽62米，深约5米，总面积14260平方米，四面有斜坡门道，左右两侧各有一个兵马俑坑，现称二号坑和三号坑。

谶纬：流行于两汉时期的一种学说。主要以古代河图洛书的神话、阴阳五行学说及西汉董仲舒的天人感应说为理论依据，将自然界的偶然现象神秘化。

东汉：定都洛阳

西汉皇族刘秀在夺取了绿林、赤眉起义胜利果实后，于公元25年建立了豪族地主的统治政权，迁都洛阳，史称东汉。

定都后，光武帝刘秀采取了一系列旨在恢复生产、安定社会秩序的措施，并加强了中央集权，使东汉迅速出现复兴局面。但是到了东汉中期，豪强地主势力迅猛发展，在统治阶级内部引起长期争斗，外戚与宦官轮流专政以及"党锢之祸"，便是这一斗争的突出表现。

【百科链接】

党锢：
所谓党锢，就是官僚士大夫因反对宦官专权而遭禁锢。东汉桓帝后期，宦官专政，以儒生和官僚士大夫为主的士人集团曾团结起来进行抗争，最终导致了两次党锢事件的发生。

东汉政府大力提倡儒学，又信奉谶纬之说，二者结合起来，成为官方的统治思想。杰出的唯物主义思想家王充著《论衡》一书，大胆揭露和批判了封建神学思想。史学家班固著《汉书》，开创了纪传体断代史的体例，《汉书》是继《史记》之后的又一史学巨著。科技方面，蔡伦改进造纸术，张衡发明浑天仪、地动仪，张仲景、华佗在医学方面也有突出成就。

东汉末期，社会矛盾激化，统治日趋黑暗，最终爆发了黄巾起义，社会陷入混乱，东汉政权已名存实亡。

地动仪模型
张衡是我国东汉时期伟大的天文学家，他发明的地动仪可以测到发生在数千里外而在洛阳并无震感的地震，国外19世纪以后才有了类似的仪器。

三国：天下三分

东汉末年的地方割据势力经过近20年的混战兼并，在赤壁之战后，最终形成了曹操、孙权和刘备鼎足三分的局面。220年，曹操死后，其子曹丕称帝，国号魏，定都洛阳。次年，刘备也在蜀称帝，国号汉，史称蜀汉，定都成都。8年后，孙权在江东称帝，国号吴，定都建业（今南京）。

魏在三国中最为强大，曹丕为笼络世家大族，建立了九品中正制，直接控制官吏选任。经济上恢复发展，推行屯田制，开垦荒地，出现"自寿春到京师，农官兵田，鸡犬之声，阡陌相属"的景象。此外，魏国的文字、哲学和科学技术都取得了重要成就，其中曹操父子三人和建安七子在诗歌创作风格上形成"建安风骨"，留下许多名篇。

蜀汉疆域在三国中最狭小。刘备死后，诸葛亮继续以丞相身份辅佐后主刘禅。内修农耕，发展经济；对外北伐，抑制曹魏南侵，但国力也消耗很大。263年，魏军攻蜀，刘禅投降，蜀亡。

孙权继承了父孙坚、兄孙策的基业，依靠江东大族，建立起强大武装。由于劳动力的增加、生产技术的改善、屯田的实行和荒地的开垦，江南农业有长足的发展，丝织麻织业、铜铁采冶业等都有进步。吴后期，暴君孙皓沉湎酒色，滥杀无辜，使朝野上下离心，起义不断发生。280年，西晋大举伐吴，孙皓投降，吴亡。至此，中原又归于统一。

刘备像
刘备是东汉景帝之子中山靖王刘胜的后代，三国时期蜀汉的开国君王，即汉昭烈帝。图为唐代画家阎立本《历代帝王图》中的刘备像。

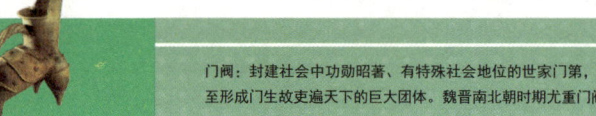

门阀：封建社会中功勋昭著、有特殊社会地位的世家门第，有些甚至形成门生故吏遍天下的巨大团体。魏晋南北朝时期尤重门阀。

▶ 两晋和南北朝：动荡中的发展
▶ 隋：重新归于统一

■ 两晋和南北朝：动荡中的发展

三国末年，司马氏家族控制了魏国政权，最终将三国统一，建立了西晋王朝。

西晋前期，社会呈现出繁荣景象，史称"太康之治"。但后来统治集团内部争权夺利，爆发了影响巨大的"八王之乱"，战争导致数百万农民漂泊异乡。同一时期，北方的少数民族不断南下入侵，西晋王朝在内忧外患中灭亡。317年，西晋琅琊王司马睿建立了东晋王朝。东晋帝室衰微，门阀士族执掌大权。皇族与门阀士族之间的矛盾错综复杂，内争不断发生，后又爆发了孙恩、卢循起义。最后，东晋大将刘裕掌握了朝政，建国号宋，东晋灭亡。

南北朝是南朝与北朝的合称。东晋灭亡后，南方相继出现了宋、齐、梁、陈四朝。北方情况则比较复杂，先是北魏统一北方，后分裂成东魏、西魏，东魏、西魏又分别为北齐、北周所取代。最终北周灭掉北齐，重新统一北方，为隋朝的大一统奠定了基础。

南北朝经济偏重于南方，因为中原的人口为避战乱而不断南迁，增加了江南的劳动力，而且带来了先进的生产技术，大大促进了当地经济的发展。文化方面，玄学思想有进一步的发展，佛、道二教也得到广泛传播，文学、史学、艺术以及科技等方面都取得了可观的成就。

洛阳龙门石窟佛像

南北朝时期是中国历史上佛教盛行的时期。公元493年，北魏孝文帝下令迁都洛阳，之后佛教的发展中心也转移到了洛阳。孝文帝下令在洛阳以南的龙门伊水两岸，依山开窟造像，这就是龙门石窟。

■ 隋：重新归于统一

581年2月，杨坚称帝，建国号隋，是为隋文帝。589年，隋文帝灭南朝，俘后主陈叔宝，接着又陆续平定南方全部州县，结束了自西晋末年以来南北分裂近300年的历史。

隋文帝的后继者隋炀帝杨广穷奢极欲，又好大喜功，营东都、修长城、开运河、巡幸各地、大兴土木，给劳动人民带来极大的灾难。隋朝末年，农民大起义爆发，推翻了隋朝的统治。

【百科链接】

科举制：
自隋朝开始，政府采用分科考试的办法来选拔官员，各州每年要向中央选送三人参加国家的考试，合格者录用为官。后又创立了进士等科，科举制度正式形成。

隋朝虽然是一个短命的王朝，然而其历史地位却不容忽视。隋文帝改革中央机构，确立了三省六部制，制定开皇律，并继续推行和改革府兵制度。此外，他还创建了科举制度。隋炀帝时期，兴修了举世闻名的大运河，加强了南北经济的交流。

京杭大运河

隋炀帝在位时，为了到扬州游玩，也为了南粮北运，耗费大量人力物力，开凿了京杭大运河。运河全长2000多千米，对南北经济和文化交流起到重大作用。

黄巢：唐末起义军首领，881年率军攻入长安后称帝，即位于含元殿，建立了大齐政权，年号金统。

中国历史篇

■ 唐：空前强盛

618年唐朝建国后，逐渐扫灭了各地的割据势力，统一了全国。

唐太宗统治时期，国势强盛，政治开明，经济、文化繁荣，出现著名的"贞观之治"。由于他对边疆各族采取了安抚降众、设置州府、德化和亲等方式，缓解和消除了民族矛盾，使天下呈现出四海一家的景象，朝廷也大大开拓了疆土。此后政坛风云多变，发生了武则天改唐建周的事件。至唐玄宗开元时期，唐朝国势登峰造极，政治、经济、文化全面兴盛，史称"开元盛世"。到天宝年间，唐朝成为当时世界上人口众多、幅员辽阔、最先进、最文明、最富庶、最强大的帝国。然而玄宗后期统治日渐腐朽，重用杨国忠、李林甫等奸相，导致了安史之乱。虽然叛乱最终平定，但唐朝国力已大为衰弱，形成藩镇割据的局面。唐朝末年政治腐败，赋役繁重，阶级矛盾极为尖锐，爆发了黄巢领导的农民大起义。907年，后梁朱温灭唐，结束了唐朝290年的统治。

唐朝时期，社会经济发展迅速。农业

胡人骆驼陶俑

唐朝时期，北方游牧民族与中原交往频繁，一时间胡人之风流行朝野，弥漫天下。唐代工艺美术创作，尤其是陶俑创作深深地染上了胡人色彩，双峰驼俑、胡人俑层出不穷。

技术进步很快，手工业水平提高，中原人民与周边少数民族文化交流密切。该时期的文化也是灿烂夺目，宗教思想、文学艺术、史学、科学技术等领域成果辉煌，诞生了李白、杜甫、玄奘、僧一行、孙思邈等才华卓异的人物。另外，唐朝社会风气开放，民间生活异彩纷呈，呈现出高度的文明气象。

■ 五代十国：割据混战

907年唐朝灭亡，在中原一带相继出现了后梁、后唐、后晋、后汉、后周五个朝代，史称"五代"。而在南方，则先后建立了吴、南唐、吴越、楚、闽、南汉、前蜀、后蜀、南平九个国家，连同割据今山西一带的北汉，史称"十国"。所以史学界一般将907年后梁建立到960年北宋代周这一段历史称为"五代十国"。

后周世宗柴荣像

柴荣是五代时期后周太祖郭威的养子，他即位后，在政治、经济、军事等各方面进行改革，励精图治，使经济得到恢复和发展，增强了国力，为北宋结束五代十国的分裂局面奠定了基础。

五代十国时是大混乱时期，各地军阀为应付战争，加重了对人民的剥削，苛捐杂税很多，而且刑罚极为残酷，如"凌迟"之刑就是在五代出现的。再加上中原地区朝代更迭频繁，社会经济遭到了极大破坏，人口大量流亡和减少，繁华都市在战乱中变成瓦砾废墟，满目疮痍。在这种情势下，广大中原人民非常渴望国家统一，抵御北方兴起的契丹入侵。为适应时代潮流，后周太祖和世宗相继改革，使后周逐渐具备了统一全国的政治力量、物质力量和军事力量。后周世宗柴荣于955年征蜀，开始进行统一全国的战争，为后来北宋的统一奠定了基础。

【百科链接】

藩镇割据：

安史之乱后，边疆节度使与观察处置使所统辖的藩镇成为凌驾于州之上的一级权力机构，脱离了中央政府，各自为政，形成了藩镇割据的局面，严重威胁中央统治。

沈括：生活于北宋时期，是中国历史上最为卓越的科学家之一，其代表作《梦溪笔谈》在世界文化史上占有重要的地位，被誉为"中国科学史上的坐标"。

▶ 北宋：守内虚外
▶ 南宋：偏安江南

■ 北宋：守内虚外

960年，赵匡胤在开封东北陈桥驿（今河南封丘县陈桥）举行兵变，黄袍加身。不久，周恭帝被迫禅位，赵匡胤称帝，建国号宋。

北宋立国后，宋太祖等人总结唐末五代君弱臣强、政权不稳的教训，得出削夺臣下权力，控制地方钱粮军队，天下才能安定的结论。于是通过收兵权、削相权、强化科举、弱化武功等措施，进一步强化了中央集权统治。

从北宋中叶开始，朝廷便一直委靡不振。官兵的繁冗及统治层的腐朽，造成了深刻的社会危机。宋仁宗时，出现了范仲淹主持的"庆历新政"，但维持的时间很短。熙宁时，又产生了影响巨大的王安石变法运动，不过最后也以失败告终。到了宋徽宗统治时期，政治变得极度腐朽，贪官污吏更加横行，民不聊生，异族不断入侵，终于酿成了"靖康之难"，导致北宋灭亡。

北宋时期，社会经济曾获得较大发展，并诞生了最早的纸币——交子。文化方面成就也很突出，诞生了欧阳修、苏轼、司马光、沈括等一大批享誉千古的优秀人物。科技方面则有活字印刷术、指南针及火药的发明和应用。这些伟大的发明与创造在人类文明史上具有重要的意义和价值。

■ 南宋：偏安江南

"靖康之难"以后，宗室赵构南渡称帝，建都临安（今杭州），史称南宋。南宋王朝自建立以来，便一直处于金国的军事威胁之下。从1127年开始，南宋与金共进行了5次重要的战争，结果两败俱伤，最后都被蒙古人建立的元朝所灭。在抗金和抗元战争中，南宋涌现了众多的名将、名臣，如岳飞、韩世忠、文天祥等，其忠勇事迹至今仍受到人们的追念。

南宋的社会经济也极为发达，农业的总体水平并不亚于北宋。如农业方面出现了人工踏犁、竹龙等先进工具，水利灌溉系统也得到开发。手工业中，养蚕织锦、丝织业、棉织业均取得发展，所织棉布可幅阔近两米，上面还可织出细字。随着雕版印刷、活字印刷的广泛应

【百科链接】

理学：
又称道学，产生于北宋，盛行于南宋与元、明时代。清中期以后逐渐衰落，但其影响一直延续到近代。广义的理学，泛指以讨论天道性命问题为中心的整个哲学思潮。狭义的理学，专指程颢、程颐、朱熹为代表的、以理为最高范畴的学说，即程朱理学。

《清明上河图》局部
北宋画家张择端的传世名作，将北宋都城汴京城外汴河上繁忙、紧张的运输场面描绘得栩栩如生，是汴京当年繁荣的见证，也是北宋城市经济情况的写照。

哥窑葵口碗
哥窑是南宋瓷器生产的五大名窑之一。哥窑瓷器的重要特征是釉面开片。釉面开片是发生在釉面上的一种自然开裂现象，本是瓷器烧制中的缺陷，后来人们掌握了开裂的规律，有意识地让瓷器产生开片，从而产生独特的美感。

- 辽、西夏和金
- 元：疆域辽阔

党项族：我国古代北方少数民族之一，西羌族的一支，故又称"党项羌"。隋朝时开始追随中原政权。唐末党项拓跋氏集团拥有五州领地，握有重兵，在当时的藩镇之上。

中国历史篇

用，民间也可印出大量书籍，造纸业亦随之日趋发达。瓷器制造业则有哥窑等名窑。南宋时期的文化领域堪称繁盛，出现了文学家辛弃疾、陆游，理学家朱熹、陆九渊等人。理学在此时逐步取得了官学地位，对后世产生了巨大影响。

■ 辽、西夏和金

辽是我国历史上以契丹族为主体建立的王朝。契丹族勃兴于东北地区，在耶律阿保机的领导下于916年建国，统一了塞北地区。在中原文化的影响下，辽朝逐渐向封建化过渡。1125年，辽国被女真部落所灭。

西夏是指党项族在1038年至1227年间在中国西部建立的封建政权，原名大夏，因位于宋朝之西，因此称为西夏。1032年，李元昊继夏国公位，他开始定立西夏自己的年号，兴建宫殿，改革兵制，创造西夏文字。西夏极盛时下辖22州，其疆域方圆数千里，东尽黄河，西至玉门，南界萧关，北控大漠。西夏后期统治日益衰弱，于1227年为蒙古所灭。

1115年1月28日，女真领袖完颜阿骨打称帝建国，国号大金。他在灭亡辽和北宋后，统一了广大北方地区，与南宋长期对峙。金朝在实行猛安谋克等独特制度的同时，也采纳了南宋的很多政治制度以巩固统治。金朝中期，社会经济获得较大发展。除拥有发达的畜牧业外，农业、手工业及商业都有所进步。但到了后期，统治集团极其腐朽，各民族起义风起云涌，再加上蒙古帝国军队的不断打击，金国终于亡国。

【百科链接】

猛安谋克：女真族氏族社会的末期建立的部落联盟组织，名为猛安谋克。"猛安"为部落单位，"谋克"为氏族单位。一猛安包括八至十个谋克，其首领称为"勃极烈"。

■ 元：疆域辽阔

1206年，蒙古族可汗铁木真建立蒙古国，被推举为成吉思汗。建国后，他先后进行了三次大规模的西征，建立起庞大的帝国，对世界历史影响深远。1271年，忽必烈改国号为元，随后攻灭南宋，统一中国。元朝的疆域比过去任何一个朝代都要辽阔，南到南海，北到西伯利亚，西南包括今西藏、云南，东北至鄂霍次克海，西北至今新疆，已基本上奠定了我国疆域的雏形。元结束了长达370年的大分裂，使中国再次实现了大统一。元朝时期，农业得到恢复和发展，官营手工业发达，城市商业和对外贸易相当繁荣，还产生了大规模的海运。元代多种宗教兴盛，元曲文化灿烂辉煌。

元朝末期，政治腐朽黑暗，阶级矛盾和民族矛盾十分尖锐。1368年8月由朱元璋领导的农民起义军攻陷元大都，元顺帝北逃，元朝失去对中原地区的统治。

成吉思汗坐像

成吉思汗统一蒙古各部，在历史上起了进步作用；攻金灭夏，为元朝的建立奠定了基础。

西夏王陵

西夏王陵位于宁夏回族自治区银川市西约30千米的贺兰山东麓，方圆40平方千米，坐落着9座西夏帝王陵和70多座陪葬墓。其中最特别的是那些黄土筑的八角塔形陵台，被外国游人誉为"中国的金字塔"。

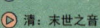

南书房：清官署名。在故宫乾清宫西南，康熙时设立，"非崇班贵槷、上所亲信者不得入"，是皇帝严密控制的一个机要机构，随时承旨出诏行令。

▶ 明：高度专制
▶ 清：末世之音

■ 明：高度专制

1368年，朱元璋建立明朝，是为明太祖。他在政治、军事、司法等方面全面改革前朝制度，如废除丞相、设内阁大学士、改行省为三司、重用厂卫特务等，使大权集中到皇帝一人手中，君主专制达到了空前的高度。朱元璋死后，其四子朱棣借"靖难之役"夺取了皇位，为明成祖，迁都北京。明成祖永乐年间是明朝的全盛时期，政治、经济、军事各方面都有发展，并且出现了郑和七下西洋的壮举。

明中期，宦官干政，吏治败坏，国势由盛转衰。到了万历年间，张居正革新朝政，使明朝一度出现中兴的局面。但此后魏忠贤的专政加速了明朝的灭亡。明末，由于农民起义和女真族后金政权的威胁，明朝统治已岌岌可危。1644年，闯王李自成的起义军攻破北京，崇祯帝自缢而死，明朝灭亡。

明朝时期的社会经济取得较大成就，经济新作物不断得到推广，农产品日益商业化，手工业生产水平提高，城市商业繁荣，贸易活跃，产生了资本主义的萌芽。明代文化极为繁盛，产生了王守仁、李贽、汤显祖、袁宏道等文化巨人，诞生了《三国演义》《水浒传》及《西游记》等一批古典名著，还出现了中国历史上最大的百科全书——《永乐大典》。在科技领域，徐光启、李时珍及徐霞客等人也都做出了杰出贡献。

明思宗朱由检像
明思宗又称崇祯皇帝，是明王朝的最后一个皇帝。他登位后曾努力想要挽救濒临灭亡的明朝，可惜他不辨忠奸，胆小多疑，最终使本来就风雨飘摇的明王朝彻底崩塌。

■ 清：末世之音

1616年，努尔哈赤建立后金政权。1636年，皇太极即位，改国号为清。顺治元年（1644年），清朝入关，定都北京，逐步统一全国，建立了多民族的统一王朝。清朝时期的疆域东到大海，包括台湾及附属岛屿，西到今帕米尔高原，东北到外兴安岭、鄂霍次克海，南到南海诸岛，西南到广西、云南、西藏等地。到了18世纪后期，清朝人口增至3亿，是当时亚洲东部最强大的封建国家。清朝在政治制度上承袭了明制，强化专制中央集权，在中央先后设立南书房、军机处作为中枢机构，在地方则恢复省的建制。到了康熙、雍正和乾隆统治时期，清朝达到鼎盛，史称"康乾盛世"。至嘉庆、道光以后，清朝社会危机四起，清政府的统治逐渐衰落。

清朝时期，中国封建经济达到顶峰，各生产部门技术水平空前提高，商业贸易颇为繁荣。文化方面，涌现出王夫之、黄宗羲、顾炎武及戴震等杰出思想家，曹雪芹、吴敬梓及石涛等著名文学艺术家，并出现了《四库全书》等大型官修丛书。1840年鸦片战争以后，由于外国资本主义的侵入，中国逐步变成半殖民地半封建社会。至宣统三年（1911年），辛亥革命爆发，推翻了清朝的统治，结束了长达2000多年的封建君主制度。

故宫太和殿
位于北京的紫禁城，是明清两代24个皇帝的皇宫，现称故宫。太和殿是故宫三大殿之一，是历代皇帝举行登极、大婚、立后等盛大典礼的地方。

历史事件

武王伐纣

周武王继位后,秉承其父周文王遗志,积极准备灭商。他尽力网罗贤能的治国之臣,如姜太公、周公旦、闳夭等。与武王相反,纣王荒淫无耻,听信奸臣谗言,残害忠良,使臣子对朝廷失去信心,百姓生活困苦。

武王判断此时的殷商已经真正地分崩离析、众叛亲离了,便拜姜太公为帅,亲自带兵东进。大军渡过盟津后,诸侯们也率兵前来助战,武王便在商郊牧野举行了誓师大会,盟誓共讨商纣。纣王听到诸侯大军来攻的消息,调集了以奴隶为主的70万人,欲与武王决一死战。但是这些奴隶和俘虏平日受尽了纣王的压迫和虐待,早就对纣王恨之入骨。两军刚一交锋,奴隶们就纷纷倒戈投降,商军顷刻间土崩瓦解。最后纣王逃奔鹿台自焚而死,武王以黄钺斩纣王之头示众。

武王取胜后,迁九鼎归周。不久,又消灭了商朝残余的军事力量。至此,武王伐纣取得了彻底的胜利。

周武王像
　　武王姓姬名发,是周文王第二子。他继承父亲周文王的遗志,起兵伐纣,建立了西周,表现出卓越的军事、政治才能,成为我国历史上的一代名君。

【百科链接】

鹿台:
　　纣王所建的宫苑建筑,位于河南省淇县城西15里太行山东麓。据史书记载"其大三里,高千尺",是纣王囤积钱财和宝物的地方。

卧薪尝胆

公元前493年,吴王夫差为了替父亲阖闾报仇,率军攻打越国,大败越军。越王勾践为了生存,携妻前往吴国当人质。他们被安排在阖闾坟墓旁边的石屋里居住,穿的是破衣烂衫,吃的是糟糠野菜,过着奴仆一样的生活。为表达对吴王的忠心,在夫差生病时,勾践亲自去尝夫差的大便来判断病情。夫差大受感动,认为勾践真心归顺,便将勾践夫妇释放回国。

勾践回国后,表面上对吴王服从,暗地里训练精兵,等待时机反击吴国。他搬进一座破旧的宫室中居住,睡在柴草上,还在房梁上吊下一根绳子,绳子一端拴着一只奇苦无比的苦胆。每天醒来,勾践第一件事就是先尝一口苦胆,以记住曾受的屈辱。

20多年后,越国终于重新崛起。公元前482年,越王勾践趁夫差远出,率大军攻占了吴国的首都。公元前473年,勾践再次大举攻吴,击败吴军,夫差自杀。

此后勾践又率军北上,大会诸侯于徐州,成为春秋时期最后一个霸主。

卧薪尝胆
　　人们根据越王勾践的这段历史引申出成语"卧薪尝胆",用以比喻刻苦自励、发愤图强。

赵襄子：春秋战国之际晋国六卿之一。专擅晋国大权的赵简子与侍妾所生庶子，出身卑微、其貌不扬。在位33年，使赵氏具备了位列诸侯的实力。

▶ 三家分晋
▶ 商鞅变法

■ 三家分晋

春秋末期，曾在中原称霸多年的晋国日益衰落，大权旁落到卿大夫手中，晋君成为傀儡。

当时晋国的卿大夫中势力较大的是智氏、赵氏、魏氏、韩氏、范氏、中行氏，人称"六卿"。其中智氏权势最大。智氏家族的智伯瑶为了日后自立为君，于公元前458年联合韩、赵、魏三家，消灭了范氏和中行氏。然后他不断提出无理要求，想侵占其他三家的土地。韩、魏两家实力稍弱，不敢与之对抗，而赵氏势力强，不肯屈从于智伯瑶。于是智伯瑶联合了其他两家，一起攻打赵氏。赵氏凭着弓箭死守了两年多，双方相持不下。

后来，智伯瑶引来晋水直灌赵氏都城晋阳，但守城军民仍誓死抵抗。韩氏和魏氏看到智伯瑶如此残暴，害怕他也会用同样的方法消灭自己，整日里忧心忡忡。赵氏的首领赵襄子趁机派门客张孟谈潜入联军营中，秘密联络两家一起攻打智伯瑶。一天夜里，韩、赵、魏三家同时发兵袭击智伯瑶大营。智伯瑶全军覆没，自己也被三家的人马逮住杀了。韩、赵、魏三家夺回了失去的土地，平分了智家的土地和财产，实力大增。

公元前375年，三家连晋君仅存的一点土地也瓜分了，从此晋国就一分为韩、赵、魏三国。这就是历史上有名的"三家分晋"。

"三家分晋"成为春秋和战国的分界点，揭开了七雄争霸的战国时代的序幕。同时也标志着新兴地主阶级登上历史舞台，推动了封建制度的确立。

■ 商鞅变法

公元前361年，秦孝公即位。恰逢卫人公孙鞅入秦，孝公为他的才能所动，任命其为左庶长，负责主持变法。后来公孙鞅受封于商，所以后人又叫他商鞅。

在变法之前，商鞅想出了一个高招来树立自己的威信。他先叫人在秦国都城南门竖起一根3丈高的木头，下令说谁能把这根木头扛到北门去，就赏谁10两金子。老百姓议论纷纷，没有人相信会有这种好事。于是商鞅又把赏金增至50两。这时有个人走出来，将信将疑地把木头扛到了北门，商鞅立刻赏给他50两金子。这件事很快传了开去，轰动了整个秦国。商鞅利用"南门立木"，取得了老百姓的信任，顺利地推行了他的变法政令。

商鞅的新法令赏罚分明：官职的大小和爵位的高低以打仗立功的大小多少为标准，即使是贵族，没有军功，也不会有爵位；奖励发展生产，多生产粮食和布帛的可免除劳役，凡是为了做买卖或因懒惰而贫穷的，妻子儿女都会被收入官府做奴婢；

> 【百科链接】
> **卿大夫：**
> 西周、春秋时国王及诸侯所分封的臣属。他们服从君命，担任重要官职，辅助国君进行统治，并对国君有纳贡赋与服役的义务。

武灵丛台
丛台位于赵国都城邯郸（今河北邯郸），建于赵武灵王时期（公元前325～前299年）。赵武灵王是一位很有作为的国君，他对军队作战方法进行改革，变车战为骑战，推行"胡服骑射"，使赵军战斗力提升，赵国跻身"战国七雄"之列。

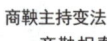

商鞅主持变法
商鞅相秦期间，执法不避权贵，引起一些贵族的怨恨。所以秦孝公一死，商鞅就受到诬告，最后以谋反罪被车裂而死。

- 合纵与连横
- 焚书坑儒

儒生：遵从儒家学说的读书人，后来泛指读书人。《论衡·超奇》："能说一经者为儒生。"李朝威《柳毅传》："仪凤中，有儒生柳毅者，应举下第。"

中国历史篇

加强社会治安，实行连坐法，互相担保，互相监视，外出须带证件，没有证件，各地不准留宿。

自从实施变法后，秦国变得日益强盛起来，农民都努力生产，以求按新法免除劳役；兵士们英勇杀敌，以图升官晋级。秦国越来越富强，逐渐成为七国之首，为后来灭六国，统一中国奠定了基础。

■ 合纵与连横

秦国经过商鞅变法后日益强盛。而自秦孝公起，历代君王都萌生了一统天下的雄心，不断地出兵攻打齐、楚、赵、魏、韩、燕等其他六国。六国都惧怕强大的秦国，于是就想联合起来，共同对抗秦国，史称"合纵"。

秦国要想统一天下，就必须拆散六国的联盟。有些政客就帮助秦国到各个国家游说，要它们亲近秦国，不与他国联盟，史称"连横"。合纵连横的实质是战国时期的各大国为拉拢他国而进行的外交、军事斗争。合纵的目的在于联合多数的弱国抵抗一个强国，以防止强国的兼并。连横的目的在于让弱国事奉一个强国为其靠山，从而进攻另外一些弱国，以达到兼并和扩展土地的目的。合纵派的主要人物是苏秦，他曾任六国纵约长，配六国相印。合纵形成后，秦兵15年内不敢攻击六国中的任意一国。然而六国之间矛盾重重，根本不能齐心抗秦。秦相张仪就用连横的办法逐步破坏了六国协议，使秦国再次雄霸天下。

■ 焚书坑儒

焚书坑儒是秦始皇统一六国后，为统一思想文化而采取的两项重大措施。秦王朝确立了专制主义中央集权的封建行政体制后，一些儒生和游士针对时政，引证《诗》《书》和百家语，以古非今。公元前213年，大臣淳于越又反对秦始皇实行的"郡县制"，要求恢复古制，分封诸侯。丞相李斯加以驳斥，并主张禁止读书人以古非今，以私学诽谤朝政。秦始皇采纳了李斯的建议，下令焚烧《秦记》以外的列国史记，对不属于博士馆的私藏《诗》《书》等也进行焚毁；有敢谈论《诗》《书》者处死，称赞过去而议论现在政策者灭族；禁止私学，想学法令的人要以官吏为师。这种措施引起许多读书人的不满。第二年，许多方士（修炼功法炼丹的人）、儒生攻击秦始皇。秦始皇派人调查后，下令挖大坑将460多名方士和儒生活埋。焚书坑儒的手段愚蠢而又残暴，它毁灭了古代许多珍贵典籍，造成文化史上难以弥补的巨大损失。这种极端的做法，不但没有维护住集权政治，反而导致了秦王朝的灭亡。

【百科链接】

纵横术：

纵横家所崇尚的权谋策略及言谈辩论之技巧，其指导思想与儒家所推崇之仁义道德大相径庭，因此历代学者对其推崇甚少，诋毁极多。

苏秦游说诸侯

苏秦是战国时期著名的纵横家，主张六国合纵抗秦。六国经过他的劝说而联合起来，苏秦成为纵约长，挂六国相印。而秦国则15年不敢出兵函谷关。

篝火狐鸣：夜里把火放在笼子里，使其看起来隐隐约约像"鬼火"，同时又有人学狐叫。是陈胜、吴广假托鬼狐之事以发动群众起义的典故。

▶ 陈胜吴广起义
▶ 文景之治

■ 陈胜吴广起义

公元前209年7月，秦二世下令征调淮河一带贫民900人戍守渔阳（今北京密云）。陈胜、吴广也在被征之列，并被指定为队长和副队长。当这支戍卒队伍行至蕲县大泽乡时，遇上天降大雨，道路不通，无法按期到达指定地点。按秦律，戍卒误期是要被处斩的。在这生死关头，陈胜、吴广用"鱼腹丹书""篝火狐鸣"等计策，策动戍卒起义，并提出了"大楚兴，陈胜王"的口号，起兵反秦。

揭竿而起

陈胜从谋划起义，到称王立国，再到兵败被害，前后不过半年时间，但他点燃的反秦烽火燃遍了大半个中国，为秦朝的灭亡敲响了丧钟。

这是中国历史上第一次大规模的农民起义，揭开了秦朝败亡的序幕。大泽乡起义爆发后，迅速形成燎原之势。起义军纷纷拥戴陈胜为王，国号"张楚"。张楚政权打出"伐无道，诛暴秦"的口号，全国范围内的农民云集响应。但随着反秦战争的发展，起义军内部的弱点和矛盾也逐步暴露出来。陈胜变得骄傲自大，听信谗言，与起义群众日益疏远，派往各地的将领也不再听从他的节制。不到一年时间，这次轰轰烈烈的起义就被秦军镇压下去了。

■ 文景之治

文景之治是指西汉汉文帝、汉景帝统治的鼎盛时期。西汉王朝建立后，社会经济衰弱，汉高祖、惠帝、吕后都着力于恢复农业生产，稳定统治秩序，因而收到了显著成效。

西汉初年，萧何、曹参先后为相。萧何制定的一套以"黄老无为"思想为指导的法规政令，曹参完全继承下来，遵照执行。汉惠帝不禁询问他为何没有创新之举。曹参回答："陛下不如高祖，我不如萧相国。高皇帝和萧相国给我们制定了一套规章，我们只要按照他们的规定继续办，不就可以实现最大限度的安定了吗？"曹参就凭借萧何的这套法规政令，做了3年的相国。

【百科链接】

曹参：
字敬伯，沛（今江苏沛县）人，西汉名将，是继萧何之后的汉代第二位相国。

文景两帝即位后，又在此基础上进一步采取轻徭薄赋、与民休息的措施。随着生产的逐渐恢复和发展，社会出现了前所未有的稳定富裕的景象，史称"京师之钱累巨万，贯朽而不可校。太仓之粟陈陈相因，充溢露积于外，至腐败不可食"。意思指穿钱的绳子都因长期贮存而腐朽了，仓库里的粮食满溢出来……这说明人民的生活水平大大提升，汉王朝的物质基础也大大增强。

文景之治是中国封建社会的第一个盛世，也为后来汉武帝征伐匈奴奠定了坚实的物质基础。

周亚夫像

周亚夫是西汉文帝和景帝时期的名将。文帝时曾因治军谨严有方，受到文帝赏识。景帝时，吴楚七国发动叛乱，周亚夫率军不到3个月就平定了叛乱。

大司马：官名。汉武帝时始置，加于大将军、骠骑将军号前，也有不兼将军号者。西汉一朝，常授予掌权的外戚。东汉光武帝时废大司马为太尉。

张骞通西域

公元前138年，汉武帝正在准备进行一场抗击匈奴的战争。一个偶然的机会，他了解到西域有个大月氏国，其国王被匈奴单于杀死，月氏人不堪忍受匈奴的奴役，迁徙到妫水（今阿姆河）流域。月氏王很想报杀父之仇，但苦于无人相助。武帝为实现和大月氏两面夹击匈奴的战略意图，便派张骞前往西域。张骞在途中被匈奴俘虏，拘禁10余年。他寻机逃走后，越过葱岭，经大宛、康居，到达大月氏。此时

张骞出使西域图
出自敦煌莫高窟第323窟，为唐初壁画，描绘的是张骞出使西域前拜别汉武帝的情景。

的大月氏已占有肥沃土地，生活安宁，不愿再与匈奴为敌。张骞只好东归，于公元前126年返回长安。张骞出使西域历尽艰险，前后13年，足迹遍及天山南北和中亚、西亚各地，是中原去西域诸国的第一人。

公元前119年，西汉进军漠北，匈奴向西北退却，继续与汉朝对抗。这一年，汉武帝再次命张骞率领300多随员，携带大批礼物向西域进发。张骞到达乌孙后，派副使分别访问了中亚的大宛、康居、大月氏、大夏等国，扩大了西汉的政治影响，最后返回长安。张骞两次通西域，促进了中西方的经济文化交流。西汉

丝织品、漆器等精美的手工业品行销西域，而西域人民也把自己的饲养技术、种植技术等传至内地，丰富了内地人民的经济文化生活。相传葡萄、苜蓿、石榴、胡桃、胡麻等物种，都是张骞从西域带入中原的，他对开辟丝绸之路的卓越贡献至今为人称道。

王莽改制

西汉自宣帝以后，元、成、哀、平四个皇帝都极其荒淫腐朽，朝廷大权落到了外戚手里。汉元帝皇后王政君的几个兄弟先后都担任过大司马（掌握政务、军事重权的高官）。其他一些重要官员，如刺史或郡守，也都出于王氏门下，王氏家族在朝廷中形成了一股势力。

皇后王政君的侄儿王莽从小饱读诗书，长大后礼贤下士，清廉俭朴，结交贤士，声名远播。他还常常把自己的俸禄分给门客和穷人，甚至卖掉马车接济穷人，深受众人爱戴。汉哀帝死后，平帝继位，王莽遂任职大司马，兼管军事事务及禁军，得到朝野的拥戴。平帝死后，王莽立孺子婴为皇帝，由他辅政，称"摄皇帝"。之后不久，王莽接受孺子婴的禅让称帝，改国号为新，改长安为常安。

在王莽政治生涯的前期，他整顿朝纲，力行改革，做了不少利于国计民生的事情。但称帝后，他却自

王莽嘉量
王莽篡汉后，为统一全国的度量衡，特别命人铸造了铜嘉量，作为全国各地权量五谷等的标准容器，以图传之久远，永垂典范。

以为是，异想天开地想托古改制。他把全国土地改为"王田"，把奴婢称为"私属"，均不准买卖；还平抑物价，改革币制。改制措施被整个官僚系统所篡改和利用，使得人民深受其害，

龟兹：西域古国名，唐代安西四镇之一。以库车绿洲为中心，最盛时辖境相当于今新疆轮台、库车、沙雅、拜城、阿克苏、新和六县市。

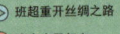 班超重开丝绸之路
 隋末农民起义

贵族官僚、地主也蒙受损失，引起了社会各阶层的不满，最终激化了阶级矛盾，导致绿林、赤眉大起义爆发，推翻了王莽的统治。

■ 班超重开丝绸之路

张骞第二次出使西域后，汉使者、商人便接踵西行，大量丝绸、铸铁、瓷器不断西运，同时西域各国的奇珍异宝也进入中国内地，丝绸之路由此繁荣。但到东汉初年，北方匈奴再一次强盛起来，征服了西域大部地区，丝绸之路又被切断。班超继张骞之后再次出使西域，为重开丝绸之路做出了杰出贡献。

班超出生于文学世家，他的父亲班彪是东汉著名文豪、史学家，他的哥哥班固是《汉书》的作者，他的妹妹班昭是中国历史上著名的才女。由于家境贫寒，班超替官府抄写文书，维持生计，每日伏案挥毫，常辍业投笔感叹说："大丈夫无他志略，犹当效傅介子、张骞立功异域，以取封侯，安能久事笔砚间乎？"意思是大丈夫应该效仿张骞那样在塞外建功立业，怎么能整天以抄写为生？

班超投笔从戎

在班超的努力下，西域50余国重新归于东汉的管辖之下，丝绸之路的南北通道得以疏通，保障了东汉西北边疆的安全，班超投笔从戎时"立功异域"的志向终于得以实现。

73年，奉车都尉窦固出兵攻打匈奴，班超随从北征，小试牛刀，斩俘了很多敌人。窦固很赏识他的军事才干，便派他和从事郭恂一起出使西域。班超到达西域之后，通过种种努力威震西域，被汉明帝任命为汉使，持节办事。班超曾杀了匈奴派来的监督官以争取于阗王，接着又到疏勒废掉了匈奴立的龟兹人兜题，扶立前疏勒王的侄儿为国王。

从此，西域各国恢复了同汉朝的关系，纷纷派遣使者亲附汉朝。封闭了多年的丝绸之路重新开通，西域南道出现了"大漠无兵阻，穷边有游客"的和平景象。班超为我国多民族国家的形成、巩固和发展，做出了卓越贡献。

【百科链接】

《汉书》：
又称《前汉书》，是我国第一部纪传体断代史，东汉班固撰。主要记述了汉高祖元年（公元前206年）至王莽地皇四年（23年）共230年的史事。

■ 隋末农民起义

隋朝末年，炀帝统治残暴，骄奢淫逸，又连年大兴土木，徭役、兵役格外繁重，民不聊生，终于爆发大规模的农民起义。611年，炀帝为了侵略高丽，又征发全国兵、民数百万，家破人亡者不计其数，再加上水旱灾荒，使隋末农民大起义的序幕拉开了。

王薄在山东长白山（今山东章丘东北）率先起义，自称"知世郎"，作《毋向辽东浪死歌》号召民众反对隋朝暴政。到了617年前后，全国已形成了三支较大的起义武装，即瓦岗军、河北起义军和江淮起义军。其中翟让、李密领导的瓦岗军，是各地起义军里最强大的一支。三大义军的形成，直接促进了隋王朝的灭亡。瓦岗军曾发布了讨伐隋炀帝的檄文"罄南山之竹，书罪未穷；决东海之波，流恶难尽"，吸引了许多英雄志士前往瓦岗山投靠。

吐谷浑：我国古代西北地区的少数民族。原为鲜卑慕容部的一支，晋时鲜卑单于长子吐谷浑，率所部从慕容鲜卑中分离出来，西迁到今内蒙古阴山一带。

中国历史篇

617年，瓦岗军攻破距洛阳仅百余里的兴洛仓，开仓济贫；而后又打败了越王杨侗的军队，大举攻打洛阳，与王世充军对峙。可惜随着瓦岗军队伍的日益壮大，作为主要领袖之一的李密野心膨胀，他竟袭杀翟让，给瓦岗军带来重大损失。河北起义军的领袖是窦建德，当隋军大举围剿瓦岗军的时候，窦建德自称长乐王，起义军扩充至10余万人。618年，窦建德建国号为夏，称夏王。江淮起义军是战斗在东南地区的主力，其领导者是杜伏威、辅公祏。这支起义军在反抗隋军围剿的斗争中取得一系列胜利，吸引江淮一带的很多农民军加入，力量也不断壮大。

隋末农民起义军规模巨大，作战勇猛灵活，一度节节获胜，击败隋军主力，在中国农民战争史上占有重要地位。

程咬金像

唐初名将程咬金原本是瓦岗军的一名大将，后降唐，追随秦王李世民，改名程知节，成为唐朝的开国功臣之一。

以统辖本族部众。此外，他还通过和亲的方法，进一步巩固和发展民族关系。唐太宗采取的这些政策，促进了各民族的经济文化交流，提高了唐朝的威信。630年，唐太宗被各族首领尊为"天可汗"。

在发展社会经济方面，唐太宗实行轻徭薄赋、休养生息的政策。唐初的赋税徭役比隋朝有所减轻，在征发力役时，也比较注意不夺农时。唐初年，关东、关中各地连年发生水旱蝗灾，太宗下令免除灾区的租赋，开官仓救济灾民，还拿出御府金帛为因灾荒出卖子女者赎回其子女。为减轻人民负担，太宗进一步精简政府机构，裁汰冗员，将中央官员从2000多人减至600多人，节约了政府开支。为解决农业上耕畜不足的问题，唐曾与突厥等少数民族换取了大量马、牛用以耕田。这些措施极大地提高了农民的生产积极性，使农业生产连获丰收，流民逐渐返回故乡从事生产。社会经济的恢复和发展，使得唐朝很快达到了巅峰时期，这就是被后世史家所称道的"贞观之治"。

【百科链接】

天可汗：

唐代西北各族君长对唐太宗的尊称。我国古代西北各族君长称可汗，为对太宗表示拥戴，故尊之为"天可汗"。

■ 贞观之治

唐太宗李世民即位初始，以隋亡为鉴，顺应天下思治的民情，以"抚民以静"为施政的出发点，推行轻徭薄赋、选用廉吏、兴修水利、鼓励垦荒、增殖人口、广设义仓等措施，使隋末一度凋敝的社会生产又呈现生机。

在处理少数民族问题上，唐太宗虽用武力征服了突厥、吐谷浑等，但主要还是奉行怀柔政策。对于依附唐朝的少数民族，他都注意保持其社会制度和习俗，只是在少数民族地区设立府州，任命各族首领为长官，

步辇图

唐代画家顾恺之的名作，描绘了贞观十五年（641年）唐太宗李世民接见前来迎娶文成公主的吐蕃使者禄东赞的情景。太宗端坐在步辇之上，画面左边三人中居者就是禄东赞。

25

那烂陀寺：始建于5世纪。古代印度佛教最高学府和学术中心，曾有多达900万卷的藏书，最盛时有逾万僧人学者聚集于此。

▶ 玄奘取经
▶ 开元盛世

■ 玄奘取经

玄奘是唐代高僧，中国佛教唯识宗的创始人之一。他年轻时醉心佛法，曾在国内遍访名师，但因关于佛法的许多问题众说纷纭，无法得出定论，而且玄奘还发现翻译过来的佛经中错误很多，于是他便决心去天竺（今印度）寻找最初的佛教经义。

大雁塔

大雁塔位于长安大慈恩寺中，又名慈恩寺塔。玄奘取经归来后，移住长安（今西安）慈恩寺，主持译经事务，并创立了法相宗。大雁塔建于永徽三年（652年），用以存放玄奘从西方带回的经藏和唐太宗、高宗撰写的《圣教序》和《圣教序记》。

629年，玄奘从凉州出玉门关西行，历经千辛万苦，终于到达天竺。天竺是佛教的发源地，有很多佛教古迹。玄奘在天竺游历各地，朝拜圣迹，向高僧学经。当时天竺摩揭陀国里有一座古老的大寺院那烂陀寺，寺里有个戒贤法师，是天竺的大学者。玄奘来到那烂陀寺后，便跟着戒贤法师学法5年，把那里的经书全部领会了。后来他又游历天竺各地，同一些著名学者展开论辩，名震天竺。

645年，他带了600多部佛经，回到阔别十多年的长安。此后他译出经、论75部，共1335卷，不但丰富了祖国文化，而且为古印度佛教保存了珍贵典籍。此外，他还撰有《大唐西域记》一书，此书是研究印度、尼泊尔、孟加拉国以及中亚等地古代历史、地理的重要资料。

玄奘西行取经的故事在民间广泛流传，明朝吴承恩以他的经历为背景，写成神怪小说《西游记》，成为家喻户晓的一部名著。而玄奘西行取经、舍身求法的经历，孜孜不倦、执着求知的学习态度和百折不挠、励志奋进的进取精神，至今仍为世人称道。

■ 开元盛世

"开元"是唐玄宗李隆基统治前期的年号。开元年间，唐玄宗进行了一系列的改革，例如精简机构、广开言路、杜绝宦官掌权、打击豪门士族、废除苛税、发展农业等。唐王朝在各方面都得到了很快的发展，国力空前强盛，出现了"四方丰稔，百姓殷富"的局面。

在这期间，唐代人口增长到5290余万人。商业亦十分发达，国内交通四通八达，城市空前繁华，对外贸易不断增长，波斯、大食商人纷至沓来。长安、洛阳、广州等大都市商贾云集，各种肤色、不同语言的商人身穿不同的服装来来往往，十分热闹。在西北，唐朝收复了碎叶城，并打败了

唐玄宗像

唐玄宗李隆基是唐代的中兴之君，在位前期励精图治，文治武功，开创了"开元盛世"。但天宝后期，他贪图享乐，宠信李林甫、杨国忠等佞臣，导致安史之乱的爆发，使唐朝走向衰落。

吐蕃、小勃律，重新打开了通往中亚的道路，恢复了对西域的主权，其声威远播；中亚、西亚、日本、朝鲜以及南亚各国同唐朝的交往不断，各国使节往来不绝。

开元年间，还涌现了一大批文学家、史学家、艺术家和科学家，其中最著名的有诗人李白、杜甫、王维、孟浩然、王昌龄等，书法家颜真卿，画家吴道子、李思训，音乐家李龟年，史学家刘知几，科学家僧一行等等，文化领域呈现出空前繁荣的景象。中国封建社会在此时达到了鼎盛的阶段，后人称这一时期为"开元盛世"。

> 鉴真东渡
> 安史之乱

律宗：中国佛教宗派，因着重研习及传持戒律而得名。因依据五部律中的《四分律》建宗，也称四分律宗。

中国历史篇

■ 鉴真东渡

7至9世纪，唐代时期的中国正处于封建社会的鼎盛阶段，而日本则处在由奴隶制向封建制转化的社会变革时期。中日文化交流留下了无数的佳话，其中最著名的莫过于鉴真东渡的事迹。

鉴真本姓淳于，江苏扬州人。他14岁出家为僧，22岁接受佛教律宗教义，曾寻游大唐长安、洛阳两京传学佛法，后担任大明寺住持。

鉴真是扬州的著名高僧，精通律学，深谙戒法，在江淮民间享有崇高的威望。

唐天宝元年（742年），应使唐日本僧人荣睿、普照的聘请，鉴真决定东渡日本，去那里设立戒坛，宣扬律学。12年里，鉴真和他的弟子历经艰辛、磨难，5次东渡均告失败。直到天宝十一年（753年），鉴真等人才成功地踏上赴日传法的征途。当时鉴真已年近七旬，双目失明。

在日本的10年中，鉴真不仅将律宗传到日本，成为日本佛教律宗的开山祖师，同时还传授了佛寺建筑、雕塑、绘画、医药等各个方面的文化和技术。日本著名的唐招提寺就是鉴真主持修建的，他圆寂后也被安葬在那里。鉴真以忘我的精神，为中日友好事业做出了巨大贡献，至今仍受到两国人民的崇敬。

鉴真坐像

鉴真身披袈裟，盘膝而坐，神态慈祥。鉴真临终前，他的弟子为了让老师尊容留传后世，特地为他塑造了这尊干漆坐像，后一直保存在日本的唐招提寺内，被日本政府定为国宝。

■ 安史之乱

唐玄宗统治后期，开始贪图享乐，极度恩宠杨贵妃，宫廷奢侈之风越来越盛。大臣、贵族、宗室为了巴结皇帝，专投贵妃所好，争相献上奇珍异宝、美味佳肴。统治阶级的腐朽加重了人民的负担，阶级矛盾开始激化。此外，奸臣李林甫、杨国忠先后当道，彼此间争权夺利，朝廷一片混乱，为安禄山叛变制造了机会。

安禄山是营州柳城（今辽宁锦州）的胡人，通晓6种少数民族语言。因他在边境战争中屡立军功，又竭力奉迎唐玄宗，又拜杨贵妃为干娘，因此深得唐玄宗的信任。他一人兼任了范阳、平卢、河东三镇节度使，控制了富庶的河北、河东地区。他野心很大，不断在辖区内招兵买马，聚敛钱财，还提拔许多胡人做大将。此时唐中央兵力空虚，杨国忠在朝中肆意胡为，人民恨之入骨。安禄山瞅准了机会，以诛杀奸臣杨国忠为名，于755年起兵范阳，率领旗下及各少数民族军队共15万人南下，直逼长安，安史之乱爆发。唐玄宗带着杨贵妃出逃，行军到马嵬坡时，军中将士不愿前进，他们对杨氏家族的专权十分不满，要求玄宗把罪魁祸首杨贵妃处死。唐玄宗无奈，最终在佛堂缢杀了杨贵妃。

安史之乱后，唐王朝自盛而衰，一蹶不振。此后藩镇割据，天下大乱。

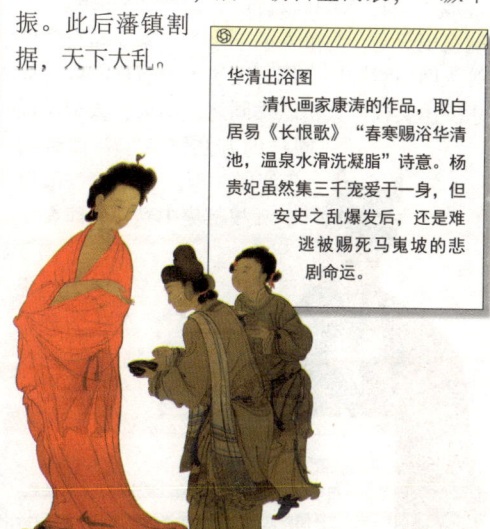

华清出浴图

清代画家康涛的作品，取白居易《长恨歌》"春寒赐浴华清池，温泉水滑洗凝脂"诗意。杨贵妃虽然集三千宠爱于一身，但安史之乱爆发后，还是难逃被赐死马嵬坡的悲剧命运。

伏弩：又称耕戈、窝弩。隐蔽着的用机械发射的弓箭。使用时置于敌人必经之路上，上面加以掩饰，当敌人通过时，脚触长线，牵动扳机，弩发射敌。

▶ 杯酒释兵权
▶ 宋辽澶渊之盟

■ 杯酒释兵权

杯酒释兵权是宋太祖赵匡胤为了加强中央集权所采取的重要军事措施。宋太祖即位后，唯恐"黄袍加身"这一幕在手握重兵的武将身上重演，便采纳赵普之策，谋划解除禁军将领的兵权。

【百科链接】
禁军：
原指皇帝的亲兵，即保卫皇宫的军队。北宋时，称正规军为禁军或禁兵，从各地招募，或从厢军、乡兵中选拔，由中央政府直接掌握。

一天，他专门设宴，将高级将领石守信、高怀德、王审琦、张令铎、赵彦徽等请入宫中。饭饱酒酣之后，宋太祖说："我当上皇帝，全靠你们。可当了皇帝以后，晚上却经常失眠。"石守信等人忙问其故，宋太祖答道："你们都对我忠心耿耿，我担心的是如果你们部下有贪图富贵之人，有朝一日也给你们黄袍加身，你们就是不想当皇帝也不行了。"将领们心中惶恐不安，知道皇帝对自己已有防备之心，连忙请太祖指点一条生路。太祖便委婉地让他们交出兵权，以后可出守藩镇，多购良田美宅，为子女创下永久的家业。石守信等人明白意思后，第二天便上表假称有病，要求交出兵权，太祖欣然同意。不久，太祖又以同样的方法罢免了各藩镇的节度使。至此，禁军与藩镇的兵权都集中到了赵匡胤手里。

北宋还实行"更戍法"，军队的驻屯地点每隔几年更换一次，为的就是不让兵将之间建立深厚的关系，防止军队成为将领的私兵。这种"兵无常帅，帅无常师"的局面，虽然有利于防范武将滥用兵权，但却减弱了军队的战斗力，以至后来宋朝在与辽、金、西夏的战争中连连败北。

■ 宋辽澶渊之盟

辽建国后，将其疆域扩展到了如今河北及北京一带。而北宋建立后也向北发展，恰与辽国利益相冲突。此时的辽国也正想进一步南下扩展，两国间遂发生战争。1004年9月，辽圣宗与萧太后率20万大军南下，围攻定州。北宋君臣慌作一团，有的大臣甚至建议宋真宗南逃。宰相寇准力排众议，坚持请真宗亲征，鼓舞士气，打退辽兵。于是真宗于11月率军亲征。当时，辽军在黄河北岸，宋军驻于澶州，两军对垒。不久，北宋前军用伏弩射死了在阵前视察地形的辽军统帅萧挞凛，辽军锐气大挫。

宋真宗一心盼望辽军尽快北撤，遣使向辽求和。辽军见战事不利只好表示愿意和谈。双方约定宋每年给辽交纳"岁贡"，即银10万两，绢20万匹；宋、辽永为兄弟之国，边境维持现状，仍以白沟河（今河北巨马河）为界，沿边州军各守疆界；两地人户不得相侵，也不得收留对方逃亡的盗贼。这次和议史称"澶渊之盟"。

寇准像
辽军大举攻宋时，宰相寇准力排众议，劝宋真宗亲临澶州，并且促使辽圣宗同宋议和，促成了"澶渊之盟"的订立。

"澶渊之盟"以后，两国之间不再有大的战事。宋辽两国每逢有新帝即位、生辰、丧事等，都互派使者往来。边境安定，社会生产得到恢复和发展，这种局面一直维持到北宋末年，长达百年之久，为中原与北部边疆经济文化的交流创造了条件。

石守信像
石守信是赵匡胤的亲信，北宋的开国元勋之一，"杯酒释兵权"后任天平节度使，自此"凡十七年不徙，专事聚敛，积财巨万"。

勤王：字面意思为"勤于王事"。始于西周，当天子有难的时候，各路军马纷纷救援，这种行为便被称为"勤王"。

■ 靖康之变

北宋后期，朝政日益腐败，国势衰落。

1125年，金国军队进攻北宋，宋朝局面大乱，宋徽宗不得已将皇位让给太子赵桓，即宋钦宗，而他自己则匆匆出逃。此时兵部侍郎李纲挺身而出，坚决反对宋钦宗"南渡"逃跑。于是钦宗留京坚守，并且命李纲主持京城的防务。金兵到达城下后，李纲指挥军民多次击退金军的进攻，杀敌数千人。形势一片大好，宋钦宗却为了与金营议和，竟然解除了李纲的职务。京城军民十分愤怒，数十万军民聚集于皇宫前，要求重新起用李纲。宋钦宗害怕激起民变，只好让李纲重整军务。此时各地的勤王军也陆续赶到，金军见形势不利，便与宋议和后退兵而去。

金军退兵后，徽宗重回京师。而东京保卫战的功臣李纲则被奸臣排挤，贬出京城。得知李纲被贬官的消息后，金军再次大举南下，包围开封。这次钦宗寄希望于巫师郭京，让他去抵挡金军。郭京装神弄鬼地开启宣化门，却被金兵乘机破城。虽然城内的军民仍在积极抵抗，但宋钦宗已经偷偷地向金兵献上降书。最终金军在城内大肆搜刮掳掠，并将徽、钦二帝扣作俘虏。

1127年2月，金人废二帝，北宋灭亡。3月，金人扶植傀儡张邦昌为楚帝，驱掳二帝和宗室、后妃、技艺工匠等数千人，携大量金银财宝和文物北归，史称"靖康之变"。

听琴图（局部）

这幅画的作者是宋徽宗赵佶，画面中央端坐抚琴的人就是他自己，而下首两位听琴的官员中，穿红袍的就是备受宠信的奸相蔡京。宋徽宗虽然是一个昏庸无能的皇帝，但在艺术上，却是一个多才多能的艺术家。

■ 马可·波罗来华

元朝初期，中国是世界上最强大、最富裕的国家，西方各国的使者、商人、旅行家纷纷前来观光，马可·波罗就是其中的一位。

马可·波罗是意大利威尼斯商人的后代，于1271年随其父亲、叔叔经中亚来东方，1275年5月到达元上都，得到元世祖忽必烈的信任，获得优厚待遇。马可·波罗在中国逗留期间，曾多次游历各地，还曾奉命护送过公主出嫁。他于1292年初离开中国，从海上经苏门答腊、印度等地到达波斯，1295年末返抵威尼斯。1298年，马可·波罗参加了威尼斯与热那亚的战争，被俘入狱，在狱中写出了《马可·波罗游记》。

《马可·波罗游记》问世后广为流传，被称为世界一大"奇书"。它共分四卷，第一卷叙述了马可·波罗自东亚去中国的沿途见闻；第二卷写的是蒙古大汗忽必烈及其宫殿、都城、朝廷、政府等事，还提到中国东南沿海等地的风俗；第三卷记载了日本、越南、印度洋沿岸及附近诸岛屿的情况；第四卷说的是成吉思汗后裔，即诸鞑靼宗王的战争和亚洲北部的情形。在游记中，马可·波罗描绘了东方经济的富庶和文化的昌明，使西方人增加了对中国的了解。一时间，西方人争相传诵此书，这对以后新航路的开辟有一定影响。

《马可·波罗游记》插图

这幅插图描绘了年轻的马可·波罗跟随父亲和叔父，参见中国皇帝忽必烈，并递交教皇的信件时的场景。

韩林儿：元末红巾军领袖，其父韩山童发动起义前被捕牺牲，韩林儿随母逃往武安，后被刘福通等人迎至亳州，立为帝，称小明王，国号宋，年号龙凤。

▶ 红巾军起义
▶ 郑和下西洋

■ 红巾军起义

元朝后期，以蒙古贵族为主的统治阶级，对各族特别是汉族人民的掠夺和奴役十分残酷，使得阶级矛盾和民族矛盾十分尖锐，反抗的烈火在人民心中燃烧起来，社会上流传着"一日三遍打，不反待如何"的歌谣，最终在1351年爆发了红巾军大起义。

起义的领袖是白莲教首领韩山童和刘福通，他们利用白莲教作为宣传和发动起义的工具。这一年，元政府调发民夫15万人修治黄河。官吏们营私舞弊，引起了民夫极大的怨恨。韩山童和刘福通等人认为这是发动起义的大好时机，便在黄陵冈的工地上，预先埋下一个一只眼的石人，并在石人背上刻上"石人一只眼，此物一出天下反"的字样。民夫们挖出石人后，引起巨大轰动。韩山童乘机在永年县鼓动起义，迅速聚集义军3000人，韩山童被推举为首领。不料起义尚未开始便走漏风声，永年县官发兵围困义军，韩山童被捕牺牲，其妻杨氏及子韩林儿逃亡。刘福通等人则率众向颍州（今安徽阜阳）进发，于这年5月攻下颍州。因起义军都头包红巾，因此称为红巾军。红巾军占领颍州后，乘胜进入河南，攻城夺池，队伍很快发展到10万人。1358年5月，红巾军攻占汴梁，标志着其起义行动进入全盛时期。1359年后，红巾军逐步走向衰败。

1359年8月，元军攻破汴梁，韩林儿、刘福通撤退到安丰（今安徽寿县）。1363年，刘福通被杀，起义失败。但剩余的农民军仍坚持斗争13年，历经大小数百战，对瓦解和推翻元朝的统治起到了决定性作用。

■ 郑和下西洋

明朝前期，经济恢复了发展，国势强盛，矿冶业和造船业都以高超的水平影响着整个世界。明成祖朱棣夺得帝位后，为了争取海外地区对明政权更替的了解和归附，加强与海外各国的经济文化友好联系，派宦官郑和率水手及官兵2万余人，乘大船62艘，远航西洋地区。

郑和本姓马，回族，云南昆阳（今云南晋宁）人。他因随明成祖朱棣起兵有功，被擢升为太监总管，赐姓郑，历经了永乐、洪熙、宣德三朝，世称"三保太监"，也叫"三宝太监"。

1405年7月11日，郑和的船队从苏州刘家港（今江苏浏河镇）出发，到达占城（今越南南部）、爪哇、苏门答腊、锡兰（今斯里兰卡）等地，经印度西岸折回，至1407年返国。此后郑和又下西洋6次，其中5次在永乐年间，最后一次在宣德年间，前后历时28年，到过30余国，最远到达非洲东岸（今索马里）、红海和伊斯兰教圣地麦加。船队每到一地，便以瓷器、丝绸和金银等物，换取当地特产，并与亚非各国加强了联系。南洋至今还保留着很多与郑和有关的遗迹。最后一次航行时，郑和年已花甲，回国后不久即病故。

郑和下西洋，比西方哥伦布、达·伽马等人的航行早半个世纪以上，舰队规模也都远远超过后者，是世界远程航海史上的一大创举，为世界航海事业的发展和各国间的友好往来做出了巨大贡献。

【百科链接】

西洋：
在明朝时期，东西洋划分是以如今的文莱为中心，文莱以西称为"西洋"，以东叫作"东洋"。

郑和海船模型
据记载，郑和船队中最大的海船长44.4丈，宽18丈，立9桅，挂12帆，是当时世界上最大的木帆船。（1丈≈3.33米）

土木堡之变

明朝初年，蒙古分裂为兀良哈部、鞑靼部和瓦剌部。其中，瓦剌部经过长期发展，势力增强，其首领也先在统一了蒙古后，便起了吞并中原之心。1449年，也先统率旗下各部，分四路大军骚扰内地，力图向中原扩张。明英宗朱祁镇在宦官王振的煽惑与挟持下，准备亲征前线。由于组织不当，一切军政事务皆由王振专断，明朝50万大军未至大同，军粮已乏，士兵饥寒交迫，死者无数。8月初，明军抵达大同。也先为了诱使明军深入，主动北撤。王振看到瓦剌军北撤，坚持北进。后来突然听说前线各军接连失败，他一下又惊惶失措，匆忙决定退兵。回师至土木堡（河北怀来境内）一带，明军已被瓦剌人追上。

明英宗像

明英宗被俘后，在京监国的英宗弟朱祁钰被拥立为帝，是为代宗。1450年，英宗获释回宫，被尊为太上皇，软禁于南宫。1457年，代宗卧病，宦官曹吉祥等人发动政变，迎英宗复位，史称"南宫之变"。明英宗成为明史上唯一两次登基的皇帝。

土木堡是当时宣府通向居庸关的重要驿站，位于狼山西麓，周围百里境内群峰耸立，地势很高。明军掘地数十尺都没有找到水源，而唯一的水源就是堡南7.5千米处的一条河，已被瓦剌军所控制。数十万明军断水，军心大乱。蒙古军乘机四面围攻，骑兵长驱直入，挥长刀砍杀明军，明朝士兵"裸袒相蹈藉死，蔽野塞川"。大战结束后，50万明军死伤过半，英宗被俘，王振被护卫将军樊忠用锤击毙。这次战役，明史上称为"土木堡之变"。土木堡之变影响深远，成为明王朝由初期的兴盛进入中期衰败的转折点。

康乾盛世

"康乾盛世"是中国历史上比较强盛的一个时期。"康乾盛世"的"康"是指康熙年间，"乾"是指乾隆年间。从康熙中叶起，清朝出现了比较繁荣的局面，到雍正、乾隆年间，清朝国力达到了鼎盛时期。

在这期间，政治上，清政府平定三藩，整治了鳌拜及其党羽，收复台湾，设驻藏大臣，疆域空前广大；经济上，放松了对人口的束缚，而且连年治理黄河，大兴水利、屯垦，减免钱粮，减轻了百姓负担，繁荣的商业城市大量出现；商业的繁荣又促进了贸易的繁荣，北京成为全国贸易的中心，瓷器、陶器、绸缎、布匹、铜、酒等都是当时非常畅销的商品；对外贸易也比以前有所发展，在一些商业发达的城市还出现了资本主义萌芽；文化上，编纂了《古今图书集成》《四库全书》，同时出现了许多流传百世的诗歌、小说、戏剧，自然科学也取得了一定成就。这段时期，中国人口增长迅速，社会基本稳定，人民安居乐业，所以历史学者将康、雍、乾时期称为"康乾盛世"。这是我国封建王朝史上最后一次辉煌。由于清朝采取的是一种消极保守的防御性政策，经济虽然恢复发展，但盛世背后埋藏了诸多隐患，因而从乾隆后期开始，鼎盛的局面就不复存在了。

【百科链接】

《四库全书》：

清乾隆时期编纂，1772年开始，经10年编成。它是中国古代最大的一部官修书，也是中国古代最大的一部丛书，分经、史、子、集四部，故名四库。

康熙帝坐像

康熙帝姓爱新觉罗，名玄烨，8岁登基，君临天下61年。他在位期间，百姓生活安定，生产发展，国库充裕，一片繁荣太平景象。

东正教：又称正教，依循东罗马帝国所流传下来的基督教传统教会，与天主教、基督新教并称为基督教三大派别。

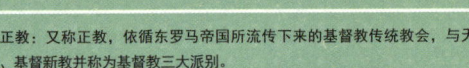
- 土尔扈特东归
- 鸦片战争
- 太平天国运动

■ 土尔扈特东归

土尔扈特是我国蒙古族中一个古老的部落。在明朝末年，土尔扈特人为了寻找新的生存环境，部族中的大部分人离开了新疆故土，越过哈萨克草原，渡过乌拉尔河，来到了当时尚未被沙皇俄国占领的伏尔加河下游的里海之滨。在这片人烟稀少的草原上，他们开拓家园，重新建立起了游牧民族的封建政权——土尔扈特汗国。

后来沙皇俄国逐渐向南扩张势力。沙俄强征土尔扈特人当兵打仗，并强迫他们改信东正教，不许他们皈依佛门，还限制他们放牧的范围。土尔扈特人没有屈服，他们时刻想念着自己的故土，努力取得了与清朝中央政府的联系。

1771年，土尔扈特人在首领渥巴锡的率领下，离开了他们生活了将近一个半世纪的异国他乡。他们一边战斗，一边前进，在缺粮挨饿、疾病流行的折磨下，击溃了紧跟在后面的沙俄追兵。土尔扈特部族历时半年，行程5000多千米，损失了全部牲口，付出了人员减半的巨大代价，终于踏上了家乡故土，投入了祖国的怀抱。

承德普陀宗乘之庙

1771年，乾隆皇帝在热河避暑山庄召见土尔扈特首领渥巴锡一行，下令于刚落成的普陀宗乘之庙内立碑纪念土尔扈特东归壮举，并亲自撰写《土尔扈特全部归顺记》《优恤土尔扈特部众记》两篇碑文。

■ 鸦片战争

19世纪初，鸦片开始大量进入中国，摧残了人民的身心健康，破坏了社会生产力，加深了清朝封建统治的危机。清政府从自身利益出发，命林则徐在虎门销烟。

中国的禁烟措施，遭到英国政府的强烈反对。英国政府就以虎门销烟为借口，派出了远征军侵华。1840年6月，英国派军舰47艘、陆军4000人陆续抵达广东珠江口外，封锁海口，鸦片战争自此开始。随后英军进犯广州，攻陷厦门，强占宁波。道光皇帝为挽回败局，决定第二次出兵。但领军将领奕经率军到达前线后贸然出兵，导致全军溃败。1842年6月，江南提督陈化成战死，吴淞口陷落；7月，镇江陷落；8月，英舰到达南京下关江面。最

清末的鸦片烟馆

鸦片传入中国后，各城乡都有许多烟馆，甚至出现了烟馆多于旅栈、饭店的情形。许多吸食大烟的人整日沉溺其中，身心受到极度摧残。

终，清政府在英国炮舰的威逼下，签订了中国近代史上第一个丧权辱国的不平等条约——《南京条约》。

鸦片战争是中国抗击西方资本主义列强入侵的首次战争，广大官兵英勇抗战，表现出崇高的爱国主义精神。但由于清政府战和摇摆不定，将帅指挥不善和武器装备落后等原因，终为英军所败。鸦片战争后，中国开始走向半殖民地半封建社会。

■ 太平天国运动

鸦片战争以后，中国社会矛盾空前激化，广大人民衣食无着，陷于极端悲惨的境地。小规模的农民反抗运动风起云涌，遍及全国，其中尤以两广和湖南斗争最为激烈。

制海权：交战一方在一定时间对一定海区的控制权。目的是确保己方海上行动的自由，剥夺敌方海上行动的自由，使该海洋区域为己所用而不为敌方所用。

中国历史篇

在这样的背景下，太平天国革命在广西爆发了。

1851年1月11日，洪秀全率领2万多名群众在桂平县金田村发动起义，建号"太平天国"，军队称"太平军"，洪秀全被拥立为"天王"。1853年起义军占领南京，将南京改为"天京"，作为都城。太平天国建都后，颁布了《天朝田亩制度》；废除封建的土地所有制，平均分配土地；还实行男女平等的政策，禁止买卖妇女和女婢；对外则坚持独立自主的政策，不承认清政府签订的不平等条约，禁止贩卖鸦片，反对外来侵略。这些措施，极大地鼓舞了人民的斗志。

拙政园

苏州的拙政园是我国四大古典园林之一。1860年夏，太平天国在苏州建立了苏福省，忠王李秀成将原拙政园花园部分及东西部宅第等合并改建成忠王府，作为太平天国在苏浙地区的最高统帅府。

但就在这大好形势下，起义军内部却发生了自相残杀的"天京事变"。1856年，东王杨秀清被暗杀，其部下5000余人也被残杀，随后大将石达开又率10万大军出走，给太平天国造成了极大的危害，成为太平天国由盛而衰的转折点。1861年9月，太平天国重镇安庆失陷。1864年6月3日，洪秀全病逝。7月19日，天京陷落，革命运动宣告失败。

太平天国与清军进行了长达10余年的周旋，沉重地打击了清王朝的封建统治，并激发了后人的革命精神，为后来的辛亥革命铺平了道路。因此，太平天国运动在中国近代史上具有极为重要的意义。

■ 甲午战争

1894年，日本寻衅进攻中国军队，一意挑起战争。8月1日，中日政府同时宣战，甲午战争爆发。

战争分三个阶段。第一阶段为平壤之战和黄海海战。平壤之战中，清军统帅叶志超贪生怕死，6天奔逃250千米，渡鸭绿江回国，导致日军轻松占领朝鲜全境。黄海海战是中日海军的一次主力决战，结果日军以较小代价，重创北洋舰队，取得了黄海制海权。第二阶段为鸭绿江江防之战和金旅之战。鸭绿江江防之战是清军抗击日军入侵中国国土的首次保卫战，结果清朝重兵驻守的鸭绿江防线全线崩溃。金旅之战指日军攻打金州、旅顺的战斗。由于清军统帅指挥无能，导致日军占领旅顺口并血洗全城。第三阶段为威海卫之战和辽东之战。威海卫之战是保卫北洋海军根据地的防御战，北洋舰队在此战中全军覆没。辽东之战持续的时间很长，但最终也以清军全线溃退而告终。

甲午海战图

北洋水师在黄海大战中失利后，退入威海卫，使黄海制海权落入了日本联合舰队之手，成为甲午战争中中方战败的重要因素。

清政府在甲午战争中采取了消极防御和"避战保船"的方针，放弃了战争的主动权，压制了北洋舰队官兵的抗战积极性。而北洋海军由于缺乏实战经验和先进的作战技术，最终全军覆灭。

1895年4月，清政府特命全权代表李鸿章同日本总理大臣伊藤博文在日本马关签订了丧权辱国的《马关条约》。《马关条约》的签订对中国社会产生了深远的影响，它大大加深了中国社会的半殖民地化程度。甲午战争后不久，帝国主义即在中国掀起了瓜分狂潮。

京师大学堂：北京大学的前身，中国第一所国立大学，也是中国近代史上正式设立的第一所大学。它的成立标志着中国近代高等教育的开端。

▶ 戊戌变法
▶ 八国联军侵华

■ 戊戌变法

戊戌变法是清朝末年的一次资产阶级改良运动。在中日甲午战争以后，帝国主义列强纷纷在中国划分势力范围，国土大面积被割占，中国正面临着深重的民族危机。一部分新兴的资产阶级和进步知识分子向清政府提出了发展资本主义经济、政治和文化的建议，并形成资产阶级改良主义的社会思潮。于是，1898年（农历戊戌年），一场以维护国家主权和拯救民族危亡为根本目的变法运动被推上了中国历史的舞台。

变法期间，清政府颁布了几十道新政诏令，涵盖政治、经济、军事、文教等方面，包括提倡私人办实业，奖励发明创造；裁减绿营，淘汰冗兵，采用新法训练陆海军；改革科举制度，废除八股，改试策论；鼓励地方和私人办学，创设京师大学堂，等等。然而变法运动危及到了封建守旧分子的利益，遭到了他们的强烈抵制和反对。由于中国的封建阶级势力强大，而新兴的民族资产阶级势力单薄，又缺乏强有力的支持，以致戊戌变法最后以失败而告终。

戊戌变法虽然失败，但它毕竟是中国近代史上的一次爱国救亡及思想启蒙运动，有利于资本主义的发展和西方科学技术的传播，为资产阶级思想的传播奠定了基础。

光绪帝朝服像
光绪帝虽然"不甘作亡国之君"，积极支持变法，一度成为维新派心中的"救世主"。但变法遭到以慈禧为主的守旧势力的阻挠，仅百日即失败，光绪帝被囚，终其一生无法摆脱屈辱的命运。

■ 八国联军侵华

19世纪末20世纪初，世界上主要资本主义国家已过渡到帝国主义，他们开始在全球疯狂扩张。在中国，他们强占租借地和划分势力范围，掀起了瓜分中国的热潮。面对空前严重的民族危机，义和团反帝爱国运动爆发了。义和团最初只是以"反清复明"为宗旨与清政府进行抗争，后在严重的民族危机面前，才开始把斗争的矛头指向帝国主义，并掀起了声势浩大的"灭洋反帝"活动。义和团的举动狠狠打击了西方国家的在华势力，破坏了他们的资本利益。1900年6月10日，英、俄、日、法、德、美、意、奥八国组成的联军2000余人，从天津向北京进犯。

北京街头的义和团民成员
义和团原名义和拳，发源于山东，以设拳厂、练拳术等方式组织群众，参加者大多是农民、手工业者和其他群众。

义和团在天津与侵略者进行了英勇的战斗，部分清军也在义和团影响下参加了天津保卫战。7月14日，天津失陷。8月7日，清政府任命李鸿章为全权大臣，正式向外国列强求和。列强各国本想以武力瓜分中国，但在中国人民的激烈反抗下没能得逞；而各帝国之间又互不相让，矛盾重重，迫使它们需要继续利用清政府间接统治中国，因而清政府才得以继续残存。但随后签订的《辛丑条约》，却让中国完全沦为半殖民地半封建社会。

- 围魏救赵
- 长平之战

鬼谷子：姓王名诩，春秋时人。纵横家之鼻祖，被道教奉为洞府真仙。因隐居清溪（今湖北远安县东南）之鬼谷，故人称鬼谷先生。

中国历史篇

著名战例

■ 围魏救赵

公元前354年，魏王以庞涓为将，发兵攻打赵国，包围了赵都邯郸。赵国求救于齐国，齐威王以田忌为将、孙膑为军师领兵前去救援。孙膑是战国时期著名的军事家，年轻时曾和庞涓一起拜鬼谷子为师学习兵法。后来庞涓当了魏国将军，忌妒孙膑的才能，把孙膑骗到魏国，割掉孙膑的膝盖骨，使之成为残废。后来孙膑在齐国使臣的帮助下，逃往齐国，当上了齐威王的军师。

田忌与孙膑率兵进入魏赵交界之地时，田忌想直接袭击魏军，以解邯郸之围。孙膑却认为，魏国的精兵都在攻打赵国，国内空虚，主张采取避实击虚的灵活战术，向魏国的国都大梁进军，造成兵临城下、大军压境之势。田忌觉得有理，便采纳了孙膑的计谋，率军进攻魏国。庞涓得知消息，非常着急，赶紧丢掉粮草辎重，星夜从赵国撤军回国。孙膑预先在魏军回国的必经之地桂陵设下埋伏，当庞涓率领长途跋涉、疲惫不堪的魏军经过时，齐军突然出击，打败魏军，解了邯郸之围，创造了"围魏救赵"的著名战例。

孙膑像
孙膑是春秋末年大军事家孙武的后人，著有《孙膑兵法》，久已失传。1972年山东临沂银雀山出土兵法竹简，有11000余字。

■ 长平之战

公元前262年，秦将白起进攻韩国，一仗得胜，占领了野王郡。郡守投降赵国，赵王非常高兴，派大将廉颇进驻长平，抗拒秦兵。

白起和廉颇僵持三年未分胜负。后来白起用反间计，使赵王任用只会纸上谈兵的赵括为将，取代了廉颇。

赵括是赵国名将赵奢的儿子，自幼酷爱兵法，熟读兵书，谈起排兵布阵来头头是道。但赵奢知道自己的儿子只不过是多读了几本兵书而已，没有什么实战经验，若带兵作战非贻误军机、断送军队不可。因此，他临终留下遗言："千万别让赵括去打仗，以免误了国家大事。"可赵王却一意孤行。赵括改变了廉颇的固守策略，一味盲目进攻，结果孤军深入，导致赵军大败，赵括本人战死。

长平之战是战国时代最早、规模最大的一场包围歼灭战。此后赵国一蹶不振，直至最后灭亡。秦国则因此而实力大增，初步形成统一天下的势头。

纸上谈兵的赵括
赵括的父亲赵奢是功勋卓著的大将，赵括年幼时就在父亲影响下熟读兵书，而且能言善辩，连赵奢都常常论不过他。但是由于赵括毫无实战经验，而且骄傲轻敌，在长平之战中断送了40万将士的性命。

项梁：秦末著名起义领袖，楚国贵族的后代，西楚霸王项羽的叔父，其父项燕是楚国名将。在反秦战争中为秦将章邯所败，战死沙场。

▶ 巨鹿之战
▶ 官渡之战

■ 巨鹿之战

秦末，全国各地纷纷起义反秦，项羽与其叔父项梁也在这时起兵。因为项家世代为楚将，楚地的起义将领都纷纷前来归附他们。

公元前207年，项羽的起义军与秦将王离、章邯率领的秦军主力部队在巨鹿（今河北邢台地区）展开大战。项羽先派部将英布、蒲将军率领两万人做先锋，渡过漳水，切断秦军的运粮要道，把章邯和王离的军队分割开来。项羽不畏强敌，率领主力强渡漳水。渡河后，项羽破釜沉舟，烧庐舍，持三日粮，以示不胜则死的决心，并以迅雷不及掩耳之势直扑秦军而去。

项羽的决心和勇气，对将士起了很大的鼓舞作用。楚军士气振奋，他们很快把王离的军队包围起来，越战越勇。经过9次激烈战斗，楚军大获全胜，活捉了秦军将领。巨鹿之战胜利后，项羽召见各路义军的将领。他们低头弯腰地走进辕门，拜伏在项羽面前。从此，项羽便成了各路反秦义军的首领。

项羽像
项羽是战国时楚国名将项燕之后，从小习文练武，力能扛鼎，勇武超群。

【百科链接】

章邯：
字少荣，秦朝大将，秦二世时任少府。漳污之战中被项羽击败后投降。楚汉战争中，与刘邦军屡战不胜，后兵败自杀。

■ 官渡之战

官渡之战是袁曹双方力量转变、中国北部由分裂走向统一的一次关键性战役，对于三国历史的发展有着极其重要的影响。

东汉末年，曹操"挟天子以令诸侯"，与北方势力最强大的袁绍发生了冲突。袁绍家族显赫，并通过兼并战争，占据了幽、冀、青、并四州土地，华北一带基本都属于他的版图，兵力在当时远远胜过曹操。他认为曹操是他称霸中原的劲敌，必先将其铲除。

200年2月，袁绍集中了10万精兵攻打曹操。曹操带着仅有的4万人马来到官渡，袁、曹两军形成了对峙于官渡的局面。由于袁军粮草充足而曹军粮食不多，如果两军长期对峙，曹军难以坚持；而且曹军兵力又不足一战。曹操无奈只好凭借深沟高垒，坚守不出。

劫乌巢孟德烧粮
官渡之战是史上有名的以少胜多的战役，也是曹操与袁绍争夺北方霸权的转折点。官渡一战之后，曹操终于一反劣势，为自己统一北方奠定了基础。

战争出现转折是因为袁绍的谋士许攸。袁绍刚愎自用，许攸便决定弃袁投曹。他建议曹军派兵前去偷袭袁军的粮草大营——乌巢。只要乌巢一失，袁军不战自乱。曹操听后兴奋不已，认为这是出奇制胜的良好战机，便亲率5000人马，打着袁军的旗号前去偷袭，果然大获全胜。袁军失去了乌巢军粮后，军心惶惶。曹操乘机命大队兵马，八路齐出，直冲袁军大营。袁绍连铠甲都顾不上披，仓皇带了800余人逃回了河北，袁军主力丧失殆尽。两年后，袁绍忧愤而亡。袁氏四兄弟互相争斗，都被曹操各个击破。205年，曹操又北征乌桓，直下辽东，彻底消灭了袁绍的残余势力，完全统一了北方。

华容道：赤壁之战中曹军逃入华容县界后向华容县城逃跑的路线。古华容县城在今湖北监利县的周老嘴附近。曹操要逃回江陵，华容道是最短的路线。

中国历史篇

■ 赤壁之战

208年，曹操统一北方后挥师南下。当时南方有刘备和孙权两大军事集团。面对曹军咄咄逼人之势，他们不肯归顺曹操，于是决定联合抗曹。刘备派诸葛亮前往江南，与周瑜共议抗曹之策。

此时曹操大军自江陵顺流直下，船舰千艘，旌旗蔽日，浩浩荡荡，曹操志在必得。但曹兵不习水战，大多因晕船而呕吐不止，战斗力丧失。曹操采纳谋士庞统的建议，将战船用铁链连在一起，再铺上木板，制成连环船，使步骑兵可在上驰骋，以利攻战。江东周瑜知道后，与老将黄盖定了一条苦肉计，假装让黄盖投降曹操，以便寻找时机放火烧船。

诸葛亮通晓天文，推测冬至日必刮东南风。周瑜便命黄盖将10艘快船装上枯草、干柴并浇上油，于冬至日趁着东南风，扬帆直驶曹军水寨，火烧曹军。曹方船只连在一起无法自由行动，因而全部着火，整个水寨一片火海，曹军被烧死、淹死者不计其数。周瑜率领主力从江面和陆路发起总攻，刘备也从

火烧赤壁

赤壁之战中，曹操自负轻敌，指挥失误，加上水军不强，终致战败。而孙权和刘备在强敌面前，冷静分析形势，结盟抗曹，扬水战之长，巧用火攻，创造了中国军事史上以弱胜强的著名战例。

【百科链接】

卧龙与凤雏：

分别指三国时期的两大谋士诸葛亮与庞统，他们共同辅佐刘备，取得了赤壁之战的大胜，奠定了蜀国大业的基础。

一旁截杀曹军。孙刘联军乘胜追击，杀得曹军风声鹤唳、草木皆兵，数十万人马丧失殆尽。曹操被迫撤退，由华容道逃回江陵。赤壁一战，奠定了三国鼎立的基础。

■ 淝水之战

316年，西晋王朝灭亡，西晋琅琊王司马睿于317年在建康称帝，建立东晋王朝。而前秦政权也积极扩张势力，统一了北方地区。两者之间的矛盾日趋尖锐。

382年4月，苻坚亲自率领90万大军南下灭晋，欲一举荡平东晋。面对危局，东晋皇帝司马曜命谢石、谢玄率领8万"北府兵"沿淮河西上，遏制秦军进攻。谢玄巧用离间计劝降了前秦军中的大将朱序，探知了秦

谢玄像

谢玄是东晋名将，其家族是流寓江东的北方世家大族。他从小即受到为相的叔父谢安的器重，在淝水之战中以少胜多，大败前秦。

军前锋的动向，取得了洛涧遭遇战的胜利，大大鼓舞了晋军的士气。苻坚领军驻扎在淝水北岸，看到晋军布阵严整、旌旗蔽日，以为晋军人数极多，甚至把淝水东面八公山上的草和树木都当成了晋兵，开始有了一丝惧意。

谢玄与苻融约定好，让秦兵稍稍后撤，使晋军渡过淝水，两军一决胜负。谁知这一撤秦军阵势大乱。东晋军乘势抢渡淝水，展开猛烈攻击。朱序在秦军阵后大喊："秦军败了，秦军败了！"秦军一听，争相逃命，全线溃退。谢玄率军乘胜追击，取得最后胜利。

37

完颜宗弼：即金兀术，金朝大将，金太祖完颜阿骨打第四子，有胆略，善骑射，是宋金对峙时期杰出的军事家和政治家。

▶ 黄天荡之战
▶ 萨尔浒之战

■ 黄天荡之战

1130年3月，宋金战争中的双方宋军与金军，曾在黄天荡进行过一场激烈的水战。

1129年10月，金军三次南下，攻破了建康，直逼临安。江南各地军民奋起反击，金兵被迫北撤。宋将韩世忠料定金军不能久踞江南，便大量制造战舰，准备截断金军退路。1130年3月，金军元帅完颜宗弼率10万大军经秀州、平江北撤时，韩世忠率8000水军驻守镇江，截击金军于焦山和金山之间。此后双方在长江上展开了激战。南宋水军多海舰，形体高大，稳定性好，攻击力强。韩世忠夫人梁红玉又亲自擂鼓助威，宋军士气大振，重挫金军。随后金军溯江而上，韩世忠亦率军沿江追赶。在宋军的阻击下，金军进入了河道淤塞的死水港黄天荡，前进无路，后退受阻，长达40日，处境岌岌可危。最后，完颜宗弼在当地人的指引下，一夜之间凿通老鹳河30里旧道，并用火攻大破宋舰，逃出黄天荡。韩世忠以8000兵抗拒金兵10

韩世忠像

韩世忠字良臣，绥德（今属陕西）人，南宋抗金名将。他不仅骁勇善战，而且生性直爽，岳飞陷冤狱时，满朝文武无一人敢言，唯有他仗义执言，遭到秦桧的记恨，最后愤而辞官，闭门谢客。

万之众，阻击48日，创造了战争史上的奇迹，使金兵南下的势头遭到了沉重打击，大长了宋军抗金救国的士气。从此金军不敢轻易渡江，南宋都城临安和半壁江山得以保全。

■ 萨尔浒之战

1616年，努尔哈赤建立后金。1618年，努尔哈赤以"七大恨"誓师，历数明朝的七大罪状，向明廷宣战。

1619年，12万明军在经略杨镐率领下，分四路讨伐后金。四路将领分别为山海关总兵杜松、辽东总兵李如柏、开原总兵马林和辽阳总兵刘铤。努尔哈赤探悉明军分进合击的企图后，集中八旗精锐6万余人，采取了"先破一军，以少量兵力抵御其余三路，最后乘机各个击破"的作战方针。杜松的主力部队从西路进攻，他轻敌冒进，孤军深入，在萨尔浒一带被后金军打败。随后努尔哈赤又与部下会师，击破马林一路。接着又采用诱敌深入战术，消灭了刘铤的先锋部队。而李如柏在一路火速撤退途中自相践踏，死伤千余人。

萨尔浒之战是明朝与后金争夺辽东地区的关键性一战。在这次战役中，后金运用集中兵力、各个击破的办法，5天之内连破三路明军，歼灭明军约5万人，创造了战争史上的传奇。

努尔哈赤像

努尔哈赤生于建州左卫赫图阿拉（今辽宁新宾西赫图阿拉老城）的一个女真贵族家庭。明万历十一年（1583年），他的父亲和祖父被明军误杀，他归罪于图伦城城主尼堪外兰，以"遗甲十三副"起兵，攻破图伦城，开始了推翻明朝的战斗。

【百科链接】

八旗军制：
努尔哈赤将手下士兵分为黄、白、红、蓝、镶黄、镶白、镶红、镶蓝八旗，八旗兵出则为兵，入则为民，兼军事、行政、生产三种职能于一体。

Part 2

世界历史篇

法老：古埃及君主的尊称，埃及语的希伯来文音译，意为大房屋。法老自称是太阳神之子、神的化身，他站在权力金字塔的顶端，具有绝对的权威。

▶ 古埃及文明
▶ 苏美尔文明

人类文明的火种

■ 古埃及文明

在几万年以前，人们就在尼罗河谷两边的高地上过着氏族公社生活，主要从事采集、狩猎等活动。公元前5000年前后，人们逐渐由沙漠高地移居到尼罗河谷地，开始从事畜牧业和农业生产。而发源于非洲的尼罗河不仅为古代埃及人带来了丰富的水源，也带来了大量富含腐殖质的土壤。古代埃及人逐步掌握了利用尼罗河水的方法，开凿沟渠，排水蓄水，发展起了灌溉农业，使沼泽变成良田。生产的发展促使了贫富分化和阶级的产生，公元前3500年左右，埃及逐渐出现一些最初的奴隶制小国。这种奴隶制小国主要由一些村社结合而成，日常的主要政务便是主持田亩的灌溉和庄稼的收割。全埃及大约有40个这样的小国，并且各有自己的图腾、主神和旗帜。它们面积不大，为了争夺土地、水源和财富，不断混战兼并。经过长期的兼并战争，尼罗河两岸地带逐渐由上、下埃及两个王国取代了原来的奴隶制小国。上埃及国王戴白冠，占据南部；下埃及国王戴红冠，占据北部。公元前3000年，上埃及国王美尼斯征服了下埃及，在历史上第一次初步统一了埃及。此后古埃及人逐渐创造出举世闻名的象形文字、法老陵墓、神秘宗教、木乃伊和巨大的金字塔等令人震惊的文明奇迹。

【百科链接】

尼罗河：
世界第一长河，起源于非洲东北部布隆迪高原，流经埃及、卢旺达、苏丹等9个国家，全长6600多千米，最终注入地中海，是世界上流经国家最多的国际性河流之一。

■ 苏美尔文明

底格里斯河和幼发拉底河中下游地区，即两河流域的古代文明，是人类历史上最古老的文明之一。古希腊人把两河流域叫作"美索不达米亚"，意思是"两河之间的地方"。两河流域文明的先驱和创造者是苏美尔人，早在公元前5000年前后，他们就已经开始使用牛、驴拉着木犁耕地，种植大麦和椰枣等农作物。到了公元前4000年前后，苏美尔人开始在两河流域建立了规模较大的村镇和城市，掌握了先进的农业灌溉技术，并修建了神庙。大约在公元前3500

胡夫大金字塔
胡夫大金字塔建筑在一块巨大的凸形岩石上，占地约52900平方米，体积约260万立方米，高耸巍峨，壮丽无比。它的四边正对着东南西北四个方向。在生产工具很落后的4000多年前，埃及人如何完成这宏伟的大金字塔的建造，还是难解的谜。

椰枣：枣椰树的果实。枣椰树耐旱、耐碱而又喜欢潮湿，是热带、亚热带干旱地区的特种树种，从非洲西北的加那利群岛沿北非海岸直到西亚、南亚都有种植。

世界历史篇

年前后，苏美尔人已经以神庙为中心建立了一些城邦国家。除此之外，两河流域的居民还是世界上最早开始制作陶器的人，他们常用的生活用具，比如酒杯、炉子、灯盏等几乎全是陶器。最有趣的是，人死后用的棺椁也用陶土烧制，形状像有盖的长方形大箱子。古代两河流

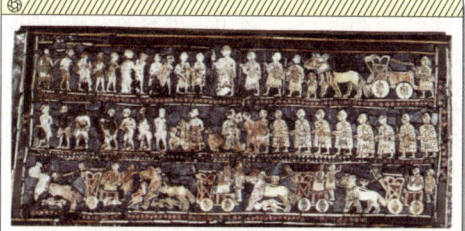

乌尔城出土的军旗

乌尔是苏美尔人建立的城邦，始建于公元前30世纪上半叶。这面"军旗"是在刷有沥青的木板上用贝壳、闪绿石、粉红色石灰石镶嵌而成的，描述的是战争和庆祝胜利的场面。画面共分三层，根据情节逐步展开，人物以侧面、正身、侧足为主，色彩鲜明，具有浓厚的装饰性。

域的金属制造工艺也达到了相当纯熟的水平，手工业行业很多，已能制出砖、织麻、珠宝、皮革等物品。

古代苏美尔人居住的两河流域，盛产泥沙和黏土，但缺乏石矿和树木。苏美尔人把泥沙、黏土和切碎的麦秸混合在一起，制成一种比较坚硬的土砖，作为他们垒墙、盖房、铺路的主要材料。但砖与砖之间没有灰浆或水泥连接，所以泥砖建筑随时都会损毁，所以过一段时间就得把它们拆除、铲平、重造。随着时间的延续，两河流域的城市便不断抬高，后来历史学家们便把这样的古迹称为台勒，它们是苏美尔文明的典型标志。

■ **爱琴文明**

西方文明发源于古希腊，古希腊文明发源于爱琴文明。爱琴文明是地中海东部青铜文明的总称，源自克里特岛，后来文明的中心又转移到迈锡尼，因在爱琴海区域而得名。它开始于公元前20世纪中叶，持续至公元前12世纪，是欧洲最早的文明，也是西方文明的源泉。兴旺的农业和海上贸易，发达的宫室建筑及绘画艺术是该文明的重要特征。

大约在公元前20世纪，克里特岛就产生了奴隶制城邦。到了公元前17世纪，克里特文明进入了以北部的克诺索斯城为代表的繁荣时期。当地的米诺斯王拥有一支强大的海军，曾统治着爱琴海诸岛。20世纪

【百科链接】

克里特岛：

位于希腊东南的地中海海域，距希腊本土130千米。东西长约298千米，面积8236平方千米，是希腊最大的岛屿、古老的文化中心和地中海著名的旅游胜地。

早期，英国学者伊文思通过考古发掘，证明了当时克里特岛上已有发达的手工业，青铜、金银和宝石制成的各种工艺品琳琅满目，尤以金项链、手镯等最为精致，而烧制的彩色陶瓶竟然薄如蛋壳，令人惊叹不已。已发掘的米诺斯王宫依山而建，王宫地面铺有平整石板，四壁绘有海涛飞鱼、森林猛禽、婀娜少女和国王贵族，修造得十分宏伟富丽，美轮美奂。

大约在公元前14世纪，米诺斯王宫突遭毁灭，古希腊进入了迈锡尼文明时期。迈锡尼文明后期，迈锡尼等许多城邦组成联军远征特洛伊，虽然取胜，但10年战争也极大地损耗了自身实力。大约在公元前12世纪，迈锡尼诸城邦被另一支希腊人——多利亚人征服，爱琴文明就此衰落。

克诺索斯宫殿北通道

克诺索斯宫被称为"迷宫"可谓实至名归，尽管经历数千年风雨，当年风貌早已不再，但其内部空间仍显示出它的奥妙非凡。宫殿内过道和楼梯曲折迂回，穿堂入室，楼上楼下高低错落，使人眼花缭乱。

41

失蜡法：古代一种铸造青铜器等金属器物的传统技法，至今仍有地方沿用。以失蜡法铸造的器物玲珑剔透，有镂空的效果。

▶ 古印度文明
▶ 古希腊文明

■ 古印度文明

在世界考古史上，印度河文明诞生的主要标志是哈拉帕城遗址的发现，因此古印度文明也被称为哈拉帕文明。从哈拉帕城的遗址中可以看出，在印度河文明时期，古印度居民主要从事着农业和家畜饲养业，兼顾渔猎及各种手工业。

在哈拉帕城的陵墓中，许多陵墓主人都戴着指环、滑石珠链、脚镯和手镯。墓里面满是铜镜、锑棒、轻薄的汤勺以及不同形状、不同大小的容器与水壶等陪葬品，这说明古印度居民已经有了初步的金属加工技术。金属加工主要以红铜和青铜为原料，采用锻、錾、焊和失蜡法等铸造技术，可制造出斧、锛、镰、锯、鱼钩、矛剑等工具，也可制造一些

印度河文明遗址
位于印度古吉拉特邦的洛塞尔，根据出土遗物判断，属于哈拉帕文明。整个城镇都用大小统一的泥砖砌成。5000年前，这里曾经是印度河流域重要的手工业中心和贸易港口。

铅制的小瓶、银容器和金饰物等。一些遗址的文物还表明，当时已出现棉纺织业、造船业、象牙加工业和石料加工业等。此外，哈拉帕文明还创造了自己的文字，它们主要留存于各种石器、陶器和象牙制的印章上，这些文字符号有象形的，也有几何图案，至今尚未成功解读。正因为如此，关于哈拉帕文明的来源问题一直都是不解之谜，人们说不清它到底是土著文明还是外来文明。

哈拉帕文明兴旺了几个世纪后，到公元前1750年突然衰灭，从此古印度文明之光便莫名其妙地熄灭了。它来得突然，去得更突然，以致日后印度文献对它一笔带过，令它只剩下神秘的身影。直到公元前2000年左右，雅利安人到来，印度文明才重新兴起。

■ 古希腊文明

古希腊位于地中海东北部，除了现在的希腊半岛外，还包括爱琴海、马其顿、色雷斯、亚平宁半岛和小亚细亚等地。公元前6世纪至前5世纪，这片土地上产生了璀璨的希腊文明。著名的希腊神话正是古希腊人的集体创作，它产生于希腊的远古时代，然后长期在世人的口头中流传，最后散见于荷马史诗、赫西奥德的《神谱》及此后的一些文学、历史等著作中。

大约在公元前1200年，爱琴海文明受到北方蛮族入侵，遭到严重破坏，多利亚人的入侵又毁灭了迈锡尼文明，希腊历史进入所谓的"黑暗时代"。人们对这一时期的了解主要来自《荷马史诗》，所以又称其为"荷马时代"。在荷马时代末期，不屈的希腊人在这块曾经有过辉煌文明的废墟上重新创立了灿烂的希腊文明，使之成为欧洲文明的真正始祖。进入奴隶社会的希腊半岛，铁器已经得到推广，取代了青铜器；海上贸易也重新发达起来；200多个奴隶制城邦国家纷纷建立，每一城邦以城市为中心连同城郊农村组成大小不等的国家，各自为政。希腊人以腓尼基字母为基础，创造

雅典卫城的酒神剧场
位于雅典卫城东南的一处山坡上。在三面山坡环绕之中，依山建起阶梯状的条形座椅，形成了庞大的露天圆形剧场。

古代奥林匹克：古希腊人在奥林匹亚（遗址在伯罗奔尼撒半岛西部的山谷里）对天神宙斯的祭祀活动，每四年一次。

了自己的文字，并于公元前776年召开了第一次奥林匹克运动会，标志着古希腊文明进入了兴盛时期。

【百科链接】

帕特农神庙：
雅典卫城最重要的主体建筑，它是为雅典城邦的守护神雅典娜而建的最著名的祭殿。这座神庙兴建于公元前447年，已经历了2000多年的沧桑巨变。

公元前750年左右，随着人口的增长，希腊人开始向外扩张。在此后的250年间，新的希腊城邦势力范围包括小亚细亚和北非在内的地中海沿岸等地。在诸城邦中，势力最大的就是斯巴达和雅典。

■ 巴比伦文明

两河（幼发拉底河和底格里斯河）流域文明是人类历史上最古老的文明之一。两河流域最早的居民是苏美尔人，他们于公元前4000年以前就来到了这里。后来的阿卡德人、巴比伦人、亚述人以及迦勒底人，继承和发展了苏美尔人的成就，使两河流域文明再次成为人类文明史上重要的一页。其中巴比伦人的成就最大，因此这时期的两河流域文明又被称为巴比伦文明。

古巴比伦王国是西亚文明古国，位于幼发拉底河和底格里斯河流域。公元前18世纪，游牧部落的阿摩利人不断向外扩张，陆续征服了邻近各国，统一了两河流域，在幼发拉底河中游建立了古巴比伦王国。至古巴比伦第六代国王汉谟拉比统治时期，王国达到鼎盛时期。考古学家克莱默在其著作中曾列举了巴比伦古文明创造的世界历史上的多个奇迹，如最早的学校、最早的两院制议会、最早的史学家、最早的法典和立法者、最早的药典、最早的农历、最早的伦理标准和最早的圣经故事等等。但可惜的是，汉谟拉比死后王国重新陷入分裂，巴比伦古文明慢慢衰落。

巴比伦城的伊施塔尔门
据记载，古巴比伦城共有8座城门，均以神灵之名命名，其中西北的伊施塔尔门最为壮观，保存也最完整。它坐落在通往巴比伦塔前面的广场上。

帕特农神庙遗址
帕特农神庙是雅典卫城的主体建筑，为歌颂雅典战胜波斯侵略者而建。曾经是一座宏伟的长方形建筑物，巍峨耸立，光彩照人。如今庙顶坍塌，雕像无存，浮雕也剥蚀严重，但从巍然屹立的柱廊中，还可以看出神庙当年的风姿。

热带雨林：热带雨林气候及热带海洋性气候的典型植被，在世界三大热带地区都有分布，最大的一片在美洲，我国云南、台湾、海南地区也有分布。

▶ 奥尔梅克文明
▶ 玛雅文明

■ 奥尔梅克文明

奥尔梅克文明是已知的最古老的美洲文明。它存在和繁盛于公元前1200年至前400年的中美洲，即现在的墨西哥中南部。奥尔梅克文明最终在公元前400年左右消失，消失的原因尚且不明，但它对中美洲文明产生了重要影响。

奥尔梅克文明产生于中美洲圣洛伦索高地的热带丛林，以大量的石头艺术品和石刻建筑而著称，如石头金字塔、石雕人像和精美的玉器等。该文明的一个中心是拉文塔，位于海港附近，盛产农作物和盐，主要居民是渔民、农民、商人和能工巧匠。他们住在有支柱及遮盖的住房里，玉米、鱼类和海龟是他们的主要食物。

奥尔梅克文明的许多特征，如金字塔和宫殿的建造、玉器雕琢、美洲虎和羽蛇神崇拜等，都是后来中美洲玛雅文明的共同特征。

奥尔梅克巨石头像
头像用整块玄武岩雕成，嘴唇肥厚，鼻子扁平，扁桃形的大眼睛深邃冷漠，具有非洲人的面部特征，还戴有古怪的头盔。它是奥尔梅克文明最典型的象征，也是美洲最早的纪念性雕刻。

【百科链接】

羽蛇神：
一个在美洲中部文明中受到普遍信奉的神，一般被描绘为长羽毛的长蛇。最早见于奥尔梅克文明。传说中羽蛇神主宰着辰星，它发明了书籍和法律，同时还是祭司们的保护神。

■ 玛雅文明

玛雅文明产生于奥尔梅克文明之后，是中美洲古代印第安文明的杰出代表，以印第安玛雅人而得名，主要分布在墨西哥南部、危地马拉、巴西、伯利兹以及洪都拉斯和萨尔瓦多等地区。玛雅人曾于公元前400年左右建立了早期奴隶制国家，玛雅文明在3至9世纪达到鼎盛，15世纪后衰落，最后被西班牙殖民者摧毁，湮没在了热带丛林中。

中美洲的玛雅文明是世界文明史上的一个奇迹。它在农业、文字、天文、数学和建筑等方面都取得了辉煌的成就，其中玛雅人培育的玉米、土豆、西红柿等作物传遍了整个世界。哥伦布登上美洲大陆后，人们在中美洲连续发现了100多个玛雅城邦遗址，其中最著名的有蒂卡尔、帕沦克、奇琴·伊察和乌克斯马尔等。这证明了玛雅人在他们生存的土地上，曾建立了数以百计的城市和居民点。各邦使用相同的象形文字和历法，城市规划、建筑风格、生产水平也大体一致。

现存主要遗址大多分布在中美洲中部热带雨林区。这些大大小小的玛雅城市遗址，令现代人不禁为玛雅人卓越的创造力而倾倒。

库库尔坎金字塔
玛雅文明前古典期晚期（公元前800～前200年）的重要文化遗址之一。底座呈正方形，阶梯朝着正北、正南、正东和正西，四周各有91层台阶，台阶和阶梯平台的数目分别代表了一年的天数和月数，52块有雕刻图案的石板象征着玛雅日历中52年为一轮回年。

强盛的古代帝国

■ 亚述帝国

亚述人住在两河流域上游的高地,以畜牧和狩猎为生。公元前3000年左右,他们逐渐向南迁移,并吸收南部的巴比伦文明的成果,缔造了亚述文明。受苏美尔人和阿卡德人的影响,亚述人逐渐进入了奴隶制社会,史称"古亚述"。

到公元前14世纪,由于周围强国相继衰落,亚述开始兴起。在和周围民族长期的军事冲突中,亚述渐渐地把自己变成了一架庞大的战争机器。公元前9世纪,亚述人开始大量铸造铁制兵器,建立了常备军。他们发明了投石机和冲城器等攻城器械,还组建了战车兵、骑兵、重装步兵、轻装步兵、攻城兵等多种专业兵种,拥有当时世界上最优良的军事体制和装备。

亚述楔形文字泥版

这块泥版上的人像是亚述君王亚述巴尼拔,亚述帝国最后一个伟大的君主。他在位期间曾进行多次远征,使亚述帝国达到了鼎盛。

提革拉·毗列色三世时,亚述向南摧垮了巴比伦,向西征服了叙利亚,攻陷了历史名城大马士革。提革拉·毗列色三世的后继者萨尔贡二世、辛那凯里布及伊莎尔哈东统治时期又进一步进行扩张,先后消灭了以色列、埃及,再次征服了巴比伦,建立起第一个地跨亚非两大洲的大国,亚述由此成了古代世界一个强大的军事帝国。

■ 波斯帝国

波斯帝国兴起于伊朗高原,一度受米底人统治。公元前553年,居鲁士乘米底人内乱,率领波斯人起义。公元前550年,波斯人获得独立,定都苏萨城。通过历代君王居鲁士、冈比西斯、大流士等人的不断努力,扩张后的帝国领土东起印度河、西至爱琴海及非洲东北部,形成了空前强大的地跨亚、非、欧三大洲的奴隶制大帝国。

公元前518年,大流士实行了一系列政治、经济改革措施,如固定各行省的贡赋,统一度量衡和货币,修建驿道,提倡文化和教育,实行军事改革,开通尼罗河与红海之间

波斯波利斯宫殿浮雕

波斯国王大流士一世在位期间,波斯帝国的疆域西至埃及,东括印度,南达波斯湾和阿拉伯半岛,北到里海及黑海一带,成为史上第一个地跨亚、非、欧三大洲的帝国。这幅浮雕描绘了波斯帝国23个属国的使节向大流士一世进献珍宝和土特产的情景。

的运河等等。大流士改革的目的是加强其专制统治,但客观上也促进了帝国内部各地经济文化的交流。大流士统治时期是波斯帝国的鼎盛时期,但他挑起的希波战争却以失败而告终,从而也成为波斯帝国由盛而衰的转折点。

> 【百科链接】
>
> 大马士革:
> 一座有4000年历史的美丽古城,现为叙利亚的首都,位于安提黎巴山山麓、巴拉达河和阿瓦什河的汇合处,在历史上曾被誉为"天国里的城市"。

亚历山大港：始建于公元前332年，埃及的第二大城市和亚历山大省的省会，是埃及在地中海岸的一个港口，也是埃及最重要的海港。

亚历山大帝国

公元前492年，大流士发动了对希腊的战争。在马拉松战役中，波斯军队被希腊人打败。10年后，大流士的儿子薛西斯再次远征希腊，又惨败而归。希波战争后，对外征战的结束和统治的相对稳定，使得波斯统治阶级的腐朽性也越来越暴露，争权夺利的斗争日益激烈，宫廷政变不断发生。

公元前334年，希腊马其顿的亚历山大打着为希腊复仇的旗帜，率军远征波斯帝国。公元前330年，波斯帝国被亚历山大所灭。

■ 亚历山大帝国

公元前4世纪，希腊城邦开始走向衰败，而在它北部的马其顿王国却逐渐强大起来，并很快打败了希腊联军，控制了希腊。不久，马其顿国王的儿子亚历山大继承了王位，史称亚历山大大帝。他是世界古代史上著名的军事家和政治家。他雄才大略，东征西讨，创造了前无古人的辉煌业绩，促进了东西方文化的交流和经济发展，对人类社会进步产生了重大影响。

亚历山大先征服希腊，然后以马其顿、希腊联军最高统帅的身份继续东侵。在远征中，他命令所有士兵"把世界当作自己的家乡"。亚历山大率军侵入小亚细亚，在伊苏斯大败波斯，接着占领埃及，在埃及建立了著名的亚历山大港。随后又回师亚洲，攻占巴比伦等城市。

亚历山大进军中亚细亚时，遭到当地游牧部落的反抗，无功而返；进军印度河流域，又遭土著居民的顽强抵抗。

已成废墟的罗马广场

罗马广场是罗马城的核心，大约公元前6世纪被加以整修，成为市场和集会之地，之后历代统治者在这里修建庙宇、宫殿、会议场所、政府机构，留下了规模宏大的石筑工程，可惜如今已经成为一片废墟。

【百科链接】

亚历山大灯塔：

公元前330年，亚历山大大帝攻占了埃及，在尼罗河三角洲西北端建造了一座高约140米的亚历山大灯塔，其高度为当时世界灯塔之最。

由于水土不服，士兵普遍厌战，种种因素使亚历山大被迫退兵，返回了巴比伦。此后，亚历山大就以巴比伦为都城，在东起印度河，西至尼罗河和巴尔干半岛的领域内，建立了横跨亚、非、欧三大洲的亚历山大帝国，其版图包括今天的希腊、马其顿、保加利亚、阿尔巴尼亚、塞浦路斯、土耳其、黎巴嫩、叙利亚、以色列、巴勒斯坦、埃及、约旦、伊拉克、科威特、伊朗、巴基斯坦、阿富汗全境和印度的一部分，是当时世界上最强大的帝国之一。可惜亚历山大死后，他的母亲、妻子与儿女都被反对党杀死。将领们纷纷拥兵自立为王，横跨亚、非、欧三大洲的亚历山大帝国从此分裂为若干个希腊化的国家，存在了短短的13年就灭亡了。

亚历山大率马其顿军与波斯军作战的场面

公元前334年春，亚历山大率军渡过赫勒斯滂海峡（即达达尼尔海峡），开始了长达10年之久的东征，并最终击败了波斯、埃及等国，在横跨欧、亚、非三洲的辽阔土地上，建立起了一个庞大的帝国。

罗马帝国

在西方文化史上，古罗马具有重要的代表意义。它延续了1200年，经历了王政时代、共和时代和帝政时代，版图不断扩张，横跨欧洲和北非，而且在物质和精神文化方面获得了许多成就，对后世的西方文化有相当大的影响。

罗马最早起源于意大利拉提乌姆平原的台伯河左岸附近。公元前7世纪，以拉提乌姆平原为中心，附近的各部落联合成为一个罗马公社。公元前6世纪末，罗马公社由伊特拉斯坎人统治，并逐渐完成了由氏族部落公社到城市国家的过渡。进入文明时代后，罗马的奴隶制政治和经济开始发展起来。公元前509年，罗马推翻王政，开始了共和国的历史。

共和国时期，罗马的奴隶制经济迅速发展，并在共和国晚期和帝国时期臻于繁荣。公

罗马大角斗场宏伟的外墙
罗马大角斗场是古罗马最大的角斗场，建于公元70至82年，呈椭圆形，长径188米，短径156米，四周为看台，外墙高48.5米。虽然半壁围墙已经倒塌，但恢宏的气势丝毫不减当年。

元前27年，屋大维促成了古代罗马从共和制到帝制的演变，建立了罗马帝国。罗马帝国是罗马奴隶制社会经济、政治发展的最后阶段，也是地中海地区奴隶制社会经济、政治发展的最后阶段。当时罗马人统治下的整个西欧、南欧、北非、西亚等广大地区，都被纳入到奴隶制之下。奴隶在农业、手工业、商业、服务业、娱乐业等各个领域辛勤劳动，成为社会赖以存在的基础。

阿拉伯帝国

610年，穆罕默德开始在麦加传播伊斯兰教。随着传教的逐渐公开，伊斯兰教徒开始增加。后来由于遭到统治阶级和贵族势力的迫害，穆罕默德不得不离开麦加，前往麦地那。到麦地那后，穆罕默德成功地调解了该地部落间的争端，建立了威望。622年，穆罕默德在此地建立了第一个政教合一的伊斯兰教国家。624年，他发起了伯德尔战役，以少胜多，袭击了麦加倭马亚家族的一支武装商队。这次战役大大提高了穆罕默德的威望，扩大了伊斯兰教的影响。此后，麦地那军队迅速兼并了周围部落。与此同时，穆罕默德还派遣使者游说阿拉伯半岛各个部落，扩大伊斯兰教的影响，使麦地那成为当时阿拉伯半岛上最强大的政治、宗教和军事中心。

630年初，权势日渐巩固的穆罕默德率万人大军兵临麦加城下，与麦加统治者缔结《侯德比耶和约》。麦加接受伊斯兰教，麦加贵族在宗教上的优越地位也得以保持。从此，麦加成为阿拉伯的宗教中心，麦地那为新国家的首都。阿拉伯半岛附近的各个部落纷纷遣派使者往麦地那表示归顺。自此，阿拉伯半岛上的各部落民众开始以伊斯兰教为核心建立一个统一的阿拉伯帝国。

到8世纪中叶，阿拉伯帝国疆域东起印度洋，西临大西洋，南至撒哈拉，北迄高加索山，是横跨亚、非、欧三洲的封

麦加大清真寺
位于沙特阿拉伯麦加城中心，又称禁寺，是伊斯兰教第一大圣寺。经过几个世纪的扩建，总面积达18万平方米，可容纳50万穆斯林同时做礼拜。每年伊斯兰教历12月，世界各地的穆斯林都千里迢迢来到这里朝圣。

建大帝国。后因民族矛盾和内部分裂等原因，阿拉伯帝国逐渐走向衰落。1258年，蒙古人入侵，阿拉伯帝国灭亡。

教皇：西方天主教会中的最高首领，在教阶体制中，享有最高的立法权和司法权，有权创立教区，任命主教，而且"在伦理和信仰上永无谬误"。

 查理曼帝国
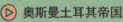 奥斯曼土耳其帝国

■ 查理曼帝国

800年，法兰克国王查理在梵蒂冈圣彼得大教堂顺利加冕。

当时法兰克王国位于法国的东北部，后来扩张到法国全境和周围地区。查理的父亲丕平本是法兰克王国的大臣，在教皇和教会的支持下篡夺了王位。为报答教皇，他进军意大利，把抢到的罗马附近的一大片土地献给教皇，形成了一个"教皇国"。后来查理继承了王位，统治法兰克王国。在他统治初期，国家很弱小，常常受到强大邻邦的欺负。于是查理开始四处征战。

772年起，查理借口传播基督教，开始征讨北方的撒克逊人。此后，他先后发动了8次进攻，时间长达33年，最终打败了撒克逊人，使之臣服于法兰克。几十年的征战让查理王国的版图迅速扩张，覆盖了相当于今天的法国、瑞士、荷兰、比利时、奥地利以及德国、意大利的大部分地区。随着国力的强盛，查理对国王的称号已经不再满足了。正巧此时教皇利奥三世看到查理势力强大，就想和查理共同控制西欧。于是，他为查理举行了加冕礼，称他为"伟大的罗马人的皇帝"。查理欣然接受，

【百科链接】

丕平： 法国加洛林王朝的第一任国王（751~768年），绰号"矮子"丕平。他的南征北战为儿子查理曼打下了称霸西欧的基础。

查理曼大帝像

法兰克王国加洛林王朝的国王，查理曼帝国的创建者。在他的统治下，9世纪时，查理曼帝国控制了西欧大陆的绝大部分土地。教皇利奥三世在罗马为查理加冕，称查理曼为"伟大的罗马人的皇帝"。

并正式称皇帝。从此，查理国王就成了"查理曼大帝"，所管辖的区域即是强盛一时的查理曼帝国。查理死后，帝国分裂。

843年，查理的三个孙子瓜分了帝国，他们各自的领地即是德意志、法兰西和意大利三个国家的雏形。

■ 奥斯曼土耳其帝国

奥斯曼土耳其人是突厥人的一支，早先居住在中国北部，靠游牧为生，后来西迁至小亚细亚，依附于罗姆苏丹国。13世纪中叶后，罗姆苏丹国在蒙古人的侵扰下逐渐衰落。1299年，部落首领奥斯曼乘机宣布独立，建立了奥斯曼土耳其国家，国王称"苏丹"。奥斯曼的儿子乌尔汗即位后，发展了国家机构，训练出了强大的步兵和骑兵，不断向外扩张，夺取了拜占庭在小亚细亚的全部领土。

1354年，乌尔汗派兵渡过达达尼尔海峡，占领了利波里半

奥斯曼帝国骑兵战斗场面

骑兵是奥斯曼帝国军队的中坚力量，擅长骑射的突厥人在战斗中充分地发挥了骑兵高速、机动的特点，使主要以步兵方阵进攻的欧洲军团无法招架。

岛。土耳其人在巴尔干半岛的侵略扩张，引起了巴尔干各国的恐慌，他们联合起来共同抗击土耳其人的入侵。1389年，由塞尔维亚、匈牙利、波兰等国军队组成的"万联军"在科索沃平原与6万土耳其军队决战，结果联军被击溃，土军占领了塞尔维亚等国。联军的惨败震惊了欧洲。

- 帖木儿帝国
- 印加帝国

库斯科：秘鲁南部的一个省，最北部为安第斯山东坡热带雨林区，其余地区均为山地、高原。气候因地而异，山地气候凉爽，谷地气候炎热。

世界历史篇

1396年，在罗马教皇的支持下，匈牙利国王亲自率领匈牙利、波兰、捷克、法国、德国以及意大利热那亚、威尼斯等国由城市骑士组成的联军，在多瑙河尼科堡与土耳其军大战，结果又被土耳其军队打败。奥斯曼趁势吞并了几乎整个巴尔干地区，建立了不可一世的大帝国。正当奥斯曼帝国气势旺盛的时候，帖木儿汗国以20万蒙古铁骑入侵，使得强大的奥斯曼帝国一度衰落。16世纪上半叶，奥斯曼帝国重新达到了鼎盛时期。它先后侵入伊朗、占领埃及、叙利亚、巴勒斯坦，攻陷当时属于匈牙利的贝尔格莱德和布达，兵临维也纳，疆域面积扩张至500万平方千米，成为历史上又一个地跨亚、非、欧三洲的大帝国。

■ 帖木儿帝国

帖木儿是中东历史上最有名的征服者之一。关于他的出身有两种说法：一种认为他是成吉思汗的后裔，是一个突厥化的蒙古人；另一种认为他是个地道的突厥人，只不过自称成吉思汗的后裔而已。

帖木儿原为西察合台汗国的大臣。1369年，他联合其他贵族，一举推翻了当时的统治者，自立为苏丹，并竭力对外进行扩张战争。1388年，帖木儿消灭了伊儿汗国，吞并了整个伊朗和阿富汗。1390年以后，他又多次进攻北方的钦察汗国，并挥师东侵印度，攻陷德里。

1402年，帖木儿和奥斯曼帝国苏丹巴耶塞特一世在安卡拉附近展开决战，双方动员士兵达百万之多。结果巴耶塞特全军覆灭，本人被俘。随着征服战争的不断胜利，帖木儿帝国迅速膨胀起来，版

巴耶塞特一世像

奥斯曼帝国苏丹。1402年的安卡拉之战中，帖木儿率军打败了如日中天的奥斯曼土耳其，巴耶塞特一世在战斗中被俘，不久身亡。

图东起印度河，西到小亚细亚，北至里海，南达波斯湾，可谓幅员辽阔，江山万里。但帖木儿尚嫌不足，妄图征服明朝统治下的中国。1405年，帖木儿在远征中国途中去世，梦想未能实现，帖木儿帝国也随之瓦解。

■ 印加帝国

6世纪时，安第斯山区和沿海地带居住着大约100多个部落，其中最主要的有艾马拉、莫契卡、普基那和克丘亚四个部落。居住在库斯科谷地的克丘亚部落起初比较落后，然而它很快就吸收了其他部落所取得的成果，从而迅速发展起来，催生了印加文化。到了13世纪，克丘亚部落群中的印加部落开始崛起，建立了奴隶制国家，并开始了百年的征战史。印加部落先后征服了安第斯山脉中部地区的各个部落，建立了幅员辽阔的中央集权帝国，即印加帝国。

"印加"是太阳之子的意思。印加人崇拜太阳，认为太阳是他们的祖先。为此他们还为太阳神建造了神殿，在祭坛上装饰了能够反射

马丘比丘遗址

印加文明著名的遗迹，坐落在秘鲁库斯科城西北一座海拔2458米高的山脊上。1983年，联合国教科文组织将其列为文化与自然双遗产。

49

殖民地：完全受宗主国控制，没有政治、经济、军事和外交方面的独立权力的地区。第二次世界大战以后，世界上大多数殖民地获得独立，旧的世界殖民体系不复存在。

▶ 阿兹特克帝国

印加皇帝阿塔瓦尔帕像

印加帝国最后一个帝王，1532年被西班牙殖民者皮萨罗处以死刑。印加帝国也结束了近300年的繁荣历史。

光的黄金大圆盘。每年到了6月，印加人都为太阳神举行盛大的感恩祭典。

印加帝国是南美文明的渊源之一。从1243年印加帝国崛起，到1532年印加人的末代首领阿塔瓦尔帕被西班牙征服者皮萨罗杀害，印加帝国经历了近三个世纪的发展过程。

■ 阿兹特克帝国

阿兹特克人是北美洲南部墨西哥人数最多的一支印第安人。他们早先居住在墨西哥西部的一个海岛上。12世纪末期，阿兹特克人从北部进入墨西哥中央峡谷，消灭了托尔特克文化。

1325年，阿兹特克人在特斯科科湖中的岛上开始建立特诺奇蒂特兰城。15世纪上半叶，阿兹特克人与附近的特斯科科和特拉科潘两个部落结盟，建立起了当时中美洲最为强大的部落联盟，并以特诺奇蒂特兰为都城。特诺奇蒂特兰城是拉丁美洲著名的四大文化基地之一，建有宏伟的宫殿和太阳金字塔，供祭祀的宫内墙面上饰有浮雕、壁画及花纹，还出产了许多各种造型美观的陶器。

【百科链接】

太阳金字塔：
位于墨西哥城北部40千米处，高65米，体积100万立方米，是当年阿兹特克人祭祀太阳神的地方，也是阿兹特克古城的主要遗迹。

阿兹特克人当时以农业为主，种植玉米、豆类、棉花、烟叶和剑麻等农作物，沿海居民则从事渔业。在15世纪中期，阿兹特克部落的经济、文化和艺术都得到了高度发展。之后，阿兹特克人开始扩展疆域，先后征服了许多邻族。到15世纪末期，阿兹特克人已经控制了整个墨西哥中部，并建立了一个能够从其他敌对部落获取贡金的军事帝国，号称"阿兹特克帝国"。

早在阿兹特克帝国建立之初，西班牙人就已经开始在阿兹特克人居住的墨西哥湾和加勒比海沿岸进行殖民活动。1519年11月8日，西班牙殖民军队队长科尔特斯

特诺奇蒂特兰城地图

阿兹特克都城特诺奇蒂特兰，在今天的墨西哥城，原本是特斯科科湖湖心的一个小岛。阿兹特克人在此定居后，利用填湖的方法把都城区逐渐扩大，用水道和桥梁把小岛和湖岸连接起来。1519年西班牙人到来时，特诺奇蒂特兰已经是一座拥有6万人口的大城市。

俘虏了阿兹特克国王孟蒂祖玛二世，并从他的王宫地下室中掠夺了大量财宝，从此阿兹特克人与西班牙人之间结下了不可化解的怨恨。1521年，科尔特斯再次围攻特诺奇蒂特兰城，阿兹特克人在新首领库奥特莫克的领导下进行了英勇的抵抗，但最终还是失败了。西班牙殖民者在城内大肆破坏，烧杀抢掠，随后将城市夷为平地。墨西哥就此沦为西班牙的殖民地，阿兹特克文明也从此被毁灭。

君士坦丁堡：土耳其最大的城市伊斯坦布尔的古称，位于巴尔干半岛东端，临博斯普鲁斯海峡，扼黑海门户，当欧、亚交通要冲，战略地位十分重要。

世界历史篇

从中世纪到启蒙运动

■ 北欧的海盗时代

"海盗时代"实际上指的就是"维京人时代"。从8世纪到11世纪，维京人驾驶着他们的龙头船，以山呼海啸般的猛烈攻势一路烧杀掠夺，从英格兰到苏格兰、爱尔兰、比利时、荷兰、意大利、西班牙、葡萄牙、法国、俄罗斯直至君士坦丁堡，足迹遍布了整个欧洲。

袭击欧洲西部的主要是丹麦和挪威的海盗。他们向西欧和不列颠诸岛扩张，在英国沿海地区先后建立起战略据点，进而袭扰内地，曾经征服过整个英格兰。挪威海盗在袭扰不列颠岛的同时，还远航到赫布里底群岛、奥克尼群岛和法罗群岛，并在那里定居。他们最初的攻击目标仅限于岛上毫无防备的教堂和海边的城镇。他们每到一个教堂，就将教堂中收藏的珍品，比如黄金圣物、镶嵌宝石的福音书、教友们捐赠的珍宝等抢劫一空；每到一个村庄，就烧毁房屋，劫走家畜。最后，尝到了甜头的维京人在寒冷的冬季干脆不再返回北欧，而把袭击地作为根据地，要求当地人向他们持续不断地进贡。

■ 十字军东征

十字军东征是在1096年至1291年发生的8次宗教性军事行动的总称，是由西欧基督教国家对地中海东岸的国家发动的战争。从表面上看，十字军东征是一场浩大的军事行动，实际上它却是当时欧洲封建经济发展的迫切需要。

西欧的城市文明普遍兴起于10至11世纪，它推动了人们对物质生活的追求。11世纪末，西欧社会生产力有了长足的发展。现有的财富已不能满足封建主贪婪的欲望，他们渴望从外面攫取土地与财富；许多受压迫的贫民更是幻想到外部世界去寻找土地和自由，摆脱被奴役的地位；欧洲教会最高统治者罗马天主教会，则企图建立"世界教会"，确立教皇的绝对权威。各种动因促使这些人把目光转向了地中海东岸国家。

不久，垂涎东方财富的西欧各界在天主教会的组织下，以驱逐突厥人、收复圣地为借口，以解放巴勒斯坦的基督教圣地耶路撒冷为口号，开始了十字军东征。十字军东征总体上来说是失败的、非正义的，给东方和西欧各国造成了巨大的物质损失。但十字军东征在客观上打开了东方贸易的大门，使欧洲的商业、

维京长船模型
维京人驾驶桨帆并用的狭长型船只航行于北欧海域，这类船总称维京长船，高高翘起的船首和窄长的船身成为"维京海盗"的标志。

十字军战士
参加十字军东征的人来自社会各阶层，他们都在衣服和盾牌上缀上红色十字作为标记。

51

耶路撒冷：犹太教、基督教和伊斯兰教三大宗教的圣地，位于犹大山地，介于地中海与死海之间。居民主要是犹太人和阿拉伯人。

▶ 英法百年战争

银行和货币经济发生了革命性变化，并促进了城市的发展，为资本主义萌芽创造了条件。十字军东征还使东西方的文化交流增多，在客观上催生了西方的文艺复兴运动。

■ 英法百年战争

从1337年到1453年，英、法两国断断续续地进行了长达100多年的战争，史称百年战争。

1328年，法国国王查理四世死后，其家族男嗣断绝。这时，英国国王爱德华三世以法王菲力普四世外孙的资格要求继承法国王位，但法国拒绝了他的要求。他心有不甘，坚持要求继承法国王位，由此引发了英法百年战争。

【百科链接】

爱德华三世：

英格兰国王，1327年至1377年在位。其母与情夫合谋废黜爱德华二世后，爱德华三世加冕为国王，他亲政后立刻下令处死母亲的情夫并没收其财产。

战争开始后，法国军队连连失利，大片土地被英军占领。当时法国的生产力遭受破坏，人口减少、生产下降、贸易萎缩。而被占领的地区土地荒芜，粮食减产，民不聊生。法国人对败退归来的骑士深感不满，大加责难，骑士制度从此开始衰落。

战争末期，法国圣女贞德扮成男子，身披盔甲，英勇奋战，身先士卒，率领军队向英军发起进攻。在她的感召下，法军终于击败了对手，扭转了战局。后因法国封建主的出卖，贞德英勇牺牲。贞德的牺牲更加激发了法国军民的爱国热情，他们连连得胜。1453年，百年战争结束，除北端的加来港以外，法国收复全部被英军占领的领土。

女英雄贞德

在英法百年战争中，19岁的贞德带领法国军队对抗英军的入侵，把王朝间的冲突变为一场激昂的保家卫国的圣战。

英法百年战争场景

在这场长达百年的战争中，骑兵已失去了以往的优势，而步兵，特别是弓箭手的作用明显提高，火器也开始被广泛运用到各种作战中。这些对英法军队乃至西欧军队的建设都有重要的影响。

◆ 52

佛罗伦萨：意大利中部城市，位于亚平宁山脉中段西麓盆地中。欧洲文艺复兴运动的发祥地，举世闻名的旅游胜地，以美术工艺品和纺织品驰名全欧洲。

世界历史篇

■ 文艺复兴

13世纪末期，在意大利的佛罗伦萨和威尼斯等地，由于工厂生产规模的不断扩大以及生产技术的不断提高，一些大作坊主和富裕的工匠逐渐成了新兴的资产阶级。拥有了经济基础的新兴资产阶级开始谋求政治权力，并希望本阶级的价值观、思想观能成为社会主流。由于对封建统治和天主教会思想束缚的不满，一些新兴资产阶级知识分子首先在思想上展开了反封建主义和反天主教神学统治的斗争。他们呼唤古典文化的复兴，注重对人的关心和尊重，用一种以人为中心的思想观念对抗神学思想和经院哲学，从而推动了文学艺术和科学技术的发展，引发了文艺复兴运动。

文艺复兴的第一个代表人物是但丁，其代表作为《神曲》；另一个代表人物是彼特拉克，他用意大利方言写了大量的十四行诗，受到许多读者的热烈欢迎。其后又出现了达·芬奇、拉斐尔和米开朗基罗等艺术大师，他们的《蒙娜丽莎》《圣母像》《末日审判》等作品成为了欧洲艺术的拱顶之石。法国文艺复兴运动的支持者分为两派，一是以"七星诗社"为代表的贵族派，二是以拉伯雷为代表的民主派。而英国天才戏剧家和诗人莎士比亚则同荷马、但丁、歌德一起，被合誉为欧洲划时代的四大作家。他的作品结构完整，情节生动，语言丰富精练，人物个性突出，集中地代表了欧洲文艺复兴运动中文学方面的最高成就，对欧洲现实主义文学的发展有深远的影响。

文艺复兴是一种文化和思想的发展潮流，

【百科链接】

达·芬奇：
意大利文艺复兴时期的美术家、雕塑家、建筑家、工程师、科学家、文艺理论家、哲学家、诗人、音乐家和发明家，无论是在艺术领域还是在自然科学领域，他都取得了惊人的成就。

对于继承古代优秀遗产、打破教会权威、消除封建愚昧，进而拓宽近代科学、文化、艺术和思想的发展道路，起到了无与伦比的历史作用。文艺复兴运动揭开了欧洲现代历史的序幕，被认为是中古时代和近代的分界。

拉斐尔名作《雅典学院》
拉斐尔为梵蒂冈宫绘制的三幅巨型壁画之一，画家巧妙地利用拱廊作背景，把50多位希腊、罗马的学者和哲学家"聚集一堂"，显示出强大、均衡、多样而又统一的效果。

■ 黑死病泛滥

14世纪中期，欧洲遭受了一场具有毁灭性的瘟疫侵袭，即人们俗称的黑死病。

黑死病从中亚地区向西扩散，于1346年传至黑海地区。同时，又向西南方向传播到地中海，然后开始在北太平洋沿岸流行，并传至波罗的海，只有路途遥远和人口稀疏的地区才未受伤害。据统计，当时在欧洲、中东、北非和印度等地区，大约有1/3到1/2的人因此而死亡。

黑死病流行时期的鞭笞队
黑死病肆虐期间，一些人组成自笞队，一个村镇一个村镇地游行，每到一处就用鞭子抽打自己裸露的脊背，直到鲜血淋漓。他们企图通过严酷的自我鞭笞来清除人们身上的罪恶，以获得上帝的宽恕。

53

好望角：非洲西南端非常著名的岬角，位于大西洋和印度洋的汇合处。苏伊士运河通航前，来往于亚欧之间的船舶都经过这里。

▶ 大航海时代
▶ 宗教改革

黑死病是一种由细菌引起的传染病，这种细菌由跳蚤所传播。跳蚤先吸了受到感染的老鼠的血液，再跳到人身上，通过血液把细菌传到宿主的体内。黑死病以其可怕的症状而得名，患者皮肤上会出现许多黑斑，浑身疼痛不已、高烧不退且精神错乱。很多人在感染后的48小时内就会死亡，只有极少数的人能够成功抵抗这种传染病而存活下来。

黑死病肆虐到1352年才告一段落。那时的欧洲已经遭到了毁灭性打击，到处是荒芜的田野、洞开的酒窖和无主的奶牛。很多船只在开出港口以后，由于船员间爆发了黑死病而使全体船员死亡，只剩下空荡荡的"幽灵船"在海上漂荡。1361年，黑死病在欧洲又卷土重来。此后又多次死灰复燃。据估计在大约100年的时间内，黑死病在欧洲总共夺去了2500余万人的生命。

■ 大航海时代

15世纪，欧洲各国商品经济的发展和资本主义的萌芽导致了对货币需求的增强，人们都狂热地去追求货币与黄金。然而当地黄金的开采量不多，而且还要用有限的金子去换取东方出产的丝绸、香料、珠宝等，因此，欧洲的黄金奇缺。贪婪的欲望，加上资本主义生产关系对于财富和加速资本原始积累的迫切要求，是欧洲人探索新航路、开辟大航海时代的主要原因。

1486年，葡萄牙人迪亚士沿非洲西海岸向南航行，到达了非洲最南端的好望角。1497年，另一位葡萄牙人达·伽马率领100多名水手绕过了好望角，沿东非海岸进入印度洋，最终到达印度。1492年，意大利水手哥伦布横渡了大西洋登陆美洲。1519年，葡萄牙人麦哲伦在西班牙王室的支持下率领船队做环球航行，并于1522年成功地返回西班牙。这一系列辉煌的航海事业，缔造了大航海时代的成就，也令人类历史进入了一个新的篇章，促进了地球上各大洲之间的沟通，并使众多新的贸易路线随之形成。伴随着新航路的开辟，殖民主义与自由贸易主义开始抬头，欧洲在这一时期快速奠定了超越亚洲的基础。

■ 宗教改革

马丁·路德出生于德意志的一个天主教徒家庭，后来成为一位神学博士。在他那个时代，教廷和神圣罗马帝国的威信明显下降，教会内部的腐败情况非常严重，教皇竟然以出卖赎罪券的手段肆无忌惮地搜括民财，其征收重税以及买卖教职等行为使人民对教会的信心丧失殆尽，发出了宗教改革的呼声。

哥伦布登上圣萨尔瓦多岛

1492年10月12日，哥伦布的船队出海70天后第一次遇到陆地，船员们把这个岛命名为圣萨尔瓦多，意为"救世主"，它就是现在加勒比海巴哈马群岛中的华特林岛。

马丁·路德当众焚毁教皇法令

1520年，教皇颁谕革除马丁·路德的教籍，并限他在60天内悔改，收回《九十五条论纲》，否则以异端者论罪。马丁·路德接到谕旨后，将它当众焚烧了。宗教改革的浪潮自此展开。

政教分离：国家政治与宗教通过宪政区分开来，宗教权利与世俗政治权利分立，宗教有咨政权和社会教化权，但不拥有除此之外的任何特权。

世界历史篇

1517年，马丁·路德发表《九十五条论纲》，抨击教廷的可耻行为，正式揭开了宗教改革运动的序幕。他系统地提出了因信称义、政教分离、廉价教会和改革文化教育等主张，发出驱逐罗马教会、实现德国独立的檄文。后来，路德创立的"路德宗"迅速传播到了法国、瑞典、丹麦和挪威等地，引起很大反响。路德反对暴力，主张和平改革，符合富裕的资产阶级和部分诸侯的利益。随着改革运动的进展，激进派的托马斯·闵采尔提出了新的主张，认为宗教改革的基本任务，不只是反对天主教会的黑暗统治，还要消灭一切压迫者和剥削者，建立起"没有阶级差别，没有私有财产，没有压迫社会成员的国家政权"的社会，即"千年天国"，因而他被人称为"带铁锤的闵采尔"。继路德和闵采尔之后，约翰·卡尔文在瑞士也成功地进行了宗教改革。他的基本思想同路德相似，主张信仰得救，反对繁缛的仪式和教阶制。但是他的新教理论又鼓励人们追逐财富、掩盖阶级剥削，反映出资本原始积累时期的社会经济思想，体现了新兴资产阶级贪婪和自私的一面。

瓦特改良的蒸汽机模型
瓦特对蒸汽机原始雏形作了一系列的重大改进，发明了单缸单动式和单缸双动式蒸汽机，提高了蒸汽机的热效率和运行可靠性，使人类社会迈进了"蒸汽时代"。

【百科链接】

新教：
与天主教、东正教并列的基督教三大派别之一，是16世纪宗教改革运动中脱离天主教而形成的各个新宗派的统称。新教的特点在于强调因信称义，拒绝承认祭司和《圣经》具有最高权威。

■ 欧洲工业革命

17世纪中期，资产阶级统治首先在英国确立，而工业革命也起源于英国。在工业革命之初，以水力为动力的工业发展具有很大的局限性，这就需要一种更方便、更有效的动力来带动机器。解决机器动力问题的人是学徒出身的瓦特，他童年时就善于观察事物，经过20多年的研究，同时吸收前人的成果，终于在1785年制成了改良蒸汽机。后来，不仅纺织工业采用机器生产、利用蒸汽动力，冶金、采矿等部门也都进行了工业革命。到19世纪上半期，在英国大机器生产基本上代替了工场手工业。英国完成了第一次工业革命，随后法、美等资本主义国家也都进行了工业革命。

随着工业的兴起，发展交通运输也被提上了日程。工业革命以后，大机器生产需要运进大批原料，并及时把堆积如山的产品运到各地，这样单靠人力、畜力和简陋的运输工具就无法胜任了。运输方面的突破首先发生在美国和英国。1807年，美国人富尔顿制成了蒸汽轮船；1830年，英国正式使用了火车。第一次工业革命以蒸汽机的发明和使用为标志，因而第一次工业革命时期后来也被人们称为"蒸汽时代"。

富尔顿像
罗伯特·富尔顿是一名爱尔兰裔美国人，他曾前往英国学习绘画，但是与改良蒸汽机的詹姆斯·瓦特相识后，转而研究工程学，建造了第一艘蒸汽轮船。

伏尔泰：法国启蒙思想家、文学家、哲学家，18世纪法国资产阶级启蒙运动的旗手，被誉为"思想之王""法兰西最优秀的诗人""欧洲的良心"。

▶ 启蒙运动
▶ 法国大革命

■ 启蒙运动

17世纪，西欧各国的工商业还没有开始大规模地发展，资产阶级力量薄弱，尚处于无权地位。

在法国，封建贵族和教会高级僧侣仍然是掌握专制政权的统治者，资产阶级和平民属于"第三等级"，完全处于受奴役、受压迫的地位。文化和教育则掌握在了天主教的僧侣手里，使一般的民众在思想上相当愚昧。

到了18世纪，西欧部分国家的经济和政治形势开始有所转变。法国虽然和英国隔海相望，但和英国相比，在经济和政治方面却落后很多。英国已拥有海上霸权，工商业发达；资产阶级已走上政治舞台，开始进行产业革命；工人阶级日渐活跃；政治上兴起了宪章运动，奠定了议会民主制基础。多方面的差距，促使法国的一批思想家开始探讨新的发展出路。

不久，在英国萌芽的启蒙运动开始向法国、德国等西欧国家扩展。其中，法国的启蒙运动声势最大，战斗性最强，影响也最深远，其领袖人物是伏尔泰、卢梭等。

启蒙运动的思想家认为，社会之所以不进步，人民之所以愚昧，主要是由于宗教势力对人民精神的统治与束缚。为了改变这种状况，必须树立理性和科学的权威。他们主张传播科学知识以启迪人们的思想，破除宗教迷信，从而增加人类的福利。他们反对封建专制制度，提倡自由、平等和民主，并大力宣扬"天赋人权"，主张人民参与政治，法律面前人人平等。

启蒙运动所宣扬的自由、民主和平等思想，对后来北美的独立战争和法国大革命都产生了直接而深远的影响。

卢梭像
卢梭是法国著名启蒙思想家、哲学家、教育家、文学家，18世纪法国大革命的思想先驱，启蒙运动的代表人物之一。

■ 法国大革命

18世纪，资本主义在法国部分地区已相当发达，资产阶级成为经济上最富有的阶级，但在政治上仍处于无权地位，农村绝大部分地区还保留着严格的封建等级制度。整个社会的阶级矛盾日益加剧，人民的革命情绪高涨。1789年7月14日，巴黎人民起义，攻占了巴士底狱，标志着法国大革命的正式爆发。

巴黎人民攻打巴士底狱
巴士底狱位于巴黎塞纳河右岸，最初是一座军事堡垒，后变为关押政治犯的国家监狱，成为法国封建专制统治的象征。1789年7月，巴黎人民攻占巴士底狱，揭开了法国大革命的序幕。

1792年8月10日，巴黎人民二次起义，推翻了君主立宪派统治，逮捕了国王路易十六。9月21日，人们召开国民公会，次日宣布成立法兰西共和国，吉伦特派取得政权。但吉伦特派竭力维护工商业资产阶级的利益，使局势恶化，革命进入了危急时刻。1793年5月31日，巴黎人民发动第三次起义，推翻吉伦特派的统治，雅

科西嘉岛：地中海第四大岛，位于法国东南部，形状如鸡蛋，面积8681平方千米，南隔博尼法乔海峡，与意大利撒丁岛相望。

处决路易十六
1793年1月21日，路易十六在巴黎革命广场（今协和广场）被当众处决。具有讽刺意味的是，路易十六当年曾亲自参与了断头台的设计。

拿破仑在莫斯科
1812年6月，拿破仑率60万军队侵入俄国。9月15日清晨，法军进入莫斯科，却发现它只是一座空城。次日，莫斯科全城燃起大火，拿破仑被迫撤退，法军一路上遭遇俄军截击，一溃千里，从此元气大伤，为拿破仑不久以后的失败埋下了伏笔。

各宾派开始专政。但是雅各宾派的过激思想和恐怖的政策也使组织内部发生内讧，从而走向分裂，未能完全守护住革命成果。1794年7月27日，代表大资产阶级利益的热月党人发动"热月政变"，雅各宾派被推翻，法国大革命结束。

法国大革命是世界历史上最激烈、最深刻的一次资产阶级革命。它扫荡了法国的封建势力，促进了法国资本主义的发展，也动摇了欧洲封建体系，推动了欧洲各国的革命进程。此后，历史又淘汰了热月党人，在"雾月政变"中，年轻的拿破仑开始执政，担负起了扫荡欧洲封建势力、巩固大革命成果的重任。

> **【百科链接】**
> **雾月政变：**
> 1799年11月9日，拿破仑以雅各宾过激主义威胁共和国为借口，派军队接管了革命政府的一切事务，开始了为期15年的独裁统治，历史上称之为"雾月政变"。

■ 拿破仑时代

拿破仑的全名为拿破仑·波拿巴，意思是"林中之狮"。1769年8月15日，拿破仑在法兰西的科西嘉岛出生。法国大革命时期，少年拿破仑在巴黎的一所军事学校学习。毕业之后，他开始在法国南部的炮兵团服役，任炮兵少尉。在学校和服役期间，他熟读了启蒙学者伏尔泰、卢梭等人的著作。

法国大革命爆发后，拿破仑宣称支持雅各宾政府，出任炮兵副指挥。在一次战役中，他率法军击败英军，雅各宾政府破格授予了他准将军衔。之后不久，在镇压王党的暴乱中，他又为自己赢得了极大的声誉，接下来又屡次率领法国军队在欧洲大陆上战胜了奥地利、撒丁等国家。战争结束后，拿破仑返回巴黎。在多数督政官的支持下，他依靠资产阶级和部分军队的力量，发动了"雾月政变"，建立起执政府，并修改、颁布了著名的《拿破仑法典》。

1804年11月6日，法兰西共和国改名为法兰西帝国，拿破仑·波拿巴成为法兰西皇帝，人称拿破仑一世。此后他先后多次打垮了欧洲各个封建君主国组织的"反法同盟"，保卫了法国大革命的胜利果实。而他对欧洲各封建国家进行的战争，也极大地削弱了欧洲大陆的封建势力，使法国资产阶级革命的思想得到了更广泛的传播。到了1807年，整个欧洲只有俄国和英格兰没有被他征服。拿破仑以他那钢铁般的意志和无敌的政治智慧，开创了一个属于他自己的时代。

> **【百科链接】**
> **《拿破仑法典》：**
> 又称《法国民法典》，它是资产阶级国家最早的一部民法典，于1804年颁布。经过多次修订，现仍在法国施行。

波士顿倾茶事件：1773年发生在北美殖民地的反对英国东印度公司垄断茶叶贸易的事件，是北美人民反对英国殖民统治的开始，也是美国独立战争的导火线。

▶ 美国的诞生
▶ 美国南北战争

■ 美国的诞生

新航路开辟后，葡萄牙率先进行殖民扩张。而英国随着国力的增强，成为了海上霸主，在北美大西洋沿岸建立起13个殖民地。经过一个多世纪的发展，这些殖民地的资本主义经济迅速发展起来。

美利坚民族是一个由欧洲各国移民互通婚姻、融合而形成的新民族。随着统一民族的形成，其民族意识渐渐觉醒，开始渴望摆脱英国的控制。英国为了维护其在北美的殖民统治，使北美永远成为它的原料产地和商品销售市场，便对北美采取高压政策。这一政策严重阻碍了北美资本主义经济的发展，从而激起北美殖民地人民不断的抗争。

为了扩充军备，维护其殖民统治，英皇乔治三世于1765年颁布法令，凡是殖民地所用茶叶及其他物品均需交税，这就进一步激起了殖民地人民的强烈反对。1767年，英国议会又决定停止对其他物品征税，唯独对北美人民喜爱的中国茶叶，每磅仍征税3便士，由此便引发了闻名世界的"波士顿倾茶事件"，并最终引起了北美的独立战争。1776年7月4日，由杰弗逊起草的《独立宣言》在费城大陆会议上正式通过，标志着美利坚合众国脱离英国正式独立。1781年10月，美、法联军攻下英军最后的据点约克镇，独立战争基本结束。

美国人民经历数年的艰苦抗战，推翻了英国殖民统治，赢得了民族独立，建立了相对民主的资产阶级政治制度，为美国资本主义的迅速发展奠定了基础。

■ 美国南北战争

美国独立后，美国北方的资本主义经济在工业革命的推动下迅速发展起来，北方资产阶级急需保护国内市场，保障原材料供应，提高关税，扩大本国产品的出口，特别是需要自由地大量雇佣劳动力。而南方种植园奴隶主为了牟取高额利润，竭力把棉花等原料大批运往英国，并从英国进口大批廉价工业品，因而他们主张降低关税，扩大进口，扩充奴隶数量，增加蓄奴州。南北两方产生的尖锐的矛盾，最终于1861年引发了美国南北战争。

战争初期，南方由于有充分的作战准备，因而节节胜利。为扭转败局，北方的林肯政府先后颁布了两项和黑奴的切身利益息息相关的法律，迅速扭转了战争局势。北方军队在进军过程中彻底摧毁了南方的各种军事设施，沉重地打击了南方的经济力量，使南方经济陷于瘫痪。北方海军实行海上封锁，使南方与欧洲的贸易断绝。南方逃兵与日俱增，粮食及日用品极度匮乏。1865年4月9日，南方部队陷入北方军队的重围之中，被迫投降。南北战争由此结束，美国实现了统一。

南北战争是美国历史上第二次资产阶级革命，较好地解决了土地问题，为美国资本主义的加速发展扫清了道路，并为美国跻身于世界强国之列奠定了基础。

停战协议的签订
1865年4月9日，北军总司令格兰特将军和南军总司令罗伯特·李将军在弗吉尼亚州阿波马托克斯镇一栋二层小楼里签署了有关停战的协议。

《独立宣言》的签署
美国独立200周年纪念纸币背面的图案，再现了1776年7月4日杰弗逊、富兰克林、华盛顿等人聚集费城，签署《独立宣言》、宣布国家独立时的情景。

- 第一次世界大战
- 萨拉热窝事件

奥匈帝国：1867至1918年期间中欧的一个二元君主制国家，是当时仅次于沙皇俄国的欧洲第二大国，首府设在维也纳。第一次世界大战后解体。

世界历史篇

两次世界大战

■ 第一次世界大战

欧洲主要的资本主义国家为了争夺欧洲霸权和殖民地，在19世纪末期结成了两大对立的军事集团——同盟国和协约国。德意志帝国、奥匈帝国和意大利是同盟国，英国、法国、俄国和塞尔维亚是协约国。第一次世界大战就是同盟国和协约国之间的战争。

第一次世界大战是一场主要发生在欧洲但波及全世界的世界大战，当时世界上大多数国家都卷入了这场战争。战争的导火索是1914年6月的萨拉热窝事件，战线主要分为东线（俄国对德、奥作战）、西线（英、法对德作战）和南线（塞尔维亚对奥匈帝国作战）。其中西线战争最为惨烈，著名的战役有马恩河战役、凡尔登战役和索姆河战役。1914年至1918年期间，很多亚洲、欧洲和美洲的国家都加入了协约国。值得一提的是，意大利虽是同盟国，但是后来英国、法国及俄国与意大利签订密约，承诺给予意大利某些土地，结果使意大利加入了协约国对抗同盟国。

威廉二世像

德意志皇帝，威廉一世的长孙，1888年即位后，把最高权力集中于自己一身，对内实行专制，对外积极扩张，并于1914年借萨拉热窝事件挑起了第一次世界大战。

第一次世界大战是欧洲历史上破坏性最强的战争之一，使各国人民蒙受了空前的灾难。战争期间，协约国总计动员士兵4218万人，其中受伤2210万人，死亡515万人；同盟国总计动员士兵2285万人，其中受伤1540万余人，死亡380万人。交战双方的直接军费约为1863亿美元。

■ 萨拉热窝事件

1914年6月28日，奥匈帝国在波斯尼亚（奥匈帝国占领区）靠近塞尔维亚的边境，举行以塞尔维亚为假想敌的军事演习。这一天正是塞尔维亚的国耻日（1389年6月28日塞尔维亚和波斯尼亚联军被土耳其军队击败），奥匈帝国选择在这一天举行军事演习，具有非常强烈的挑衅意味。

早在演习举行前，得到消息的塞尔维亚秘密民族主义组织黑手党和波斯尼亚当地的秘密民族主义团体"青年波斯尼亚"就拟定了行刺计划，决定派人暗杀指挥这次演习的好战分子，奥匈帝国皇储——弗兰茨·斐迪南。6月28日上午10时许，斐迪南大公要经过的大街上已秘密潜伏了7名刺客。最终年轻的普林西普连开两

【百科链接】

军事集团：
两个以上国家或政治集团结成的军事联盟组织。如第二次世界大战后建立的北大西洋公约组织和华沙条约组织。

普林西普被逮捕

萨拉热窝事件的行刺者是个19岁的波斯尼亚学生，叫加夫里洛·普林西普。他射出的子弹，其中一颗击中公爵夫人的胃部，一颗子弹击中大公的脖子，大公和夫人双双身亡。

马恩河：塞纳河支流，发源于法国东北部上马恩省的朗格勒高原，全长525千米。水流汹涌，仅圣迪济耶以下（365千米）可通航。

- 马恩河战役
- 凡尔登战役

枪，一颗子弹准确地射入了斐迪南的喉咙，打断了其颈部静脉，深深地嵌入其颈椎；另一颗射进了斐迪南夫人索菲娅的胃部。普林西普被惊慌失措的警察当场抓获，后死在狱中。

奥匈帝国皇帝弗兰茨·约瑟夫得到斐迪南被刺杀的消息后，悲痛欲绝，立即与德皇取得了联系。终于找到借口发动战争的德皇威廉二世致电弗兰茨·约瑟夫，鼓动他向塞尔维亚宣战，并保证德国将全力支持奥匈帝国。奥匈帝国于7月28日正式向塞尔维亚宣战，炮击贝尔格莱德。接着，德、法、英、俄等帝国主义国家相继加入战争，第一次世界大战就这样爆发了。

■ 马恩河战役

从1914年8月20日开始，近百万德军在总参谋长小毛奇的指挥下，分五路向法国北部挺进。法军和23日赶至的英国远征军于9月初撤至马恩河以南，在巴黎至凡尔登一线布防。9月3日，德国占领兰斯，先头部队距巴黎15千米。法军总参谋长霞飞将军集结法军，准备实施反攻。这时，巴黎至凡尔登一线已经集结了英、法联军66个师，约108.2万人，德军51个师，约90万人。在主攻方面联军兵力占据优势。

法军使用约1200辆汽车把第六集团军一部由巴黎运往前线。9月5日，法第六集团军的先头部队与急于冒进的德第一集团军在乌尔克河西岸遭遇，德第一集团军司令克卢克没有认真贯彻小毛奇的作战思想，直到发觉右翼和后方受到威胁时，才命令所部全部撤至马恩河北岸，遂与德国第二集团军之间出现了50千米的防御间隙。6日，法第五集团军和英远征军在德军防御间隙地带穿插，8日逼近马恩河，对德第一集团军形成合围之势。此时，德第二集团军也面临着被联军包围的危险。9日，德国的两个集团军被迫后撤。10日，小毛奇命令德军停止进攻，撤至凡尔登一线。在马恩河战役中，英、法联军200千米长的战线整整向前推进了60千米，英、法联军共伤亡25万人，而德军损失了30万人。

■ 凡尔登战役

1915年，第一次世界大战进入了相持阶段，双方在各个战场互有胜负。疲惫不堪的德军急于结束战争。于是，接替小毛奇担任总参谋长的法尔根汉向德皇威廉二世提出集中力量进攻法国凡尔登的建议。他认为法国的凡尔登就像一只伸出的拳头，深深地打入德军战线，对德军构成了很大威胁。而且凡尔登自古以来就是法国的军事重镇，是巴黎的大门。能否拿下凡尔登，关系到整个战局的成败。

1916年2月21日，德军调集50个师的兵力，向凡尔登发起总攻。经过周密准备的德军当天占领了第一道阵地，4天后又攻占了两道阵地和都蒙高地，将法军阵地分割开来，并切断了法军与后方的交通线，凡尔登岌岌可危。法军总司令霞飞任命第二集团军司令贝当为凡尔登要塞总指挥，率部增援凡尔登，还派出了督战队，这才稳定住战线。4个月后，德军占领了不少阵地，但在强大的法军后续部队的还击下，无力继续大举进攻，法、德军队又陷入相持状态。8月底，四面受敌的德军已精疲力竭，无力再战。9月初，威廉二世批准停止进攻。10月24日，法军开始发动大规模反攻，并于11月初收复杜奥蒙堡和沃堡。12月中旬，法军再次发动反攻，基本收复了被德军攻占的阵地，凡尔登战役结束。此战役历时10个月，作战双方共伤亡近百万人，是第一次世界大战中规模第二大的战

德军参谋长小毛奇像
马恩河战役失利使德军包抄法军的计划失败，德国在西线的速决战略破产。战役一结束，小毛奇就向德皇报告："陛下，我们输掉了战争！"

霞飞：法国军事家，第一次世界大战爆发后出任法军总司令。在凡尔登战役中采取"以磨盘对磨盘"的战术，使法军转守为攻，粉碎了德军的战略企图。

世界历史篇

役。这次决定性战役是第一次世界大战的转折点，同盟国从此逐步走向失败。

凡尔登战役牺牲士兵公墓

凡尔登战役是典型的阵地战、消耗战，双方共伤亡近百万人。伤亡如此惨重，因此凡尔登战场又被称为"绞肉机""屠场"和"地狱"。

■ 索姆河战役

索姆河会战是第一次世界大战中规模最大的一次战役。敌对双方共伤亡130多万人，其中英军45万余人，法军34万余人，德军53.8万余人。英、法联军未达到突破德军防线的目的，但钳制了德军对凡尔登的进攻，进一步削弱了德军的实力。

第一次世界大战中期，英、法军队在法国北部索姆河地区对德军的阵地进行了强攻。战役从1916年6月24日开始，至当年11月中旬结束。德军在该地区构筑了号称"无法突破"的防线，包括三道主要阵地和一些中间阵地，主要阵地有坑道工事，中间阵地前面有多层铁丝网。英、法方面最初投入39个师，从6月24日起，对德军进行了连续7天的炮火袭击。7月1日，联军的步兵集团在炮火支援下发起进攻。英军以密集队形前进，遭到德军机枪和炮火的严重杀伤，伤亡近6万人。7月3日，德军利用对方进攻的间歇，迅速调集兵力，加强纵深防御。英、法联军于7月中下旬再度发起进攻，但未能取得突破性的进展。9月3日，英军32个师、法军26个师第三次发起进攻，不过最终也未达到突破德军防线的目的。

索姆河战役显示了协约国在军事和经济方面的优势，从协约国与同盟国的经济潜力和兵员后备力量的对比来看，协约国的损失显然是值得的。同时，由于英、法联军在索姆河战役中牵制了德军主要力量，使德国发动的凡尔登战役以失败而告终，由此大大削弱了德军的士气。德国损失的大量精锐部队无法得到兵员补充，对德军以后的行动产生了巨大影响。

> **【百科链接】**
>
> 最早的坦克：
>
> 1916年9月15日，英军在索姆河战役中首次使用坦克，共出动49辆，实际参加战斗的有18辆，被德军击毁10辆。这是坦克在战争史上的第一次使用。

索姆河战场上的英国士兵

在第一次世界大战的战场上，协约国和同盟国双方不断使用新式武器进行厮杀，坦克和化学武器都首次登上了历史舞台。

珍珠港：世界著名天然良港。位于美国夏威夷州的瓦胡岛上，由3个呈鸟足状深入陆地的海湾组成，仅一窄口与大洋相通，因水域内曾盛产珍珠而得名。

- ▶ 凡尔赛体系
- ▶ 第二次世界大战
- ▶ 纳粹党掌权

■ 凡尔赛体系

经过第一次世界大战，英国和法国赢得战争却阻滞了发展，而美、日则日益崛起，国际关系的中心舞台开始向欧洲的两侧即美国所在的美洲、日本所在的亚洲转移，国际关系格局由英国独霸世界、欧洲大陆势力均衡转为英、法主宰世界，美、日争夺霸权的格局。这就是凡尔赛体系形成的背景。

第一次世界大战后，战胜的协约国在法国巴黎召开和会，会议签订的《凡尔赛和约》以及对奥地利、保加利亚、土耳其、匈牙利的

《凡尔赛和约》的签订
1919年6月28日，协约国代表在巴黎凡尔赛宫镜厅与德国签订了《凡尔赛和约》。

和约统称为巴黎和约，和约内容构成战后帝国主义在欧洲和中东的统治秩序，称为凡尔赛体系。凡尔赛体系改变了欧洲的政治格局，奥匈帝国解体，奥匈分立；捷克斯洛伐克、南斯拉夫建立；原奥匈帝国领土的一部分割给意大利，一部分归还波兰；德国的疆界被重新划分，德国的海外殖民地、奥斯曼帝国的属地，由战胜国以"委任统治"的形式加以瓜分。总之，凡尔赛体系在英、法占主导地位，惩治德国为首的战败国，宰割弱小民族的基础上，确立了帝国主义在欧洲、中东和非洲的新统治秩序。

■ 第二次世界大战

第一次世界大战后，帝国主义国家发展极不平衡。德、意、日法西斯势力结成了轴心国集团，企图打破凡尔赛体系，重新瓜分世界。1939年9月1日，德国以"闪电战"入侵波兰，9月3日，英、法对德宣战，第二次世界大战全面爆发。

1940年，德国运用"闪电战"相继侵占了丹麦、挪威、荷兰、比利时和法国。同年7月，英国展开不列颠保卫战，挫败了德国的入侵计划。

【百科链接】

闪电战：
以装甲部队作为决定性力量，在突破敌人战线后，不顾侧翼暴露的危险，向敌人纵深后方做大胆、快速袭击的战术。

1941年6月，苏、德战争爆发。12月，日本偷袭美国的军事基地珍珠港，太平洋战争爆发。1942年，美、苏、英、中等26个国家签署《联合国家宣言》，反法西斯联盟正式成立。此后苏军在斯大林格勒战役中获胜，一举扭转了第二次世界大战的局势。之后，美军取得中途岛战役的胜利，迫使日军由进攻转入防御。1945年初，德国本土被攻破。5月2日，苏军攻克柏林。不久，美国又在日本投下两颗原子弹，迫使日本宣布无条件投降，第二次世界大战结束。

此次大战历时6年，先后有60多个国家和地区、20亿左右人口卷入，给全世界人民带来了空前的灾难。据统计，交战国花费的直接军费达1万多亿美元，死伤人口约1.1亿，物资损失更为巨大。帝国主义体系也受到了沉重的打击，它的殖民统治从根本上被动摇了。战后，欧洲和亚洲崛起了一系列人民民主国家，被压迫民族和人民的解放运动空前高涨，殖民地、半殖民地国家相继取得独立，世界历史进入一个新的阶段。

■ 纳粹党掌权

1929年，资本主义世界爆发了严重的经济危机。这场危机给德国带来了深重的灾难：外债沉重，物价飞涨，工业生产下降，失业人数暴增。经济危机同时激化了政治危机，首先，大资产阶级迫切需要打破凡尔赛体系，以便重

62

法西斯：拉丁文fasces的音译，独裁和暴力的代名词。一种疯狂地侵略其他国家、残害别族人生命的思想。首创者为意大利的墨索里尼。

新获得领土和殖民地；其次，统治阶级需要大力镇压国内日益发展的革命力量。

这时，以希特勒为首的纳粹党趁机发展和壮大起来。1933年，希特勒被任命为德国总理，法西斯政权在德国建立了起来。1934年，希特勒成了集总统、总理大权于一身的国家元首。以希特勒为首的纳粹党上台后，就立刻露出了他们的狰狞面目。1933年2月，他们纵火焚烧了国会大厦，制造了著名的国会纵火案。然后嫁祸于德国共产党，借此下令取缔共产党人，并在全国逮捕共产党和进步人士。他们要求国会通过授权法案，把立法权和同外国缔结条约的权力都交给希特勒政府，使国会不再起任何作用。不久，纳粹党解散了一切工会，取缔了国内其他一切政党，自封为德国唯一的合法政党。

为了发动战争，纳粹党把国家变成军营，德国的军火工业迅速发展。随着军事力量的增长，德国公开违反凡尔赛条约的规定，宣布实行普遍义务兵役制。1936年3月，希特勒派遣军队进驻非武装区。这样，第二次世界大战的策源地便在德国形成了。

希特勒与墨索里尼
在意大利入侵埃塞俄比亚的战争中，希特勒见帝国主义国家之间矛盾不断激化，便把墨索里尼当作未来的合作伙伴，两个臭味相投的法西斯头子不断接近，使法西斯势力进一步扩大。

■ 慕尼黑会议

纳粹党上台执政以后，立刻把侵略的矛头指向了德国东边的捷克斯洛伐克。与此同时，英国首相张伯伦和法国总理达拉第节节退让，企图将祸水东引，并决定把捷克斯洛伐克作为牺牲品，用来换取德国不侵略自己的保证。1938年9月29日晚，英、法、德、意四国首脑（张伯伦、达拉第、希特勒、墨索里尼）在德国慕尼黑举行会议，翌日凌晨签订了《慕尼黑协定》。协定规定将捷克斯洛伐克的苏台德地区

慕尼黑会议代表合影
1938年9月29日，在慕尼黑召开了由英国首相张伯伦、德国总统希特勒、意大利总理墨索里尼、法国总理达拉第参加的四国首脑会议，会议决定把捷克斯洛伐克的苏台德区"转让"给德国。英、法两国推行绥靖政策，牺牲小国利益，助长了法西斯的野心，给世界带来了无穷的灾难。

德国国会大厦
德国国会大厦位于柏林市中心，融古典式、哥特式、文艺复兴式和巴罗克式等多种建筑风格于一身，是德国统一的象征。"国会纵火案"中被大火烧毁部分建筑，后得到重修。

种族主义：一种以自我为中心的态度，认为自己所属的团体，例如人种、民族或国家，优越于其他团体。基本内容是种族歧视、种族隔离和极端的种族灭绝。

▶ 德国入侵波兰
▶ 法国的沦陷

和与奥地利接壤的南部边境地区割让给德国；捷克斯洛伐克军队必须在10月1日至10日之间，从上述地区撤退完毕，同时不得破坏上述地区一切设备，要将它们无偿移交给德国。协定附件中还规定，由四个签字国保证承认捷克斯洛伐克的新国界。捷克斯洛伐克政府被迫在德国限定的6小时内接受了这一屈辱的协定。1939年，德军开进捷克斯洛伐克首都布拉格，占领捷全境，并把捷克斯洛伐克改名为"波希米亚和摩拉维亚保护区"，纳入德国版图。

慕尼黑会议和《慕尼黑协定》是英、法推行绥靖政策的集中表现。它们并没有保证捷克斯洛伐克新国界的安全，也没有制止住希特勒的武装侵略，反而破坏了法国等国在东欧的同盟体系，增强了纳粹德国的经济与军事实力，助长了德国、意大利、日本法西斯的侵略气焰，最终加速了第二次世界大战的全面爆发。

■ 德国入侵波兰

1939年3月，德国开始制订以"闪电战"迅速占领波兰的计划。9月初，德国陆军、空军同时出动，正式侵略波兰，第二次世界大战爆发。波兰政府在德、波关系急剧恶化的时候，满心指望英、法的援助，未做认真的战备。但是英、法却顽固不化地施行绥靖政策，对战局不闻不问。德国方面投入了巨大兵力，在700多千米的战线上全线进犯。这一突然进攻，使波兰军队无法集中起来，许多地区在孤立后被分割包围。南线的德军进展迅速，于9月8日抵达了波兰首都华沙的郊区。9日，波军在华沙西面的布祖拉河上发动反攻，但因兵力有限，最终失败。14日，华沙同全国其他地方的联系已完全断绝，随后波兰政府撤离华沙。从9月8日至27日的20天时间，华沙人民进行了英勇的反侵略斗争。9月27日，华沙陷落。德

【百科链接】
绥靖政策：
也称姑息政策。指第二次世界大战初期英、法等国对法西斯国家的侵略扩张不加抵制、姑息纵容、退让屈服，以牺牲别国为代价，向侵略者妥协的政策。

德军入侵波兰
1939年9月1日凌晨，德军利用夜幕的掩护，用2300多架飞机对波兰发动突然袭击，标志着第二次世界大战的全面爆发。

军的"闪电战"进行了仅一个月，波兰便全境沦陷。

德国法西斯分子在占领波兰以后，把他们的种族主义学说付诸实践。数以万计的波兰人和犹太人被驱集在一起，当场处死；许多人被遣往德国，去工厂做工；其余的千千万万波兰人被当作劣等人口迁往贫困地区。在整个第二次世界大战期间，被法西斯杀害的波兰人达到了600万之多。

■ 法国的沦陷

1940年初，希特勒开始执行以侵占法国为目标的"黄色计划"。计划中的军事行动分为两个阶段：第一阶段是占领比利

戴高乐将军像
巴黎沦陷后，戴高乐将军带着全家飞往伦敦，于1940年6月18日在伦敦通过电台发表演说，号召法国人民继续战斗。随后，他发起"自由法国"运动，组建武装力量。作为法兰西民族解放委员会主席和法兰西共和国临时政府首脑，戴高乐为世界反法西斯战争的胜利做出了重大贡献。

时、卢森堡和荷兰,绕过法国坚固的马奇诺防线;第二阶段,发动一系列攻势迫使法国投降。

1940年5月,德军在西线发起总攻,并首先入侵比、卢、荷三国。14日,荷军投降。17日,德军占领了比利时首都布鲁塞尔,并越过卢森堡,攻破法军在色当的防线,法军战略形势急剧恶化。此后的5至6月,德军机械化部队取道比利时,翻越了阿登山区,从马奇诺防线左翼迂回侵入法国,直接插到马奇诺防线的背后,使防线丧失了作用。同时兵临巴黎城下。而此时,固守在马奇诺防线的法国军队居然没有抽调一兵一卒去进行侦察,被传为世界军事史上最大的笑柄。得知马奇诺防线失效之后,法国政府中的投降派逐渐控制了局势,从而加速了法国的沦陷。6月5日,德军开始执行"黄色计划"第二阶段的任务,从马奇诺防线到英吉利海峡之间,沿艾纳河和索姆河一线发动攻势。10日,法国政府匆忙地撤出巴黎,先迁到都尔,不久又迁到波尔多。14日,德军占领巴黎。21日,德军在贡比涅森林中的一块小小的空地上,即1918年11月11日德意志帝国向法国及其盟国投降的地方,与法国代表签订了停战协议。

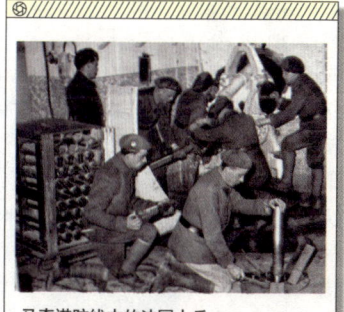
马奇诺防线中的法国士兵

【百科链接】

马奇诺防线:
　　法国为防止德军入侵而在法国东北边境地区构筑的全长约390千米的筑垒体系,号称"最坚固的防线"。但1940年德国主力从马奇诺防线左翼迂回绕过,使防线丧失了作用。

在第一次世界大战中,曾经坚持4年之久,都未战败的法兰西,在第二次世界大战中只经过了6周的战斗,就被德军击溃了。

■ 苏德战争

第二次世界大战是人类经历的规模最大、伤亡最惨重、破坏程度最大的全球战争,而苏、德战场又是第二次世界大战中最为惨烈的战场,丧心病狂的德军与百折不挠的苏联军民围绕每寸土地展开了激烈争夺。

苏德战争是指第二次世界大战期间苏联反对纳粹德国及其盟国的战争,战争从1941年6月22日开始,到1945年5月苏联攻占德国首都柏林为止。1940年12月,希特勒在绝密的情况下制订了一个代号为"巴巴罗萨"的计划,妄图以"闪电战"的方式突袭并占领苏联,进而称霸欧洲。但是1941年9月至1942年4月的莫斯科会战最终以苏军获得胜利而告终。莫斯科战役是两年来横扫欧洲的德军首次遭受的重大战略性失败,德军"不可战胜"的神话被打破,德军突袭苏联的计划也宣告破产。而1942年7月持续到1943年2月的斯大林格勒会战,则成为苏德战争的转折点。由于此战役规模太大,伤亡人数始终无法得到准确统计,这场战役使苏联取得了整个战争的主动权。此后苏军不断收复失地,并最终攻入德国本土。1945年5月2日,德军停止抵抗,柏林战役结束;苏联红旗插到了柏林国会大厦的楼顶上。

■ 斯大林格勒保卫战

从1942年7月起,德军调动主力开始攻打斯大林格勒,于是发生了第二次世界大战中最著名的斯大林格勒战役。该战役持续了半年之久,其规模之大、战斗之激烈都是史无前例的。

斯大林格勒保卫战从1942年7月开始,至次年2月结束。1942年的7月到11月是苏军在斯大林格勒战役的防御阶段,也是战斗最为艰苦的阶

鱼雷：海战中使用的武器，发射后可自己控制航行方向和深度，具有航速快、航程远、隐蔽性好、命中率高和破坏性大等特点，有"水中导弹"之称。

偷袭珍珠港

段。斯大林格勒守备区调动了内务部队、军政学员、防空兵、海军陆战队等一切可以调动的武装力量来加强市区防线。进入城中的红军战士平均存活时间不超过24小时，而城内民众在斯大林格勒战役开始后的平均存活时间则以分钟计算。最终，斯大林格勒军民同仇敌忾的意志和取胜的决心，使苏军成功地挡住了德军优势兵力的进攻，同时苏军还击毙德军近70万人，击毁敌方1000多辆坦克、2000多门大炮和迫击炮、1400架飞机，极大地消耗了德军的有生力量。从1942年11月到次年2月，苏军转入反攻阶段。

在持续200天的斯大林格勒战役的过程中，德国法西斯共损失150万人、3500辆坦克和自行火炮、1.2万门大炮和迫击炮、3000架飞机。

斯大林格勒保卫战遗迹
1942年年底，苏德双方进入巷战，斯大林格勒已经没有战线可言，每一栋楼房、每一条街道、每一个地下室都是战场。图中这栋弹痕累累的红砖楼作为当年那场战役的纪念物被保留至今。

斯大林格勒战役是第二次世界大战中规模空前的一次战役，也是第二次世界大战的转折点。苏军从此由战略防御转入战略反攻，并掌握了苏德战场上的主动权。

■ 偷袭珍珠港

苏德战争爆发后，日本法西斯决定首先侵略并占领资源丰富的东南亚，然后再伺机北犯苏联。为了达到这个目的，他们决定首先消灭驻扎在夏威夷群岛珍珠港的美军太平洋舰队的主力。

1941年11月26日，日军组织了一支航空母舰突击编队，主要由6艘航空母舰（共载飞机360架）、2艘战列舰、3艘巡洋舰、9艘驱逐舰和10艘潜水艇组成。海军大将山本五十六负责指挥此次行动。12月7日清晨，日军第一突击机群（183架飞机）对停泊在珍珠港内的美军大型舰艇和陆上的机场进行了猛烈的轰炸。不久后，第二突击机群（168架飞机）再次轰炸港内目标。与此同时，潜入港内的日本潜艇，也用鱼雷向美舰发起攻击。至9点30分，突袭全部结束。

珍珠港事件纪念馆
珍珠港事件中，停泊在珍珠港内的亚利桑那号战列舰被日军击中沉没，其弹药库爆炸，导致1177名将士遇难。1962年5月，肯尼迪总统指定亚利桑那号沉没处为国家陵园，并下令在战舰沉没处建立了水上纪念馆。

日本偷袭珍珠港，完全出乎美国政府的意料，所以美军几乎没有组织任何抵抗。在95分钟的袭击中，美军各种舰艇40余艘被击毁、300架飞机被击中，死伤4500多人。而日军仅死亡64人，损失29架飞机、特种潜艇5艘。珍珠港事件使日本夺取了太平洋上的制海权，为后来日军在太平洋西部的军事行动创造了有利条件。日本偷袭珍珠港，同时也宣告了太平洋战争的爆发。1941年12月8日，日本对美国宣战。同一天，美国国会通过决议对日宣战，随后英国也对日宣战。至此，世界各主要参战国家均已正式宣布参加第二次世界大战。

【百科链接】
山本五十六：
日本海军将领，太平洋战争的重要策划者和组织者之一，是珍珠港事件的主谋。1943年4月18日乘飞机飞临布干维尔岛上空时，所乘飞机被美机群击落，山本五十六坠机身亡。

■ 诺曼底登陆

诺曼底战役是第二次世界大战后期，盟国军队反攻纳粹德国的大规模登陆战。美、英盟军登陆后，开辟了苏、德战场之外的第二战场，对德军形成两面夹击之势。

在诺曼底登陆以前，盟军集结了一支舰队，并发出大量电报，让敌人误以为盟军总部在英国的肯特郡；巴顿将军在肯特郡街头散步，德国情报人员误以为他就是盟军总司令；登陆前夕，英国飞机在特定区域又撒下大量的锡箔片，德军的雷达上因此显示一支舰队正向东驶去。种种措施使德军误判了盟军主力的前进方向。

诺曼底德军碉堡遗迹

盟军在诺曼底海滩登陆时，遭到德军的顽固阻击，造成了巨大的人员伤亡。时至今日，诺曼底的多处海滩还留着或完整或破损的碉堡等工事。

盟军这次远征的兵力达到了288万人，并动用了1.1万架战斗机、2300架运输机和2600架滑翔机。此外还有6000艘运输舰和登陆艇、22艘巡洋舰、93艘驱逐舰、255艘扫雷艇和大量的小型战斗舰艇。1944年6月6日，盟军向诺曼底西端的海岸推进，凭借庞大舰队猛烈炮火的掩护，开始登陆作战，并最终成功登岸。

诺曼底战役是第二次世界大战中西欧战场伤亡人数最多的战役之一，诺曼底战役的胜利，为解放全部法国领土和盟军攻入德国扫清了障碍，加速了希特勒的败亡。它不仅打响了盟军在欧洲战场进行反攻的第一炮，也是第二次世界大战中欧洲战场的重要转折点。

■ 雅尔塔会议

1944年，第二次世界大战的形势发生了根本性的变化。德军在苏军和英、美盟军的两面夹攻下连连败退，仅在匈牙利和意大利北部还有一小部分据点，大部分德军被迫退回国内，面临即将崩溃的局面。而如何彻底击溃德国法西斯，如何处理投降后的德国，如何对待解放后的欧洲等问题开始浮出水面。为商讨这些问题，1945年2月，以斯大林、罗斯福和丘吉尔为首的苏、美、英三国代表在苏联克里米亚半岛的雅尔塔举行会议。会议制订了彻底击溃法西斯德国的作战计划，以迫使德国无条件投降。由于苏联在反德战争中起主要作用，攻克柏林的任务便交给了苏军。关于如何处理战后的德国，会议规定在一定时期内，苏、美、英三国军队占领德国，并邀请法国作为第四占领国。三国声明一定要消灭德国的军国主义和法西斯主义，必须解除德国武装，以使德国发展为独立的、爱好和平的民主国家。

雅尔塔会议、德黑兰会议和波茨坦会议三次首脑会议，就如何解决对德、日作战，处置德国，解决波兰和远东问题，建立联合国等一系列问题达成协议。并在此基础上，形成了以雅尔塔协定为主体的新国际关系

雅尔塔会议三巨头

1945年2月，以斯大林、罗斯福、丘吉尔为首的苏、美、英三国代表在苏联克里米亚半岛的雅尔塔举行会议。本图是会议期间斯大林（右）、罗斯福（中）、丘吉尔（左）的合影。

布拉格：捷克共和国的首都和最大的城市，地处欧洲大陆中心，交通地位重要。号称欧洲最美丽的城市之一，有"千塔之城"、"金色城市"等美称。

▶ 攻克柏林
▶ 日本投降

体系——雅尔塔体系。雅尔塔体系反映了二战后国际力量的对比：英、法实力受到重创，降为二等国家，开始唯美国马首是瞻；国际关系舞台的中心由欧洲转到了美、苏。

■ 攻克柏林

1945年1月至4月中旬，德军在东西两线战场都遭受到盟军优势兵力的沉重打击。在东线战场，苏军已从东、南两面包围了柏林，距柏林最近距离仅60千米。在西线战场，美、英盟军进抵易北河，并向汉堡、莱比锡和布拉格方向发动进攻，距柏林也只有100余千米的距离。

斯大林认为，苏联付出了惨重的代价之后，攻占柏林的政治意义就显得非常重大，因此必须不惜一切代价抢先攻入柏林。为此，苏军调集了三个方面军，约250万人，以及42000门火炮、6250辆坦克和自行火炮、7500架作战飞机。1945年4月中旬，苏军对柏林发起总攻。20日，白俄罗斯第一方面军先头部队在库兹涅佐夫上将的率领下，抵达柏林近郊。4月24日，白俄罗斯第一方面军左翼部队与乌克兰第一方面军在柏林东南会合。4月27日，苏军攻入柏林市。28日，苏军逼近政府办公厅、国会大厦、最高统帅部所在的蒂尔花园区。30日下午3时30分，希特勒与妻子娃在地下暗堡里双双自杀。5月2日7时，德军柏林城防司令官下达了投降令，柏林战役结束。5月8日，德国正式签署了无条件投降书，欧洲的反法西斯战争胜利结束。

苏联红军攻克柏林国会大厦

1945年4月，苏联红军乘胜追击败退的德国法西斯军队，直捣德军最后的巢穴——柏林。4月30日，苏联红军将胜利的红旗插到了柏林国会大厦顶上。当天，希特勒自杀身亡。

■ 日本投降

德国投降后，世界关注的焦点转移到了亚洲及太平洋战场上。1945年初，日本还拥有一支400多万人的庞大陆军和一支120多万人的海军，从表面上看还很强大，而实际上却不是这样。侵略战争已经把日本拖得精疲力竭，国内经济崩溃，海上运输线被摧毁，与海外的联系被切断，整个国家处在盟国的重重封锁之中。

1945年5月，德国向盟军无条件投降后，日本也面临着是投降还是继续顽抗的抉择。7月26日，美、英、中三国首脑又发表了督促日本投降的《波茨坦公告》。但在日本政府和军部内部，主张投降的和反对投降的两派仍在激烈争论。美国为了贬低苏联参战的作用，于8月6日和9日把两枚原子弹"小男孩"和"胖子"分别投在了日本的广岛和长崎。两个城市毫无防备，死亡人口达到20多万。8月8日，苏联已实现自己在雅尔塔会议上的诺言，对日宣战。8月15日中午，日本天皇向全体国民和全体军队宣布，向盟军投降，第二次世界大战正式结束。

【百科链接】

"小男孩"：
第二次世界大战时美国在日本广岛投掷的首枚原子弹的名称，是人类战争历史上首次使用的核武器。

广岛原子弹爆炸后的圆顶屋
这座残破的圆顶屋位于广岛原子弹爆炸中心，原为广岛物产陈列馆，是广岛原子弹爆炸之后保存下来的唯一遗址，可以让人们牢记战争的残酷。

Part 3

中国名人篇

重农抑商：历代封建王朝最基本的经济思想，其主张是重视农业、以农为本，限制工商业的发展。在封建社会初期，对农业、社会经济的发展曾起到重要作用。

▶ 秦始皇嬴政
▶ 西楚霸王项羽

古代君王

■ 秦始皇嬴政

秦始皇嬴政是秦王朝的建立者，也是中国历史上第一个皇帝。在秦代以前，国家最高统治者称为"王"。嬴政统一中国，结束了诸侯争战的局面，自以为功劳超过古代最尊贵的三皇五帝，王的称号已不能显示自己的权势和地位。他为了炫耀自己统一天下的功德，确立至高无上的权威，就把三皇五帝的称号合二为一，创立了"皇帝"的尊号，此后便成为了封建国家最高统治者的称号。

为了加强中央集权，在政治方面，秦始皇创立了一整套封建专制制度：规定皇帝有至高无上的权力；在中央设立以三公九卿为首的封建官僚体系；在地方实行郡县制，郡县的长官由皇帝直接任免；以秦国原有的法令为基础，吸收六国法律的某些条文，制定和颁行统一的封建法律。经济上大力推行重农抑商政策，促进封建土地私有制的发展。文化上采用丞相李斯的建议："书同文，车同轨"，并且统一了货币、度量衡。为了抵御匈奴的入侵，他还征调民夫修筑了西起临洮、东到辽东的万里长城，为安定中原地区，保障中原人民的生产和生活做出了贡献。但与此同时，他又焚书坑儒，实行愚民政

策；大兴土木，频繁地征调徭役和兵役；横征暴敛，实行苛政，使得民不聊生。在他死后不久，就爆发了轰轰烈烈的农民起义，推翻了秦朝的残暴统治。

■ 西楚霸王项羽

项羽是楚国名将项燕之孙，秦末著名起义领袖。他一生大战数十次，大多取得胜利，其主持的巨鹿和彭城两战更是创造了军事史上的奇迹。

秦末起义运动频繁，六国遗存的贵族乘乱起兵，企图恢复其霸业，当时实力最强的是楚国大将项燕之子项梁与其侄儿项羽所率领的起义军。他们为争取楚地民众的支持，拥立楚怀王的孙子为王，打出楚军的旗号。项羽能征善战，在战场上豪气盖世，叱咤风云。巨鹿之战，项羽破釜沉舟，以6万人击败了敌方30万大军，全歼秦国主力。经此一役，项羽赫然成为各路起义军的首领。秦亡后，项羽自恃实力雄厚，号称西楚霸王，大肆分封诸侯。刘邦不服，两人由此开始了争当皇帝的斗争，即"楚汉之争"。楚汉战争初期，刘邦准备充分，项羽暂处于劣势。但是在彭城一战中，项羽以3万人

少年项羽

公元前210年，秦始皇巡游会稽时，站在人群中的小项羽遥指秦始皇说："他日我可取而代之。"其叔父项梁吓得连忙捂住他的嘴，从此觉得这个孩子不同凡响。

秦始皇像

秦始皇嬴政先后灭韩、赵、魏、楚、燕、齐六国，完成了统一全国的大业，建立了中国历史上第一个统一的、多民族的、专制主义的中央集权制国家——秦朝。

南越：公元前203至前111年存在于岭南地区的割据政权，疆域包括今天两广的大部分地区以及福建、湖南、贵州、云南的小部分地区和越南北部。

中国名人篇

- 汉高祖刘邦
- 汉武帝刘彻

马大破刘邦50万军队，由此确立了楚汉对峙的局面。可惜项羽骄傲自大，最终在垓下陷入了十面埋伏，突围后自刎于乌江，但他英勇善战的品质却一直为后人所称颂。

■ 汉高祖刘邦

汉高祖刘邦是西汉的开国皇帝。他起初是泗水（今江苏沛县）一亭长，为人豁达，爱交朋友，甚得人心。公元前209年，在沛县小吏萧何、曹参等人的拥戴下，刘邦拥兵起义，自称沛公，不久后率部投奔楚怀王，被封为武安侯。公元前206年，他率先攻入关中，灭亡了秦朝。在楚汉战争中，刘邦力量并不强，与项羽作战屡战屡败。但经几年的努力，刘邦、项羽的力量对比发生变化。因为刘邦很注意赢得人心，曾与关中父老"约法三章"，受到众人爱戴；此外他还善于用人，周围有萧何、张良、韩信等一批谋士良将，势力逐渐雄厚起来。楚军虽然强大，但由于项羽非常自负，不善于听取他人意见，仅有的谋士范增也被迫离去，楚军势力因而渐渐由强转弱，最终被刘邦打败。

公元前202年，刘邦登上皇位，建立了汉朝，定都洛阳，不久后迁至长安。他在位期间，政治上消灭了韩

汉高祖刘邦像

刘邦年轻的时候虽然游手好闲，不事生产，但其志向远大，有一次在路上碰到秦始皇出巡，看到皇帝被人前呼后拥，威风八面，便脱口而出："大丈夫就应该这样啊！"

【百科链接】

约法三章：

公元前206年，刘邦率领起义军攻入秦朝的都城咸阳后，向当地百姓公布了三条法律：杀人者要处死，伤人者要抵罪，盗窃者也要判罪。

信、彭越、英布等6个异姓王，巩固了中央集权；经济上招抚流亡，奖励耕种，减轻田租；军事上加强了北部的防御力量，对北方匈奴的骚扰采取防御政策，为促进汉初社会安定和生产的恢复发展做出了重要的贡献。

■ 汉武帝刘彻

除了高祖刘邦，汉朝最有名的皇帝就是武帝刘彻了。历史上的"汉唐盛世"中的"汉"，主要指的是汉武帝统治时期。

刘彻对后世最大的贡献，就是全力支持"罢黜百家，独尊儒术"的思想，这是他为了加强封建中央集权制而在思想文化领域内实行的专制政策。它最初由大儒董仲舒提出，后被汉武帝采纳施行。董仲舒的儒家思想融进了法家和阴阳家等其他学派的内容，首先，强调思想上的统一，即独尊儒家；其次，宣扬君主权力是上天赐予，使皇权神化；再次，提倡实施仁政，即"德主刑辅"，先对百姓进行教育，教育无效时再用刑罚来镇压。这是一种刚柔相济的治国方针，在被汉朝最初采用之后，逐渐成为封建社会的指导思想。在此后2000多年的历史长河中，儒学也成为中国封建社会唯一的正统思想。

此外，汉武帝还通过统一币制、朝廷铸钱、盐铁专卖、"算缗钱"等措施，把经济财政大权牢牢掌握在了政府手中；他重用卫青及年仅24岁的霍去病等人，经过三次重大战役消灭了匈奴的有生力量；他出兵平定了南越，巩固了边防，使汉周边数十年不再受外敌的侵扰。此外，他派遣张骞出使西域，加强了对西域等外部世界的了解，促进了各民族大融合，为后来闻名于世的"丝绸之路"的畅通铺平了道路。

汉武帝的茂陵

茂陵是西汉帝王陵中规模最大的一座。由于陵的所在地原属汉代槐里县之茂乡，故称茂陵。

屯田制：国家强制农民或士兵垦种荒地，并征收一定数额的田租，以保证军队的给养。源于西汉，至曹魏形成一套完整的制度。有军屯、民屯和商屯之分。

▶ 魏武帝曹操
▶ 唐太宗李世民

■ 魏武帝曹操

曹操，字孟德，沛国谯（今安徽亳州）人，东汉末年著名的政治家、军事家、文学家。曹操出身于官宦家庭，从小博览群书，尤好兵法，20岁时被任命为洛阳北部尉，从此踏上政治舞台。

董卓之乱时，曹操散尽家财组织军队，加入了以袁绍为盟主的讨伐董卓的联军。192年，他用武力镇压了青州黄巾军百余万人，并择其精锐改编成一支30万人的青州军，势力大振。196年，曹操开始"挟天子以令诸侯"。其后破袁术、擒吕布、平张绣，消灭黄河以南的许多割据势力，又在官渡胜袁绍，占领青、冀、幽、并等州，完成了统一北方的大业。208年，曹操率大军南征，准备统一全国，不料却败于孙、刘联军。赤壁之战后，天下形成了三国鼎立的局面。216年，曹操称魏王，死后又被其子曹丕追封为魏武帝。

宴长江曹操赋诗

曹操不仅是伟大的政治家和军事家，还是一位杰出的诗人，与儿子曹丕、曹植合称"三曹"。《三国演义》中写他在赤壁之战前夕，曾在船上置酒设乐，大宴诸将，并且横槊赋诗，写下了名垂千古的《短歌行》。

曹操凭借着杰出的军事和政治才能，结束了东汉末年北方分裂动乱的局面。他唯才是举，提拔了一批才能出众的谋臣猛将；同时完善屯田制，使军队给养有了保障；还反对奢华，自奉节俭，倡导俭朴之风。此外，曹操还是建安文坛的领袖和代表。其所著诗篇气势雄浑，慷慨悲凉，极富感染力。

■ 唐太宗李世民

隋朝末年，民不聊生，农民起义风起云涌。唐国公李渊在次子李世民等人的鼓动下，于617年在晋阳起兵。618年，隋炀帝被杀后，李渊称帝，建国号为唐。

此后，在唐朝统一全国的过程中，李世民建功颇多，引起了太子李建成的猜忌，双方争斗日趋激烈。626年，李世民发动"玄武门之变"，杀死太子建成和齐王元吉，随后被立为太子，不久即位称帝，史称唐太宗。

唐太宗李世民像

作为一名杰出的军事家，李世民精于战法，善于运用骑兵出奇制胜，而且临战身先士卒，统军恩威并用。可以说，在唐朝统一全国的战争中，李世民的谋略与战功起到了决定性的作用。

唐太宗统治期间，社会安定，政治清明，四海之内呈升平景象，被史家誉为"贞观之治"。他轻徭薄赋，减缓刑罚，还注意兴修水利，设立义仓备荒，对唐前期经济的恢复和发展起到积极作用。政治上，唐太宗继续完善三省六部制，大兴科举，巩固统治基础，网罗地主阶级知识分子。外交上，太宗气魄恢宏，推行开明、开放的民族政策，且致力于边疆的巩固，为统一的、多民族的、繁荣昌盛的唐帝国的形成奠定了坚实的基础。

三省六部制：西汉以后逐渐形成、隋朝正式确立、唐朝进一步完善的行政制度。三省：中书省、门下省、尚书省；六部：吏部、户部、礼部、兵部、刑部、工部。

女皇武则天

武则天原是唐太宗的才人，后成为唐高宗李治的皇后，把持朝政30年后，亲登帝位，是中国历史上唯一的女皇帝。

武则天14岁入宫，那时的她博览群书，聪慧敏锐，不仅诗词歌赋都有一定的基础，而且长于书法，再加上姿色娇艳，颇得太宗欢心，被封为才人，后来又被调入御书房侍奉皇帝。从此武则天开始接触皇家公文，了解宫廷大事，并能读到许多书籍典章，由此日渐通晓官场政治谋略和权术。

武则天像
武则天去世后，与唐高宗合葬于乾陵，她为自己在陵前立了一座无字石碑。后人猜测其意为功过是非任人评说，显示了武则天的帝王胸怀与气魄。

太宗死后，25岁的武则天入感业寺为尼。高宗即位后，重又召她入宫。在宫闱纷争中，武则天靠谋略与才华博得了高宗欢心，终于被立为皇后，并逐渐把持了朝政大权。

674年，高宗称"天皇"，武则天称"天后"，两人合称"二圣"。此后的16年里，武氏废皇子、逐良臣、任酷吏、乱人心。690年，武则天在平定叛乱和铲除异己后，认为条件已经成熟，遂正式称帝，改国号为周，以自造字"曌"为己名，取日月当空之意。此后她大开科举，破格用人；奖励农桑，发展经济；知人善任，容人进谏。武则天称帝时期，社会稳定，经济快速发展，为后来的"开元盛世"打下了基础。

宋太祖赵匡胤

赵匡胤是北宋王朝的第一个皇帝，他相貌不凡，性格豁达，年轻时漫游四方，以武艺卓绝闻名。后从军，南征北战，屡立战功，升为后周朝的殿前都点检（禁军最高长官）。960年，赵匡胤发动"陈桥兵变"，被部下黄袍加身，拥立为皇帝，建立宋朝。

他即位后，击败了后周大将李筠、李重进的进攻，安定了社会。继而攻灭南方诸国，使唐末以来长期割据混战的国家得以基本统一。此后，赵匡胤总结历史教训，在继续推行三省六部制的同时致力于加强中央集权，巩固国家统一。他采用谋士赵普的计策——"杯酒释兵权"，收缴了石守信、高怀德诸将的兵权；又新设参知政事、枢密使、三司分散宰相之权，从而加强了皇权；还重用文吏，改革地方官制，令地方官之间互相监督，以限制地方权力。为了防止兵变的发生，赵匡胤对军队实行更戍法，定期换防，防止将领与地方官联合反叛。他加强中央集权的措施获得了极大成功，为后来的元、明、清各朝所沿用，使中国自宋至清再未出现过地方割据势力林立的局面。宋太祖专心朝政，生活力求节俭，平常如同平民，并教育皇子公主须崇尚节俭。976年，赵匡胤突然去世，传说是其弟赵光义将其杀害的，但真相不得而知，成为历史悬案之一。

【百科链接】

更戍法：
北宋的一种兵役制度，以禁军分驻京师与地方，定期轮换，故称更戍法。

雪夜访普图
这幅画的作者为明代画家刘俊，描绘的是宋太祖赵匡胤雪夜访问功臣赵普，与之共同商讨统一大计的故事。图中上首坐的是宋太祖，他表情庄重，气度不凡，而赵普在下首侧坐，谦恭地侃侃而谈。

花剌子模：里海之东的小国，都城在今土库曼斯坦乌尔根奇。全盛时曾侵吞波斯（今伊朗）、阿富汗等周围各国。后成吉思汗亲统大军，历时5年将其征服。

▶ 成吉思汗铁木真
▶ 元世祖忽必烈

■ 成吉思汗铁木真

1162年，成吉思汗出生在一个蒙古部落的贵族家庭里，原名铁木真。铁木真9岁时，父亲被仇敌暗杀。他与母亲、弟弟辗转流浪，躲避仇人追杀，备尝艰辛。少年时坎坷的经历造就了他坚毅勇敢的性格。此后，铁木真依靠亡父的盟友收集旧部，建立起斡耳朵政权。历经多年征战，他终于统一各部落，建立大蒙古国，并被推为成吉思汗。

成吉思汗陵
位于内蒙古鄂尔多斯市伊金霍洛旗，只是一座衣冠冢。由于蒙古实行秘葬制，所以真正的成吉思汗陵在哪里还是一个谜。

成吉思汗即位后，大力改革游牧旧俗，制定军事、政治制度，颁布法令《扎撒里》，以畏兀儿字书写蒙古语，极大地推动了蒙古民族的进步。他分别于1215年占领金中都，1218年灭西辽，1227年灭西夏。1219年至1224年间，他又大举进攻花剌子模，征服了亚欧大片领土，先后建立四大汗国。

成吉思汗是中国历史上杰出的政治家、军事家。他统一蒙古各部，对蒙古民族的融合有巨大意义；攻金灭夏，为元朝的建立奠定基础；建立横跨亚欧的大帝国，推动了东西方经济文化的交流。在征服草原以外地区的过程中，成吉思汗首次将蒙古文化传播到亚欧两洲，给世界文明带来了深远影响。

■ 元世祖忽必烈

元世祖忽必烈是成吉思汗的孙子，也是大元王朝的开国皇帝，1260年至1294年在位。

他45岁时即位，成为蒙古第五代大汗。1279年，忽必烈灭了宋朝，建立了元朝，结束了唐末以来全国长达500多年的分裂混战局面。元朝是中国历史上第一个由少数民族统治全国的强盛帝国，并初步奠定了现代中国的版图。

忽必烈在年轻的时候就非常关心政事，多次任命汉人儒士整顿吏治和军政，并屯田于唐、邓等州，收到积极效果。在进攻大理和南宋的时候，他本人的韬略和才能也充分表现出来。1259年，元宪宗蒙哥战死于合州。1260年，忽必烈在开平召开大会，被推为蒙古大汗，接着平定了其弟阿里不哥的反叛。1271年，忽必烈正式建立元朝。至1279年，消灭了最后一支抵抗的宋军，统一了中国。

元世祖忽必烈像
忽必烈所建立的元朝，是中国历史上第一个由少数民族建立的统治全国的王朝，它初步奠定了现代中国的版图，促进了各民族的交流，也为社会经济的发展开拓了前景，影响十分深远。

元朝建立后，忽必烈逐步确立了元朝的政权规制，制定了行省制度，这种制度对明清两代都有很深远的影响。此外，他还确立了西藏地区的僧俗政体，从而将西藏地区划入元的版图；还废弃了成吉思汗时建立的分封制，实行赐田制，从而使蒙古贵族转化为地主，大大加强了王朝政权力量。在经济上，忽必烈发展农业生产，组织兴修农业水利工程，还下令将许多牧场还归为农田，并禁止掠人为奴以解放生产力。

这一系列措施使元朝逐渐强盛起来，同时也最终确立了忽必烈在历史上的重要地位。

- 明太祖朱元璋
- 明成祖朱棣

锦衣卫：明官署名，直接向皇帝负责的特务机构。掌管刑狱，有巡察缉捕之权，从事侦察、逮捕、审问活动，且不经司法部门。

中国名人篇

■ 明太祖朱元璋

朱元璋是明朝的开国皇帝。他幼时家境贫寒，曾剃发当和尚，靠乞讨度日。

元朝末年，各地起义军纷纷兴起，濠州郭子兴领导的起义军日益壮大了起来，朱元璋遂加入其中。后因骁勇多谋，屡立战功，深为郭子兴倚重，被任为总管，又娶了郭子兴的养女马氏为妻。1355年，郭子兴病死，朱元璋成为起义军首领。他礼贤下士，广招才俊，拥有众多谋士和良将。此后南征北战，先灭陈友谅，又讨张士诚，并且"高筑墙，广积粮，缓称王"，力量遂逐渐壮大。经过16年苦战，朱元璋荡平群雄，完成统一大业。1368年，元朝灭亡，朱元璋建立明朝。

明太祖朱元璋像

明太祖朱元璋既是中国历史上杰出的政治家，又是一个少有的暴君。统一中国后，他开始大规模诛戮功臣，先后炮制了胡惟庸案、蓝玉案、空印案等案件，动辄株连数万人。

朱元璋在位期间，减免赋役，下令农民归耕，奖励垦荒，组织各地农民兴修水利；大力提倡种植桑、麻、棉等经济作物和果木作物；严惩贪污，徙富民，抑豪强，解放奴隶；派人到全国各地丈量土地，清查户口。同时，朱元璋还设立了锦衣卫和巡检司以侦察、监视大臣，采用恐怖高压的政策处理朝政。在他统治时期，专制主义中央集权发展到了高峰。

■ 明成祖朱棣

明成祖朱棣是明朝第三位皇帝，朱元璋的第四子。1380年，他受封为燕王，在北平就藩。朱棣长期在北方筑城兴屯，训练兵丁，多有建树。

明太祖朱元璋病故后，惠帝即位。为巩固皇权，惠帝采用削藩的办法来限制燕王等人的权力。1399年，朱棣在谋士姚广孝的策划下起兵造反，史称"靖难之役"。经过4年的战争，朱棣终于打败惠帝，夺取了政权，登基称帝，是为明成祖，年号永乐。

朱棣即帝位后，明政权并不稳固，退守到关外的元朝残余势力仍然威胁着明朝。于是明成祖在1421年将都城迁到了北京，称南京为应天府，明朝的两京制格局正式形成。北京从此成为全国的政治、军事、经济、文化中心。

明成祖在位期间，兴修水利，疏浚大运河，使3000里河道畅通无阻，推动了社会经济的进一步发展。在文化方面，成祖命解缙等人编写了《五经大全》《四书大全》，并诏颁天下，确立了程朱理学在思想上的统治地位。后来又组织人编纂了22937卷的《永乐大典》及《历代名臣奏议》等类书，保护了古代珍贵的文化遗产。

1424年，明成祖在率兵出塞的归途中病故于榆木川（今内蒙古乌珠穆沁东南），葬于长陵。

明成祖朱棣像

明成祖朱棣是历史上争议颇多的一位帝王，他在位期间营造紫禁城、支持郑和下西洋、下令编纂《永乐大典》，开创了明初盛世；但另一方面，他好大喜功，生性多疑，凶残好杀，因此也受到后人的诟病。

【百科链接】

《永乐大典》：
　　1403年至1408年，明成祖朱棣命令2000多名学者编纂的一部大型类书，共22937卷，是当时世界上最大的百科全书。

改土归流：清雍正年间，在滇、黔、桂、川、湘、鄂六省的少数民族地区废除土司制，实行流官制的政治改革。涉及苗、彝、布依、侗、瑶等多个少数民族。

▶ 开创盛世的康熙帝
▶ 六下江南的乾隆帝

■ 开创盛世的康熙帝

执政61年的康熙是中国历史上在位时间最长的皇帝，也是最杰出的皇帝之一。

康熙的本名是爱新觉罗·玄烨。他8岁即位，由鳌拜等四位大臣辅政。但鳌拜专权跋扈，势倾朝野，还强占土地，致使许多农民抛荒不耕。8年之后，16岁的玄烨智擒鳌拜，掌握了大权，接着宣布减粮免税，鼓励垦荒，还规定"额外添丁，永不加赋"。后来吴三桂等发动了三藩之乱，各种反叛势力南北响应，震动天下。年仅18岁的康熙以超人的胆略和卓越的才能，运筹帷幄，决胜千里，经多年征战，平定叛乱。不久，康熙又出兵关外，击败俄罗斯于东北，并与之订立了《尼布楚条约》。康熙还亲征漠北，击败了葛尔丹，并派军远征西藏，使西藏纳入清朝版图。文化上，他开设博学宏儒科吸引江南文士，下令纂修《古今图书集成》《全唐诗》《康熙字典》等，发扬了传统文化。经济上，他重视农业生产，奖励垦荒，实行"更名田"。为了疏通漕运，他大举治理黄河，前后历时10余年，使水归故道，漕运无阻；他还多次兴修南方水利工程，同时免除赋税。其文治武功，均为百姓所称道，他因此被誉为"康熙大帝"。

康熙帝朝服像
康熙帝自幼好学不倦，而且勤于练武，因此精于骑射，身体强健。他在位61年，一生勤奋治国，是清代乃至中国历史上最杰出的皇帝之一。

■ 六下江南的乾隆帝

乾隆的本名为爱新觉罗·弘历，他生于康熙五十年（1711年）八月，是雍正帝第四子，25岁时继位，是一位颇有政治抱负，也颇有作为的君主。

乾隆处处以祖父康熙为榜样，大半生勤于政务，事必躬亲，并将雍正时期的严政改为宽政，纠正了前代出现的偏差，同时继续推行前代行之有效的措施，如摊丁入地、实行养廉银制度、改土归流等。在武功方面，乾隆利用清朝强大的军事力量，平定了西北的准噶尔部和新疆回部的叛乱，征服了西南的大小金川，镇压了台湾民众起义，并且派兵出征缅甸、越南和尼泊尔，建立了赫赫功业。乾隆帝在位60年，还曾6次南下巡视。他在《御制南巡记》中说："予临御五十年，凡举二大事，一曰西师，二曰南巡。"认为自己生平做的最重要的两件事，一件是派兵西征，另一件就是南巡。

乾隆每下江南的前一年，都要派出官员修桥铺路，盖建行宫，且规定南巡御道不允许曲曲弯弯。负责操办的地方官吏就乘机勒索沿途的百姓，稍遇抵抗就拆房子、平祖坟。统治者穷奢极欲，造成了吏治的日益败坏，老百姓的负担越来越重，清王朝开始走上由盛转衰的下坡路。

乾隆帝骑马像
这幅画是清代来自意大利的宫廷画家郎世宁所作，画中乾隆帝所穿戴的大阅铠甲的质地、式样、颜色、花纹等，都与故宫中珍藏的一套乾隆帝的大阅甲实物完全相同。

中国名人篇

历代名将名相

尊王攘夷：尊，尊崇；攘，排斥、抵御。该词原意是尊奉周王为中原之主，抵御北方游牧民族。后来成为面对外族入侵时，结成民族统一战线的代名词。

■ 管仲：春秋第一相

管仲名夷吾，安徽颍上人，是春秋时期齐国著名的政治家，被后世称为"春秋第一相"。

管仲幼年丧父，因生活所迫，不得不早早地挑起养家的重担，与好朋友鲍叔牙合伙经商、从军。后来几经曲折，管仲来到齐国，又经过鲍叔牙的力荐成为齐国上卿（即丞相）。管仲所处的时代正是列国并峙，互相征战不休的时期。当时在黄河下游比较活跃的大国有齐、鲁、郑、宋、卫。管仲当上丞相后，根据当时形势对齐国进行了一系列改革。行政方面，在全国划分政区，组织军事编制，设官吏管理。经济方面，按土地分等征税，禁止贵族掠夺私产；发展盐铁业，铸造货币，调整物价。对外提出了"尊王攘夷"的口号，积极联合北方邻国一起抵抗山戎族南侵。齐国由此国力大振，最终九合诸侯，成为春秋五霸之首。

管仲之所以能相齐，与鲍叔牙的知才善荐是分不开的。管仲晚年曾感慨地说："生我者父母，知我者鲍子也。"他和鲍叔牙的友情一直为后人所津津乐道。

管仲像

管仲辅佐齐桓公九合诸侯，一匡天下，孔子评价他道："微管仲，吾其被发左衽矣。"意思是说，要是没有管仲，我们就得沦为异族的奴隶，穿着左衽的衣服，披散着头发了。

■ 兵家孙武

孙武，字长卿，齐国乐安（今山东博兴北）人，春秋末期著名的军事家。

当时战乱四起，他辗转来到了吴国，经吴国大臣伍子胥推荐见到吴王阖闾，献上了所著的《孙子兵法》。为了测试孙武的能力，阖闾先让他训练宫女。而孙武因为吴王的爱妃不听号令，无情地将其斩首，此后果然是令行禁止，宫女被训练成了精兵。吴王信服，任命孙武为大将。当时群雄混战，吴楚争霸于江淮。孙武与伍子胥等人辅助吴王制定疲楚方略，使楚疲于奔命，国力大损。公元前506年，孙武率军奇袭楚国东北部，攻下楚国都城郢都，歼其精锐，楚国从此衰弱。此战使齐、晋畏惧，越人降服，吴国成为霸主。

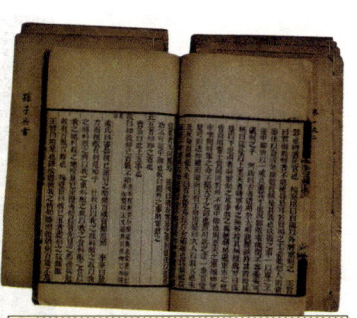

《孙子兵法》

《孙子兵法》大约成书于公元前515至前512年，共13篇，是孙武初次见吴王献上的见面礼。本书是我国古代流传下来的最早、最完整、最著名的军事著作，内容博大，思想深邃，逻辑缜密，被誉为"兵学圣典"。

孙武被后人誉为"兵学鼻祖"，他所著的《孙子兵法》是我国最早的兵法，也是世界上最早的军事理论著作。这本书总结了春秋及之前的战争经验，较为系统地论述战争全局问题，首次揭示了"知彼知己，百战不殆"这一普遍规律，并总结出很多至今仍非常有价值的作战指导原则。

《孙子兵法》不仅蕴含了丰富的军事思想，而且还蕴含着深刻的哲学、政治、经济等思想，对后世有极深刻的影响，被广泛应用于军事、政治、外交、经济管理等领域。

客卿：战国时秦国所设的官职。邀请其他诸侯国的人来秦国做官，其位为卿，而以客礼待之，因此得名。后亦泛指在本国做官的外国人。

▶ 秦相李斯
▶ "谋圣"张良

■ 秦相李斯

李斯是战国末年楚国上蔡人，古代著名的政治家和文学家。年轻的时候，他在当地当个小官，后来跟从荀子学习帝王之术。学业完成以后，他分析了当时天下的形势，认为"楚国不足事，而六国皆弱"，唯有秦国具备统一天下、创立帝业的条件，于是决定到秦国去施展自己的才能与抱负。

公元前247年，李斯来到秦国，给秦相吕不韦做门客，后来被秦王嬴政任命为客卿。公元前237年，李斯递上《谏逐客书》，为嬴政所采纳，不久升为廷尉，名噪一时。后即为秦王兼并六国出谋划策，在嬴政统一六国的事业中起了较大作用。秦统一天下后，李斯被任命为丞相。他建议秦始皇拆毁六国的郡县城墙，销毁民间兵器，又主张焚烧民间收藏的儒家典籍，禁止私学，还参与制定法律，统一车轨、文字、度量衡，为建立大一统王朝做出很大贡献。秦始皇死后，李斯为了保全自己的既得利益，与赵高合谋立嬴政少子胡亥为二世皇帝。后为赵高所忌，被其设计陷害入狱。秦二世二年（公元前208年），李斯被赵高诬陷"谋反"，受4种酷刑：黥刑（在脸上刺字）、劓刑（割掉鼻子）、断舌、砍趾后，腰斩于市，三族被夷。

峄山刻石拓片

峄山刻石是秦始皇巡游邹峄山（在今山东兖州邹县以南）时所刻的颂德碑文，立于秦始皇二十八年（公元前219年），传说小篆碑文是丞相李斯手书。

【百科链接】

度量衡：

在古代，计量长短的器具称为度，测定容积的器皿称为量，测量轻重的工具称为衡。

■ "谋圣"张良

张良，字子房，汉高祖刘邦的重要谋臣，被后人尊称为"谋圣"。他的先祖是战国时期韩国人，后来秦灭韩国，张良遂与秦结仇。公元前218年，秦始皇出游，张良趁此机会和刺客在博浪沙（今河南原阳县东南）一带刺杀嬴政。结果失败，张良不得不隐姓埋名，逃亡到了下邳。传说在那里，他碰到了世外高人，得到了《太公兵法》。公元前209年，张良率领一些人起义，后来和刘邦相遇，就归附了他。从此辅佐刘邦转战南北，用计策帮刘邦争夺天下，成为首席谋士。在咸阳，他劝刘邦与当地民众"约法三章"；在鸿门宴上，他用卑辞向项羽表示臣服；在楚汉战争中，他力荐韩信为齐王；在汉朝初期，他想出了稳定人心的许多办法；后来他又请出四位德高望重的老人辅佐太子。根据《史记·留侯世家》和《汉书·张良传》中的记载，刘邦曾赞道："运筹帷幄中，决胜千里外，子房功也。"

张良庙

张良庙又叫留侯祠，位于陕西留坝县西北17千米处的庙台子。张良辅佐刘邦成就帝业后，急流勇退，托名"辟谷"，隐居于此。后人仰慕他功成不居的高风，在这里建庙奉祀。

- 国士无双的韩信
- "飞将军"李广

散骑常侍：魏晋以后所设官职，合汉代"散骑"及"常侍"两职之官名。为皇帝亲信，地位颇为尊崇。宋代不常置，金元以后废。

中国名人篇

■ 国士无双的韩信

韩信是我国西汉时期著名的军事家、战略家和军事理论家。他出身贫寒，年轻时缺吃少穿，贫苦不堪，经常遭受别人的白眼。

有一天，淮阴的一个屠户当众羞辱韩信："看你长得人高马大，还人模狗样地佩带长剑。若你有种，就将我杀了；若你胆小不敢，就从我胯下爬过去。"韩信不想杀了他惹上人命官司，断送自己的前程，就从那人的胯下爬了过去。这就是历史上著名的"胯下之辱"。

秦朝末年，韩信曾追随过项羽，后又投奔了刘邦。在刘邦的军中，韩信得到了丞相萧何的支持和重用，制定出各种作战方略来帮助刘邦夺取天下。在楚汉战争期间，韩信在北方战场屡战屡胜，充分显示了他的军事才能，为汉王朝的建立做出了重要贡献。

据《史记·淮阴侯列传》记载，刘邦曾夸奖韩信说："诸将易得耳，至如信者，国士无双。""国士无双"的意思是说一个人的才智极为高超，而且在这一国之内无人能比过他了，意思指韩信是西汉时期最了不起的将军。

韩信像

韩信熟谙兵法，战功卓著，为汉王朝的建立做出了重要贡献。其用兵之道，为后世兵家所推崇。

但刘邦做了汉朝皇帝后，其妻吕后畏惧韩信的才能，害怕他阴谋叛乱，一直在寻找机会杀掉韩信。终于有一次，吕后与相国萧何定下计策，借群臣进宫朝贺的时候，在长乐宫设计诱杀了韩信，并灭了他的三族。一代英雄终究落了个"狡兔死，走狗烹；飞鸟尽，良弓藏"的悲惨下场。

■ "飞将军"李广

李广是西汉名将，陇西成纪（今甘肃秦安西北）人，公元前166年就开始从军抗击匈奴。他身材高大，猿臂善射，平常沉默寡言，但能与士卒同苦乐，因而备受拥戴。文帝时期，李广因击匈奴有功被封为散骑常侍，受到皇帝的器重。汉武帝即位后，调李广为未央卫尉。

李广射石

据史书记载，有一次李广出猎，隐约看到草丛中伏着一只老虎，他张弓一箭射去，等走近了一看才发现是一块大石头，整支箭都射进了石头里。

有一次，李广率军出雁门关，被成倍的匈奴大军包围。匈奴单于久仰李广威名，令部下务必生擒李广。李广终因寡不敌众而受伤被俘。押解途中，他飞身夺得敌兵马匹，并射杀追骑，终于回到了汉营。从此，李广在匈奴军中赢得了"汉之飞将军"的称号。后来唐朝诗人王昌龄写诗称赞李广说："秦时明月汉时关，万里长征人未还。但使龙城飞将在，不教胡马度阴山。"诗中的"龙城飞将"指的就是李广。李广用高超的武艺和非凡的谋略赢得了部下的爱戴，成为使敌军闻之丧胆的一代名将。

公元前119年，60多岁的李广出征讨伐匈奴。到了塞外以后，由于道路难走又无向导，李广的部队迷了路。主帅卫青大为生气，派人去军中调查。李广感慨道："我少年从军，与匈奴作战无数，想不到现今被一个小官审问，这样的屈辱我怎能忍受！"说罢拔出佩剑，引颈自刎。一代名将，就这样悲惨地陨落了。

河西走廊：又称甘肃走廊，位于黄河以西，甘肃西北部祁连山和北山之间。历代均为中国东部通往西域的咽喉要道，是西北的边防重地。

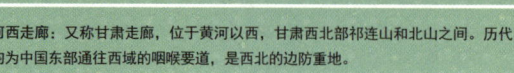
- 常胜将军卫青
- 骠骑将军霍去病

■ 常胜将军卫青

卫青是汉武帝时期的重臣，著名的常胜将军，他的姐姐是皇后卫子夫。那时汉武帝想攻打匈奴，但需要一个得力的将领，而身为皇帝小舅子的卫青就是很合适的人选，所以刘彻决定起用年轻的卫青，让他承担对匈奴作战的重要任务。

公元前129年，匈奴兴兵南下，汉武帝任命卫青为车骑将军迎击匈奴。卫青首次出征就直捣龙城，斩敌700余人，取得胜利。此后卫青几乎是逢战必胜。

公元前124年，卫青率领四位将军，以3万骑兵攻击匈奴。与之对阵的匈奴右贤王以为汉军不可能深入匈奴腹地，就放松了警惕，常常喝醉酒。不料卫青突然连夜袭击匈奴大营，除右贤王一行百余人逃跑外，匈奴几乎全军被俘。这次胜利让卫青的权力达到了他一生中的巅峰，他被皇帝封为大将军，统领所有的汉军。刘彻又要加封卫青三个未成年的儿子为侯，卫青推辞说："我的孩子什么功劳都没有，要是皇上封他们为侯，怎么能够激励战士立功呢？"汉武帝经他一提醒，就封了卫青部下的7名将军为侯。卫青最后一次出征，是公元前119年和他的外甥骠骑将军霍去病兵分两路，攻打匈奴。此时正是霍去病风光无限的时候，汉武帝刘彻就像当年喜欢卫青一样，特别倚重这个年轻的小将，而卫青时代就这样悄然地结束了。

> 【百科链接】
> 龙城：
> 匈奴的著名城堡，是匈奴人拜祭天地和祖先的地方。其地点在现今蒙古国鄂尔浑河西侧的和硕柴达木湖附近。

■ 骠骑将军霍去病

霍去病是名将卫青的外甥。公元前123年，漠南之战开始。未满18岁的霍去病主动请缨出战，武帝遂封他为骠姚校尉，命其随军出征。在大漠里，霍去病率800骑兵奔驰数百里寻找敌人踪迹，结果他独创的"长途奔袭"战略获得成功。此战，汉军共斩杀敌人2000余人，俘获了匈奴的相国和当户，并杀死匈奴单于的祖父和季父。霍去病凯旋后，武帝大为赞赏，并封他为"冠军侯"，意在赞叹他勇冠三军。

公元前121年，霍去病被任命为骠骑将军，率兵攻打匈奴。他深入沙漠2000余里，和匈奴军短兵肉搏，大获全胜。同年夏天，霍去病第二次西征，夺得祁连山和河西走廊地区。随后汉朝在这些地区设置了酒泉、武威、张掖、敦煌，即河西四郡，这既隔断了匈奴与羌人的联系，又为中原通西域开辟了重要通道。经此一战，"匈奴远遁，而漠南无王庭"。霍去病因战功卓著被授大司马之后，威望超过了卫青，卫青的许多部将纷纷转投霍去病。

霍去病一生共歼灭匈奴11万多人，降服匈奴4万余众，占领了河西、酒泉等地，消除了匈奴对汉王朝的威胁。他作战勇猛，是一位军事天才，汉武帝曾劝他学习孙吴兵法，他回答说："为将须随时运谋，何必定拘古法呢？"汉武帝为奖励他的军功，给他建造了豪华的宅第，他却说："匈奴不灭，无以家为也。"这句话从此流传千古，成为霍去病光辉一生的写照。

霍去病像
霍去病用兵灵活，既注重方略，又不拘泥古法，而且勇猛果敢，曾四次领兵出击匈奴，都得胜回师。共计灭敌11万，降敌4万，在历史上留下了彪炳千秋的传奇。

太子洗马：官名，秦汉时置，清末废。起初为太子的侍从官，职责为辅佐太子，教太子政事、文理，后专职掌管书籍。

中国名人篇

"智圣"诸葛亮

诸葛亮，字孔明，号卧龙，琅琊阳都（今山东沂南）人，三国时的政治家、军事家。幼丧父母，随叔父至湖北，在隆中读书，隐居十多年，时时关注天下风云，自比为管仲、乐毅。207年，刘备"三顾茅庐"，登门求教，与诸葛亮讨论天下大势。孔明提出占据荆、益二州，安抚夷戎，联吴抗曹，与曹操、孙权三分天下继而统一全国的计策。刘备赞服，请他出山担任军师，自称得到孔明"如鱼得水"。

诸葛亮初出茅庐，便用计火烧新野，以少胜多，击败曹军，令关羽、张飞拜服。接着他前往东吴舌战群儒，说服孙权与刘备结成孙刘联盟，之后大败曹操，取得赤壁大捷。刘备也乘机占领荆、益二州。221年，刘备称帝于成都，建立蜀汉，天下形成三国鼎立之势，诸葛

诸葛亮像
人们对诸葛亮素衣纶巾、手摇羽扇的名士形象非常熟悉。传说诸葛亮手中的羽扇具有神力，轻摇两下，就会觉得神清气爽，心头豁然，退敌妙计就成竹在胸了。

亮也因功被拜为丞相。后来刘备因被陆逊火烧连营，一病不起，遂托孤白帝城，恳请孔明辅佐儿子刘禅。刘禅继位，即封孔明为武乡侯，领益州牧，主持朝政。225年，孟获率南方少数民族叛乱，孔明南征，对孟获七擒七纵，使之心悦诚服，南方遂平。此后，诸葛亮又六出祁山，北伐曹魏。234年，诸葛亮因积劳成疾，死于五丈原军中，终年54岁。他的事迹在民间广为流传，他本人更是成为忠诚、智慧的化身，被百姓誉为"智圣"。

直言进谏的魏徵

魏徵是唐初大臣，字玄成，馆陶人。隋末战乱，他出家为道士，后投奔李渊，任太子洗马一职，成为太子李建成的心腹。玄武门之变中，建成被杀，魏徵被俘，李世民欣赏他的才干和忠直，即位后任他为谏议大夫。从此魏徵尽心竭力辅佐太宗，为"贞观之治"做出了重要贡献。

贞观时期，社会安定，国家繁荣，太宗渐生骄奢之心，大臣无人敢谏。唯独魏徵敢犯颜直谏，建议太宗居安思危，躬行节俭。魏徵以过人的胆识令太宗信服，对之极为倚重。643年，魏徵病死，太宗为之罢朝五日以示怀念。唐太宗

【百科链接】

玄武门之变：
626年，秦王李世民在玄武门发动兵变，诛杀了太子李建成和齐王李元吉，成为皇位的唯一继承人。

被后世誉为"从谏如流"的明君，他重用"耻君不及尧、舜"的魏徵，虚心接受他的劝谏，成就了封建社会"明君纳贤臣之谏"的一段佳话。魏徵去世后，太宗难过地说："夫以铜为镜可以正衣冠；以古为镜，可以知兴替；以人为镜，可以明得失。朕常保此三镜，以防己过。今魏徵殂逝，遂亡一镜矣。"意思是说一个人用铜作镜子，可以照见衣帽是不是穿戴得端止；用历史作镜子，可以看到国家兴亡的原因；用人作镜子，可以知道自己做得对不对。魏徵一死，唐太宗就少了一面"人镜"。

魏徵像
天下安定后，魏徵看到唐太宗逐渐怠惰，追求奢靡，便上疏提醒他"傲不可长，欲不可纵，乐不可极，志不可满"，这四句话在今天看来依然具有现实意义。

吐蕃：古代藏族在青藏高原建立的政权，也是西藏历史上第一个政权，延续了200多年，极盛时统辖范围远达今新疆天山南麓及甘肃等地。

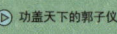 功盖天下的郭子仪
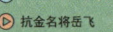 抗金名将岳飞

■ 功盖天下的郭子仪

郭子仪，唐代华州郑县（今陕西华县）人，著名军事家，出身于一个中层官吏家庭，通过武举考试走上了政治舞台。

755年，安禄山、史思明起兵叛乱，安史之乱爆发。郭子仪被调任为朔方（今宁夏灵武西）节度使，奉命率军东讨叛军。正当叛军逼近潼关、威胁京师的时候，郭子仪初战获捷，消灭叛军7000人，然后又在九门一带打败叛军。由于战功显著，郭子仪被封为天下兵马副元帅，随后率领15万唐军，收复了长安。

安史之乱使唐朝由盛转衰，国力虚弱。回纥和吐蕃乘机相互勾结，出兵攻唐。郭子仪深知只有争取回纥和唐军联合起来，重点打击吐蕃，才能取得这场战争的

郭子仪像

郭子仪精于谋略，用兵持重，治军宽严得当，深得部下敬服。他历事玄宗、肃宗、代宗、德宗四朝，勤于职守，对维护唐王朝统治起了重要作用。

彻底胜利。所以他亲自到回纥军营进行谈判，最终用分化手段拉拢了回纥，与之共同击败了吐蕃，迫使吐蕃退兵。

郭子仪戎马一生，屡建奇功。但他从不居功自傲，依然忠勇爱国，宽厚待人，所以"权倾天下而朝不忌，功盖一代而主不疑"。唐建元二年（781年）6月10日，郭子仪辞世，享年84岁，唐德宗沉痛悲悼，下诏书高度评价和追念他。

■ 抗金名将岳飞

岳飞出生在一个农民家庭，从小随父亲在农田里劳动，体格健壮，臂力过人。他生性寡言少语，但很有志气，终日勤学骑射，练就了一身武艺。在母亲姚氏的教诲下，岳飞脑海里深深地刻上了忠君报国、忧国忧民、以天下为己任的信念。长大后，岳飞先后四次从军，抗击金兵，在战场上奋勇杀敌、屡立战功。他遵照朝廷命令，剿灭了江淮匪帮，镇压了一些农民起义。在这个过程中，岳飞制定了严格的军纪，无论亲疏，一视同仁，训练出了著名的"岳家军"。

1130年，金军南下，岳飞主动迎击金军，在建康城外与金军展开一场大战。建康通判钱雷率乡兵从敌后杀出，与岳家军配合夹击金军，金军溃败，尸横遍野，大小将官170余人被杀，岳飞乘势收复建康。岳家军的英勇使金军闻风丧胆，金大将兀术再也不敢轻易进犯江南。1140年，金军猛攻河南诸地，岳飞受命支援，亲率一路岳家军驻于郾城，与兀术及龙虎大王所率金军决战，最后重创金精锐拐子马。随后岳飞又在颍昌击败金军，并驱军抵达朱仙镇（今河南开封县西南）。然而皇帝赵构害怕岳飞连连取胜，最终迎回被金人俘虏的徽、钦二宗，威胁到自己的帝位。而以奸相秦桧为首的投降派一直在为金人效劳，如果岳飞得胜，他们将性命难保。于是君臣互相勾结，一日连发十二道金牌，命岳飞班师回朝。最后又诬陷岳飞策动兵变、企图谋反，在风波亭残忍地杀害了这位名将。

岳飞像

宋孝宗一即位，便下诏为岳飞平反昭雪，恢复岳飞、岳云的官爵，对二人依官礼改葬，并追谥岳飞为"武穆"，所以岳飞又被后人称为岳武穆。

张士诚：元末著名农民起义将领，盐贩出身。曾在高邮称"诚王"，国号大周。后投降元朝，成为割据浙西的一大势力。被朱元璋军俘虏后自缢而死。

中国名人篇

■ 正气浩然的文天祥

文天祥，吉州庐陵（今江西吉安）人，南宋杰出的政治家和爱国诗人。他幼时就十分倾慕忠臣欧阳修和胡铨，立志向他们学习。1256年，20岁的文天祥考中进士。在殿试中，他下笔万言，一挥而就，被皇帝钦点为状元。当时的大臣王应麟称赞其考卷为"古谊若龟鉴，忠肝如铁石"。

1259年，元兵大举入侵南宋。当时奸相贾似道掌权，文天祥空有御敌之策，却不被采纳。1274年，元军进逼临安（今浙江杭州）。文天祥散尽家财，招募了一万勤王兵，苦心进行抗元斗争。1276年正月，他以右丞相名义赴元营谈判，被元相伯颜扣留，后在京口得到了船工的帮助而逃脱。此后又与陆秀夫共立赵王赵昺为帝，坚持抵抗元军，不幸于海丰兵败被俘。

南宋灭亡后，文天祥被押解至大都（今北京）。他强忍丧国之痛，在狱中写出了不少诗篇，《指南后录》第三卷、《正气歌》等气壮山河的不朽名作都是在此时写出的。元世祖忽必烈欣赏忠臣的傲骨，以宰相之职引诱文天祥投降，

文天祥不为所动。忽必烈无奈，遂于1283年将文天祥杀害。

正气浩然的文天祥一直被后世看作是热爱祖国的杰出人物，英名永垂青史。其诗作《过零丁洋》中的名句"人生自古谁无死，留取丹心照汗青"，更是他坚贞的民族气节和顽强的战斗精神的写照。

文天祥祠内的枣树

北京文天祥祠位于交道口北兵马司的府学胡同，院内有一株文天祥亲手种植的枣树，树干斜倾指向南方，让人想到他的诗句："臣心一片磁针石，不指南方誓不休。"

■ 徐达：明代开国第一武将

徐达，字天德，出身农家，少有大志，是明朝开国皇帝朱元璋的老乡，22岁时就参加了起义。此后他跟随朱元璋南征北战，渡长江，跋采石，与陈友谅大战鄱阳湖，后来又活捉张士诚，可谓战功卓著，诸将均不能与之相比。徐达对朱元璋极为恭谨，在外作战，每策必报朱元璋，可谓忠心耿耿。

1367年10月，朱元璋命徐达为征虏大将军，常遇春为副将军，率领20多万大军北伐。徐达在檄文中提出了"驱逐胡虏，恢复中华，立纲陈纪，救济斯民"的口号。此时的元朝皇帝信任喇嘛僧，沉湎于迷信与声色之中，只靠几支地方武装支撑残局，其统治已摇摇欲坠。1367年12月，朱元璋正式登上帝位，并于次年改元洪武，国号为明，定都应天府。7月，徐达沿运河北上，大破元军，攻入北京地区。元顺帝率后妃、太子弃大都北逃，逃到上都。8月初，徐达率领明朝军队进入大都，统治中国近百年的元朝至此灭亡，徐达遂成为明代第一开国武将。徐达刚毅武勇，治军严明，一生屡统大军转战南北，功高而不自傲，被朱元璋誉为"万里长城"。

【百科链接】

殿试：也叫廷试，科举制度中最高一级的考试，唐代武则天首创，宋太祖时成为定制。殿试分三甲，一甲三人；第一名称状元，第二名称榜眼，第三名称探花。

文天祥像

文天祥（1236～1283年），原名云孙，字宋瑞，又字履善，号文山，吉州庐陵（今江西吉安）人，南宋杰出的政治家和爱国诗人。

鸳鸯阵：十二人一队，最前为队长，负责指挥，次二人一执长牌、一执藤牌，再二人手执狼筅，再四人手执长枪，再二人手执短刀，最后一名负责伙食。

▶ 抗倭英雄戚继光
▶ 收复台湾的郑成功

■ 抗倭英雄戚继光

明朝中后期，日本处于分裂状态，一些武士、失意政客和浪人失去了依托，于是盘踞在中国境内的海岛上。他们掠夺财富，互相争战，还常常支持和勾结海盗在海上抢夺中国人的物资。倭寇的侵掠骚扰，给东南沿海地区人民的生活和生产带来了极大的危害。

在倭寇长期为患之时，明朝抗倭名将戚继光开始崭露头角。戚继光，字元敬，山东登州人，从小喜欢兵法，并通晓经史大义，年轻时曾考中武举人。为平定倭患，戚继光先后前往山东、浙江进行抗倭斗争。到浙江以后，戚继光鉴于明军有不习战阵的弱点，亲赴俗称"剽悍"的义乌招募农民和矿工，组织训练了一支3000多人的新军。他治军有方，教育将士要杀贼保民，命他们严格练习自己创制的"鸳鸯阵"。新军将士英勇善战，屡立战功，被誉为"戚家军"。此后戚继光相继取得了慈溪、台州大捷，全歼侵犯浙江的倭寇。后来，倭寇又到福建沿海骚扰，戚继光又率军开赴福建、广东抗倭前线。他率领军队直插倭寇的大营，乘敌人不备，将其全部消灭。时人称赞戚继光："足称振古

戚继光像

戚继光戎马一生，擅长练兵育将，他不仅抗击倭寇战功卓著，而且撰有《纪效新书》《练兵实纪》等明代著名兵书，受到兵家的推崇。

【百科链接】

倭寇　古代日本海寇。日本古称倭奴国，故中国古代史籍将日本海寇以及后来与之勾结的内陆奸民通称为倭寇。

之名将，无愧万里之长城。"

■ 收复台湾的郑成功

台湾自古以来就是中国的领土。17世纪初，荷兰称霸海上，实行殖民扩张。1624年，荷兰入侵占了台湾西南海岸安平湾一带，修筑赤嵌城和台湾城；以后又和西班牙殖民者进行了长达15年的争夺，最终于1641年独占台湾。荷兰殖民者强迫汉族农民和少数民族猎户交纳重税，利用基督教和荷兰语对台湾人进行奴化教育，还把台湾人民掠卖到爪哇去当奴隶。台湾人民展开了多次斗争，最后在郑成功的领导下完成了驱逐荷兰殖民者的大业。

郑成功，本名森，字明俨，号大木，福建泉州南安人。其父郑芝龙投降清朝后，郑成功不肯跟从，并以金门、厦门为基地，组织抗清力量。1661年，郑成功为扭转被清军夹击的被动局面，决意驱逐台湾的荷兰侵略者，然后将台湾作为抗清根据地。3月，郑成功率军由金门出发，历经风浪，于4月初驶入台湾鹿耳门。不久，郑军攻克赤嵌城，荷兰侵略者退守台湾城。4月26日，郑成功写信给荷兰总督揆一，申明"台湾者，中国之土地也"，让揆一退出台湾。揆一不从，郑军便围困台湾城，切断城内水源，并屡败荷兰援军。揆一无奈，最后于12月3日出降。郑成功成功驱逐了荷兰殖民者，收复了台湾，并在当地大兴屯田，招集福建、广东人民前来开荒，使台湾农业经济迅速发展。

郑成功收复台湾的壮举，使他成为我国历史上杰出的民族英雄。

郑成功巨型石像

这尊郑成功石像位于福建厦门鼓浪屿东部海滨，高15.7米，重1617吨，由23层625块"泉州白"花岗岩精雕而成。

▶ 力主禁烟的林则徐
▶ 与舰同沉的邓世昌

穆彰阿：字子朴，号鹤舫，满洲镶蓝旗人，出身于满族官僚家庭，深受道光信任，担任军机大臣长达20年之久，在禁烟运动和鸦片战争期间，力主维持鸦片走私现状和对外妥协，是投降派的首要人物。

中国名人篇

■ 力主禁烟的林则徐

1820年以后，英国资产阶级利用鸦片来冲击中国的贸易市场，以获取不义之财。由于鸦片输入的急剧增加，中国的白银大量外流。更为严重的是鸦片的泛滥极大地摧残了吸食者的身心健康，如任其发展下去，中华民族必将面临灭亡的危险。而阻止这场灾难的，就是力主禁烟的民族英雄林则徐。

林则徐像
　　在中华民族即将沦为半殖民地的紧要关头，林则徐挺身而出，坚决禁烟，抵抗外国侵略，捍卫了国家主权和领土。他还主张学习西方先进技术，发展民族工商业，不愧是中国近代首屈一指的民族英雄。

　　林则徐，字元抚，出身于士大夫之家，幼年时就以机警聪慧著称。1837年，林则徐出任湖广总督。当时鸦片流毒海内，官吏军民皆受其害。他在辖区内严禁鸦片，成效显著。此后，林则徐上书请求禁止鸦片的销售，否则"数十年后，中原几无可以御敌之兵，且无可以充饷之银"。道光帝极为重视林则徐的意见，命其为钦差大臣，节制广东水师，负责禁烟。

　　1839年，林则徐联合两广总督邓廷桢缉查烟贩，收缴鸦片237万余斤，于广州虎门焚毁，焚毁时间持续40余日，人心为之大快。史书上将此事概括为"虎门销烟"，写下了中国近代史上光辉的一笔。同时，林则徐会同水师提督关天培积极筹备海防，加强练兵，屡次打退挑衅的英军，维护了国家主权和民族的尊严，成为中国近代史上著名的民族英雄和爱国者。

　　1840年6月，英国发动鸦片战争，久攻广州不下，遂北上攻占定海。林则徐遭投降派首领穆彰阿诬陷，被革职。1850年，林则徐病逝于广东普宁县。

■ 与舰同沉的邓世昌

　　邓世昌，字正卿，广东番禺人。1867年入马尾船政学堂驾驶班学习，1874年以优异的成绩毕业，并被船政大臣沈葆璋授予五品军功，任命为"琛航"运船帮带。次年，邓世昌又任"海东云"炮舰管带，时值日本派兵侵犯台湾，他奉命巡守澎湖、基隆，后升任千总。

　　1894年，中国和日本之间爆发了甲午战争。这年9月的一天，日本舰队突然袭击中国舰队，黄海海战打响了。清朝负责指挥的旗舰被击中，大旗被击落。邓世昌立即下令在自己的舰上升起旗帜，吸引住敌舰。他指挥的致远号在战斗中最英勇，前后火炮一齐开火，连连击中日舰。日舰包围过来，致远号遭到重创，开始倾斜，炮弹也打光了。邓世昌感到最后时刻到了，就对部下说："我们就是死，也要壮出中国海军的威风！现在报

邓世昌像
　　邓世昌牺牲后，举国震动，光绪帝垂泪亲撰挽联"此日漫挥天下泪，有公足壮海军威"，并赐邓世昌"壮节公"的谥号，同时追封其为"太子少保"。

国的时刻到了！"他下令开足马力向日舰吉野号冲过去，要和它同归于尽，这大无畏的气概把日本人吓呆了。

　　不幸的是，致远号被鱼雷击中，船体爆炸，沉入海底，200多名官兵大部分牺牲。邓世昌曾被部下用救生圈救起，可他见部下都没有生还，便毅然扔掉救生圈，并说："我立志杀敌报国，今死于海，义也，何求生为！"他的爱犬"太阳"亦游至其身旁，口衔其臂想救主人，邓世昌誓与军舰共存亡，毅然按犬首入水，自己亦沉没于波涛之中，与全舰官兵一同壮烈殉国。

司寇：古代主刑狱之官，主要职责是驱捕盗贼和据法诛戮大臣。春秋时，周王室和鲁、宋、晋、齐、郑、卫、虞等国都设有此官职。

▶ 道家创始人老子
▶ "至圣先师"孔子

历代思想家

■ 道家创始人老子

老子约生于公元前571年，姓李名耳，是我国古代最著名的哲学家之一。关于老子的生平，文献记载很少，我们只知道他是楚国苦县（今河南鹿邑）人，曾担任过周朝掌管文献典籍的史官。

老子是中国古代思想家中第一位用哲学的眼光来探索世界本原的人。他观察天下万物，注意一切变化之"象"，认为天下万物的本体是"道"，道先于天地而生，没有意志，也没有形状，然而却是天下万物的根源。老子的政治主张是回到"小国寡民"的时代："人复结绳而用之，甘其食，美其服，安其居，乐其俗，邻国相望，鸡犬之声相闻，民至老死不相往来。"这种政治理想带有明显的消极落后的成分，是不足取的。

相传老子曾撰写五千言，分上、下篇，上篇为《道经》，下篇为《德经》，故又合称《道德经》。老子的主要思想，都保存在《道德经》中。老子在书中详细地阐述了道家的自然无为思想，对事物之间的矛盾有着深刻认识，留下了不少反映朴素辩证观点的名言，如"祸兮福之所倚，福兮祸之所伏"等句子，极富哲理性。

此外，《道德经》语言精练，运用大量排比、对偶句式，文学性极强，对后世文学影响也很大。

■ "至圣先师"孔子

孔子名丘，字仲尼，春秋后期鲁国人。他创立了儒家学派，对中国封建社会产生了巨大而深远的影响，其主要言论思想保存在《论语》一书中。后人常把孟子与他并提，以"孔孟"来指代儒家学派。

孔子出身并不高贵，曾做过主管仓库的小吏，也做过管理畜牧牛羊的"乘田"，后来才做到了鲁中都宰、司寇等。当时鲁定公沉迷享乐，不理政事，孔子多次劝谏都毫无效果，便带着弟子们离开鲁国，开始周游列国。孔子晚年重新返回鲁国，专心从事著述和教育事业，并开办了私学，打破了"学在官府"的成例，首开私人讲学之风。

孔子是伟大的思想家，其思想体系的核心是"仁"，所谓"仁"就是"爱人"，即关心、爱护他人。孔子宣扬"仁"的目的是想用它来作为阶级矛盾的缓和剂。政治上，孔子主张"节用而爱人，使民以时"，反对统治者横征暴敛或用残酷的手段统治人民。他所创立的思想体系对中国文化的各个方面都产生了巨大影响，孔子也由此成为中华传统文化的杰出代表。儒家学说在汉代被确立为中国封建文化的正统，统治思想界近2000年之久。历代封建统治者都尊孔子为"圣人"，后人则称他为"万世师表"，表现了对他的无比的景仰之情。

【百科链接】

《论语》：
一本语录体的儒家经典，比较忠实地记述了孔子及其弟子的言行，集中地反映了孔子的"仁""礼""义"等思想。

孔子像
在中国5000年的历史中，孔子可以说是对华夏民族性格、气质产生最大影响的人。他在世时已被誉为"天纵之圣""千古圣人"，在后世也被尊为"至圣先师"和"万世师表"。

墨家鼻祖墨子

墨子名翟，战国初年的学者、思想家，墨家学派的创始人，墨家学说和儒家学说一样，都是当时的"显学"。

墨子的事迹在《荀子》《韩非子》《庄子》《吕氏春秋》《淮南子》等书中都有记载，但其思想主要保存在《墨子》一书中。《墨子》是墨家学派的著作总集，现存15卷53篇，是研究墨家学说的珍贵资料。

墨子铜像
墨子故里山东滕州建有墨子国际研究中心，此塑像置于研究中心门外，体现出墨子芒鞋竹杖、四处奔走的精神风貌。

墨子共有十项思想主张：兼爱、非攻、尚贤、尚同、节用、节葬、非乐、天志、明鬼、非命，其中以"兼爱"为核心，以"节用、尚贤"为基本点。墨子曾长期奔走于各诸侯国之间，宣传其"兼爱非攻"的理想，并在聚徒讲学的基础上组织起了一个墨家集团。

墨家学派约产生于战国时期，是一个纪律严密的学术团体，其首领称为"矩子"。学派成员到各国为官时都必须推行墨家主张，所得俸禄亦须向团体缴纳一定比例。墨家学派的学术思想有前后期之分，前期思想主要涉及社会政治、伦理及认识论问题；后期思想主要涉及逻辑学，在中国哲学史和逻辑史上占有重要地位。

"亚圣"孟子

孟子名轲，字子舆，鲁国邹（今山东邹县）人，战国中期儒家学派的领袖。他是继孔子之后的儒学代表人物，被世人称为"亚圣"。孟子继承了孔子的政治思想体系，主张行仁政，反对兼并战争，并提出"民贵君轻"等进步主张，在人性问题上则提出过"性善论"。

孟子与其弟子合著了《孟子》一书，书中记载了儒家学派的思想和政治言论。《孟子》采用语录体，属诸子哲理散文，后成为"四书五经"之一。书里的文章逻辑性极强，语言清畅流利、气势磅礴，具有极强的论战性质，很富鼓动性，在文学史上有深远的影响。

西汉司马迁、唐宋八大家以及清代桐城派代表人物方苞、姚鼐等，都十分推崇《孟子》，在作品中对它也都有不同程度的借鉴。孟子给人印象最深的地方，就是他的雄辩，他常常能够准确把握对方心理，从而循循善诱，引导对方不知不觉地投到自己预先设置的陷阱中来，一旦对方落入陷阱，孟子便铺张扬厉，纵横恣肆，步步紧逼，不给对方留有任何反驳的机会，最终使对方心悦诚服。

【百科链接】

性善论：
孟子提出"性善论"，认为人的本性是善良的，善性是人的第一性，所以统治者应该实行仁政——以不忍人之心，行不忍人之政，即用怜悯体恤别人的心情，施行怜悯体恤百姓的政治。

孟母三迁
孟子小的时候，他的寡母倪氏为了给他创造一个好的学习生活环境，曾经三次搬家，用心良苦，终于将他培养成为儒学大师。"孟母三迁"的故事也流传至今。

稷下学宫：战国时齐桓公为聚集人才，在齐都临淄西门外创建的学宫（学校）。学宫各个学派并存，学术氛围浓厚，随着秦灭齐而消亡。

▶ 逍遥游的庄子
▶ 儒家大师荀子

■ 逍遥游的庄子

庄子（约公元前369~前286年），名周，字子休，战国时期道家学派的代表人物，宋国蒙（今安徽蒙城）人，做过漆园小吏，家境清贫。但当楚威王以厚礼相聘时，他又坚决不肯接受，甘愿过着安贫乐道的生活。在学术上，庄子继承和发展了老子"道法自然"的学说，认为"道"无处不在，强调事物的自生自灭，否认神的存在。庄子主张齐物我、齐

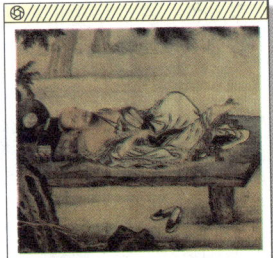

梦蝶图

庄子是战国时期道家学派的代表人物，这幅画取材于"庄周梦蝶"的典故，表现了"不知周之梦为蝴蝶与？蝴蝶之梦为周与"的意境。

是非、齐大小、齐生死、齐贵贱，幻想达到"天地与我并生，万物与我为一""安时处顺，逍遥自得"的超我主观精神境界。

传说某一夜，庄子梦见自己变成了蝴蝶。梦醒后，他开始怀疑：是自己在梦中变成了蝴蝶，还是蝴蝶做梦变成了自己？最后庄子感悟到无论自己还是蝴蝶，本质上都只是虚无的道，并没有什么区别。这就是著名的齐物思想。

庄子曾著书十万余言，现存《庄子》一书。这部文献的出现，标志着我国的哲学思想和文学语言，在战国时代已经发展到非常玄奥、高深的水平。

【百科链接】

鱼乐之辩：
一天，惠子与庄子在濠水上游春，庄子说："鱼儿悠然自得，是多么快乐！"惠子说："你不是鱼，怎么知道鱼很快乐？"庄子说："你也不是我，怎么知道我不知道鱼快乐？"

■ 儒家大师荀子

荀子，本名况，战国末年儒家学派最有影响的人物。他学识渊博，曾在齐国稷下学宫讲学，并成为稷下首领。当时许多人都十分仰慕他的学问，就尊称他为"卿"，所以荀子也叫荀卿。后来为了避汉宣帝刘询讳，人们又改称他为孙卿。

荀子像

战国末期两位最著名的思想家——韩非、李斯都是荀子的入室弟子，由于这两人都是法家的代表人物，所以历代都有学者对荀子属于儒家学派的说法提出质疑。

荀卿是战国末期儒家之集大成者，也是先秦唯物主义思想的集大成者。他提出了"天行有常"的朴素唯物论和"制天命而用之"的人定胜天的思想。他与弟子著有《荀子》32篇，其中以《劝学》《天论》等最有代表性，也最有影响。

荀子生活在战国末期，诸子各派的思想学说均已出现，这使得他不仅能借鉴诸子思想，又可以进行批判和比较，所以荀子的思想非常丰富。

荀子的思想学说以儒家为本，兼采道、法、名、墨诸家之长，并在人性论、道德观、政治学等多个方面，都有很大的建树。例如在人性这一问题上，孟子主张人性本善，荀子却与之相反，提出"性恶论"。荀子认为人的本性是"恶"的，人生来就有贪利、怀恨的性情和对于衣食声色的贪欲，如果任这种与生俱来的性格与贪欲自然发展，人们之间就必然产生互相争夺、互相残害和淫乱等恶行，破坏社会的秩序和道德，引发暴乱。因此，荀子主张实行法治和君主集权，用礼义教化和刑罚来加强统治。主张王霸并用，德治和法治结合，是荀派儒学的最大特点。

- 集法家大成的韩非
- "独尊儒术"的董仲舒

公羊学：研究以《公羊传》解释《春秋》的学问。《公羊传》或称《公羊春秋》，相传为战国时齐人公羊高所著，专门阐释《春秋》。

中国名人篇

■ 集法家大成的韩非

战国时期，商鞅、申不害及慎到都是法家的非常有名的代表人物，他们各自的著作《商君书》《申子》《慎子》影响也很大，但法家集大成的人物则是韩非。

韩非是战国末年著名的法家学者，"喜刑名法术之学"，韩国贵族出身，口吃，不善言谈而善著述。早年就学于荀况门下，与秦相李斯是同学。韩非的文章说理精密，文锋犀利，议论透辟，推证事理往往切中要害。比如《亡征》一篇，分析国家可亡之道达47条之多，实属罕见。秦王嬴政十分欣赏韩非的才干，于是用武力胁迫韩王送他入秦。但韩非入秦后遭李斯谗言，年纪轻轻就冤死狱中。

韩非的遗著有《韩非子》55篇，是集法家思想之大成的代表作。《韩非子》以法为本，将法、术、势结合起来，发展了法家思想，鼓吹加强君主集权、以吏为师、以法为教、厉行赏罚、奖励耕战。这些实际上是创立专制主义中央集权制度的秦王朝的理论基础，对后世影响颇大。韩非和法家在法理学方面做出了巨大贡献，对于法律的起源、本质、作用以及法律同社会经济、国家政权、伦理道德的关系等基本的问题都做了卓有成效的探讨。但是法家思想也有不足的地方，如过分夸大了法律的作用，强调用重刑来治理国家等。

> **滥竽充数**
> 《韩非子》一书是先秦法家的代表作，其特点是善于运用有趣的寓言故事，将道理讲得形象生动，通俗易懂，书中的许多寓言脍炙人口，广泛流传。比如"滥竽充数"的故事，千百年来一直为人们所津津乐道。

■ "独尊儒术"的董仲舒

董仲舒是西汉中期儒家学派的大师。他自小攻读《春秋》，景帝时期做过博士官。汉武帝继位后，征召"贤良文学之士"，董仲舒以公羊学大师身份应召，多次给武帝上书。针对武帝的提问，他曾连上三策来作答，即有名的"天人三策"。董仲舒宣扬经过改造的新儒家学说，认为它是夏商周三代各得以统治天下数百年的指导思想，而法家理论则是导致秦朝二世而亡的罪魁祸首。

汉初百业凋零，统治阶级的主要任务是恢复生产，稳定封建统治秩序。因此，在治国思想上，主张清静无为的黄老之学受到重视。武帝即位后，社会经济已得到恢复和发展，国家力量日渐强大，与此同时，农民和地主阶级之间的矛盾也逐渐加剧。所以，从政治、经济方面强化专制主义中央集权制度，成为封建统治者的迫切需要。于是汉武帝接受了董仲舒的建议，将儒术与刑名法术相糅合，运用"霸王道杂之"的手段来统治国家。此后，儒学获得了独尊地位，成为正统的封建统治思想，影响中国社会数千年之久。

> **董仲舒像**
> 董仲舒提出了"天人感应"学说，将儒学神学化，为当时的封建制度提供了主要的理论根据，因而被尊为"群儒之首"，成为汉代和中国整个封建社会的重要理论家。

> 【百科链接】
> 《春秋》：
> 鲁国的编年史，曾经过孔子的修订。该书记载了从鲁隐公元年（公元前722年）到鲁哀公十四年（公元前481年）鲁国的历史，是中国现存最早的一部编年体史书，也是儒家经典之一。

国学："国学"一说，产生于西学东渐、文化转型的20世纪初期。一般是指以儒学为主体的中华传统文化与学术。

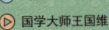
- 理学大家朱熹
- 国学大师王国维

■ 理学大家朱熹

朱熹，字元晦，号晦庵，祖籍徽州婺源，南宋著名的哲学家、教育家。他继承并发展了程颢和程颐的理学思想，并利用北宋思想家张载关于"气"的学说，建立了一个客观唯心主义的哲学体系，成为程朱理学之集大成者。朱熹的著述有《朱子语类》《晦庵文集》和《朱子遗书》等。

朱熹是继孔子之后对中国社会影响最大的哲学家，其哲学体系中最基本的范畴是"理"。他认为"理"是万物之源，而"气"是构成万物的材料。在两者的关系上，他肯定理是第一性的，气是第二性的。但对具体事物而言，他又认为理与气是同时存在、密不可分的。朱熹又强调事物的对立与差别，认为它们是无法改变的，并以此来论证封建等级制度的永恒性。他为了弥补其唯心主义的漏洞，采用了唯物主义的概念，使其学说显得更为严密。但是，朱熹把人欲看成是一切罪恶的根源，主张"去人欲，存天理"，实际是在宣扬封建社会的伦理纲常。因此，朱熹的理学思想符合统治阶级的利益，自宋代以后就成了封建社会的正统思想。

1177年，朱熹完成了《论语集注》和《孟子集注》，后又于1189年完成了《大学章句》《中庸章句》。1190年，朱熹在福建漳州做官时，首次将这四部书汇集成一本，刊行于世，称为《四书集注》，"四书"之称从此开始。《四书集注》是朱熹哲学思想的重要代表作，也是中国宋明理学的权威性著作，为历代学者所重视，影响极其深远。

■ 国学大师王国维

王国维，字静安，号永观，浙江海宁人，中国近代著名学者，杰出的古文字、古器物、古史地学家，著名诗人和文艺理论家、哲学家，是一位享有国际盛誉的国学大师。鲁迅先生一向苛以誉人，但却在文章中写道："他（王国维）才可以算一个研究国学的人物。"郭沫若则把王国维先生称为"新史学的开山"，足见评价之高。

1877年，王国维出生于浙江海宁的书香世家，16岁时就考中了秀才。1894年，中日甲午战争中清军战败，王国维极为震动，开始主动了解西方科学，此时的他已打下了极为深厚的国学底子。1907年起，王国维任学部图书局编辑，从事中国戏曲史和词曲的研究，著有《宋元戏曲考》《人间词话》等。王国维重视小说、戏曲在文学上的地位，开创了学术界研究戏曲史的风气，对当时的文艺界也颇有影响。1913年起，王国维转治经史之学，专攻古文字学、古器物学、古史地学，还做了很多古籍的校勘注疏工作。

王国维治史严谨，考证精湛，信而有征，不囿成见，主张以地下史料参订文献，多能发前人所未发，对史学界有开一代学风的影响。后来他就任清华大学的教授，以其精深的学识、笃实的学风、科学的治学方法和朴素的生活方式影响了无数清华学人，培养和造就了一批文字学、历史学、考古学方面的专家学者。

1927年6月，国民革命军北上时，50岁的王国维在其学术声誉到达顶峰之际，留下了"经此世变，义无再辱"的遗书，投颐和园昆明湖自尽，为国学史留下了最具悲剧色彩的"谜案"。

【百科链接】

二程：
北宋的程颢、程颐两兄弟对理学的发展起了突出作用，他俩在少年时代共同受业于周敦颐，后成为宋朝理学的代表人物。

朱熹像
朱熹的学术思想在元、明、清三代一直是受封建统治者极力推崇的正统思想，也是他们巩固封建统治秩序强有力的精神支柱。

Part 4

外国名人篇

马都克：巴比伦神话中征服混沌和开天辟地的创世英雄。传说他将一个白痴神杀掉后，用其当作材料来制造人类，使得人类一开始就有神性，也就是灵魂。

- 汉谟拉比：第一部法典的颁布者
- 波斯之王大流士一世

君王与统治者

■ 汉谟拉比：第一部法典的颁布者

汉谟拉比是古巴比伦城邦的第六任国王，公元前1792至前1750年在位。汉谟拉比十分勤政，他兴修水利，奖励商业，并建立了一支常备军，制订了雄心勃勃的征服计划。从公元前1787年起，汉谟拉比开始了统一两河流域之路。35年后，除了北方强悍尚武的亚述和他庇护下的埃什嫩之外，两河流域已基本统一在汉谟拉比的铁腕下。这时的巴比伦帝国，文化也极度繁荣，天文历法、建筑、艺术等都到达了上古文明的一个顶峰。但真正令汉谟拉比名垂千古、历经3000多年之久仍然家喻户晓的是《汉谟拉比法典》。

《汉谟拉比法典》是迄今为止所发现的人类历史上第一部比较完备的成文法典。其全文铭刻在一根两米多高的黑色大石柱上。它原置于巴比伦的马都克神庙，约在公元前12世纪被埃兰人作为战利品带到苏撒，1901年被法国、伊朗考古队发现，现保存于巴黎的罗浮宫。法典石柱分为浮雕和文字两部分。浮雕为太阳神沙马什端坐在宝座上，文字共约8000字，是楔形文字，分为序言、正文和结语三部分。其序言充满神化和美化汉谟拉比的言辞；正文包括282条法律，涉及现代意义上的诉讼法、民法、刑法、婚姻法等内容，意在调解自由民之间的财产占有、继承、转让、租赁、借贷、雇佣等多种经济关系和社会、婚姻关系；结尾部分除继续对汉谟拉比歌功颂德外，还强调汉谟拉比法典原则的不可改变性。汉谟拉比法典的制定，标志着古西亚法律制度的进步和国家的成熟。

汉谟拉比法典石碑　这块珍贵的石碑于1901年12月，被法国人和伊朗人组成的考古队在伊朗西南的古城苏撒的旧址中发现，现存于法国罗浮宫。

【百科链接】

贝希斯敦铭文：
公元前522年，大流士一世建立起了世界上第一个地跨亚非欧三洲的大帝国。为了自我颂扬，他让人用埃兰文、波斯文和巴比伦文三种文字将自己的战绩刻在悬崖上，这些文字史称「贝希斯敦铭文」。

■ 波斯之王大流士一世

公元前6世纪初，波斯人居住在伊朗高原西南部（今法尔斯省），处于米底人的统治之下。公元前6世纪中叶，居鲁士率军攻打米底，打败了米底人。公元前539年，居鲁士入主巴比伦，新巴比伦灭亡，波斯帝国取而代之。

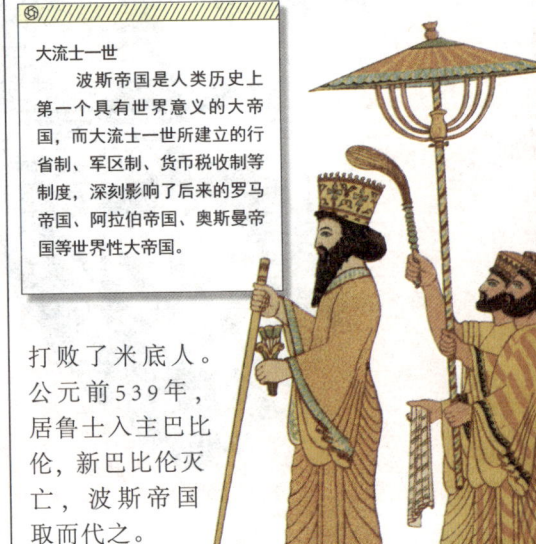

大流士一世
波斯帝国是人类历史上第一个具有世界意义的大帝国，而大流士一世所建立的行省制、军区制、货币税收制等制度，深刻影响了后来的罗马帝国、阿拉伯帝国、奥斯曼帝国等世界性大帝国。

小亚细亚：位于土耳其境内，主要由安纳托利亚高原和土耳其西部低矮山地组成。北临黑海，西临爱琴海，南濒地中海，东接亚美尼亚高原。

阿育王：孔雀王朝的统治者

外国名人篇

公元前522年，大流士一世继承了波斯王位。他在位的36年间，波斯帝国盛极一时。大流士一世登基当年，就以各个击破的策略，先后发动了18次战役，铲除了八大割据势力的首领。之后他又残酷镇压米底、埃及、巴比伦、埃兰、亚述等地的起义；接着向东入侵印度河流域，向西入侵色雷斯，控制小亚细亚半岛西端的赫勒斯滂海峡，从而成为第一个向欧洲扩张的东方君主。至此，波斯帝国的疆域西到埃及，东抵印度，南至波斯湾、阿拉伯，北到里海和黑海。大流士一世把军队编成万人团、千人团、百人队、十人队四种。士兵来自帝国各地，服装殊异，语言不通。他还组建了一支拥有近千只战船的舰队，使波斯成为亚洲一流的海上强国。此外，大流士一世还下令修筑了许多大道，这些道路不仅为战争服务，也利于通商和文化交流。功业显著的大流士一世骄傲地自称为"王中之王""诸国之王"，后人则尊称其为"铁血大帝"。

■ 阿育王：孔雀王朝的统治者

孔雀王朝是古代印度摩揭陀国的奴隶制王朝，由出身低贱的旃陀罗·笈多统一北印度后组建而成。旃陀罗·笈多出身于一个养孔雀的家族，因此人们后来就把他所建立的王朝叫作孔雀王朝。旃陀罗·笈多的孙子阿育王继位后，又发动了许多次战争。除印度半岛南端以外，他基本上统一了印度，使孔雀帝国到达极盛时期。

阿育王，又称"无忧王"，是一个专制君主。据说他曾专门寻找恶人帮他建立"人间地狱"，用以残害人民。他征服南方羯陵伽国的时候，羯陵伽有10万人死于战场，15万人被俘，还有几倍于此的平民死亡。伏尸成山、血流成河的场面深深地震撼了阿育王，他的恻隐之心被唤醒，他从此不再发动战争，而是

【百科链接】

羯陵伽国：
位于孟加拉湾沿岸，是南印度的一个军事强国，当时拥有步兵6万，骑兵1万，战象几百头；海外贸易也很发达，经济十分繁荣。

开始热心宣扬佛教。他派人四处宣扬佛教，使佛教有了进一步的发展。除了宣传佛教，阿育王还为老百姓做了许多好事，比如兴修灌溉工程、修筑道路、建立医院等。阿育王统治的40多年里，孔雀帝国国泰民安，在世界范围内享有很高的声誉。

不过，强大一时的孔雀帝国统治并不稳固，因为除了恒河和印度河流域中心地带以外，还有很多部落处于原始社会阶段，部落之间经济联系很少，关系极不稳定。所以阿育王死后不久，各地纷纷独立，印度又陷入长期分裂状态之中。

桑奇大塔

桑奇大塔是印度早期王朝时代的佛塔，位于印度中央邦首府博帕尔附近的桑奇村，始建于公元前3世纪。这种半球形的建筑物是后世佛塔的雏形，主要用于埋葬佛祖或圣徒的舍利子。

萨拉米斯：位于塞浦路斯，是古代一个重要的城邦国家，由特洛伊战争中的英雄所建，罗马时期被誉为"东方的大商场"，后毁于地震。

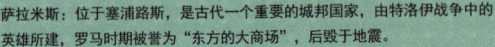
梭伦：古希腊改革家
军事天才亚历山大

■ 梭伦：古希腊改革家

梭伦是古代雅典著名的政治家和诗人，出身贵族。公元前600年，在雅典同麦加拉争夺萨拉米斯岛的战争中，梭伦以富有感染力的诗歌唤起雅典人争取胜利的勇气，在政坛初露头角。萨拉米斯战役后，梭伦声望大增，成为雅典最负名气和影响力的人物。这为他日后实现改革弊政的夙愿打下了坚实的基础。公元前594年，平民与贵族围绕土地和债务问题展开激烈斗争，内战似乎已不可避免。幸好梭伦此时当选为雅典城邦的第一任执政官，开始改革，并采取了一系列相应的措施：颁布解负令，废除一切公私债务和债务奴隶制；规定个人占有土地的最高限额；按财产划分社会等级，确定不同等级的义务和权利；建立民众法庭、400人议事会。这些措施沉重打击了贵族势力，为奴隶制民主政治的形式奠定了社会、经济和政治基础。他还禁止买卖婚姻，提倡婚嫁自主，鼓励就业，倡导节俭等。

梭伦改革是雅典城邦历史发展中的重要里程碑，奠定了雅典民主政治的基础。但由于他思想中庸，仅从调和矛盾出发，没有采取剥夺富人土地、财产以满足无地、少地公民的要求，因此既得罪了贵族，也引起了贫苦公民的不满。梭伦离职后到国外漫游，晚年从事写作，被誉为古希腊七贤之一。

梭伦像
梭伦既是政治家、军事家、改革家，同时又是著名的诗人，是古希腊七贤之一。

■ 军事天才亚历山大

公元前4世纪，希腊城邦开始走向衰败，而在它北部的马其顿王国却逐渐强大起来，并很快打败了希腊联军，控制了希腊。不久，马其顿国王的儿子亚历山大继承了王位，史称亚历山大大帝。20岁的亚历山大即位之初，人们以为他过于年轻，不一定能担当国王的重任，而事实却证明他是一位千年不遇的军事天才和伟大的帝王。

亚历山大成为马其顿国王后，以其雄才大略，东征西讨，先征服希腊，然后以马其顿、希腊联军最高统帅的身份，于公元前334年率领希腊人和马其顿人组成的步兵约3万人、骑兵约5000人大举东征。在远征时，他命令所有士兵"把世界当作自己的家乡"。亚历山大率军侵入了小亚细亚，在伊苏斯打败波斯，接着占领埃及，在埃及建立了著名的亚历山大港，然后又回师亚洲，攻占巴比伦等城市，消灭了波斯，掳获财宝无数。

后来，亚历山大进军中亚细亚，遭到当地游牧部落的反抗，无功而返；进军印度河流域又遭土著居民的顽强抵抗；再加上气候不适，士兵厌战，亚历山大被迫退回巴比伦。此后，亚历山大就以巴比伦为都城，在东起印度河，西至尼罗河和巴尔干半岛的领域内，建立了横跨亚非欧三洲的亚历山大帝国。

亚历山大一生征战无数，创下了前无古人的光辉业绩，促进了东西方文化交流和经济发展，对人类社会的进程产生了重大的影响。

亚历山大灯塔
亚历山大灯塔遗址在埃及亚历山大城边的法罗斯岛上，面积约930平方米，整座灯塔用花岗石和铜等材料建筑而成，灯的燃料是橄榄油和木材。这座无与伦比的灯塔，曾夜夜灯火通明，为无数入港船只导航，给舵手带来安全感。

外国名人篇

■ 恺撒大帝：宽容的独裁者

恺撒是古罗马著名的军事家、政治家。公元前60年，恺撒与军阀庞培、克拉苏结成反元老院的政治联盟，史称"前三头同盟"。公元前59年，恺撒任执政官，卸任后任高卢总督，征服了外高卢、不列颠，积累起大量个人财富，培养出一支私人军队。公元前44年，恺撒被推举为终身独裁官。元老院、公民大会在形式上虽然保存，但实际上一切听命于恺撒，他已经成为了罗马世界至高无上的主宰者。恺撒的独裁和改革遭到一部分元老贵族的坚决反对，代表人物有布鲁图和卡西乌斯。公元前44年3月，罗马元老院下令让恺撒以普通公民的身份从高卢战场返回罗马，最终他被以布鲁图为首的一群阴谋者用短剑刺死在会议大厅里。

恺撒一生，始终推行"宽容"政策。在政治上，他不同于其他古罗马政治家的显著特征之一就是他的"仁慈"。布鲁图曾经是恺撒政敌庞培的部下，后来被恺撒宽恕，并继续受到信任和重用。恺撒的宽容不仅体现在对敌斗争方面，也体现在他作为政治家对罗马民众的慷慨和仁慈，以及作为军事统帅对士兵的关爱和优待等方面，因此恺撒受到后人的高度敬佩。

恺撒大帝像

恺撒是古罗马统帅、政治家。他连年征战，曾任终身独裁官、执政官、保民官等职，兼领大将军、大祭司长荣衔，并被尊为"祖国之父"，成为无冕之王。其代表作《高卢战记》《内战记》是研究古罗马军事历史的重要文献。

■ 奥古斯都屋大维

恺撒死后，依然在民主派中存有广泛的影响，多年跟随他的军队都对他的遭遇表示同情。所以他的甥外孙屋大维经过一番纷争之后，最终继承了他的事业。

屋大维成为罗马唯一的统治者之后，罗马也开始由共和国向帝国转变，并产生了世界上最早的元首制。公元前28年，元老院授予屋大维"奥古斯都"的称号，要求全国人民像敬神一样敬奉他。

公元前27年，屋大维建立起罗马帝国，一身兼任元首、元帅，不仅多年连任执政官，而且还被赋予终身保民官的职权。这一时期，罗马帝国不断扩张，其统治疆域也达到了顶峰：在亚洲包括小亚细亚半岛、美索不达米亚北部，直到西奈半岛一带；在非洲直抵北非西部；在欧洲伸入不列颠和多瑙河以北的达西亚等地，地中海成为罗马的内湖。帝国还很善于吸纳外族、奴隶、敌人及野蛮人的诸多优点，使得自由之风在罗马城内盛行。后来罗马城市功能逐步完善，成为一座艺术之城，同时经济也得到了极大的发展，法律、度量衡和货币制度也都快速得到了统一。在此后的200年里，帝国一直保持着比较稳定的统治，经历了它的极盛时期，历史上称为"罗马的和平"。

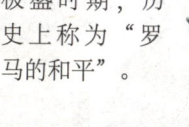

屋大维像

屋大维在内战结束后成为罗马唯一的统治者。公元前28年，他改组元老院，自任"元首"（首席元老），次年即宣布"交卸权力"，获"奥古斯都"（意为神圣者、至尊者）尊号，后世即以此称之。

都铎王朝：英国的封建王朝，1485年由亨利七世建立，历时118年后被斯图亚特王朝取代。王朝统治时期，英国资本主义迅速发展。

▶ 拜占庭皇帝查士丁尼
▶ 伊丽莎白一世

■ 拜占庭皇帝查士丁尼

查士丁尼是世界历史上影响最大的帝王之一，为延续了近千年之久的拜占庭帝国打下了稳固的基础，因此后人称其统治期间为拜占庭帝国的"第一次黄金时代"。

公元前395年，罗马帝国分裂。东罗马帝国的首都君士坦丁堡原来是由拜占庭扩建而成的城市，因此东罗马帝国在欧洲历史上又被称为拜占庭帝国。公元前527年，查士丁尼正式登上了拜占庭帝国的最高宝座。他在位期间，东罗马帝国国势日益强盛，其版图包括了巴尔干半岛、小亚细亚、两河流域上游、叙利亚、巴勒斯坦、爱琴海诸岛、北非东部一带。首都君士坦丁堡由于位于欧亚两洲交界处，海上贸易发达，经济发展十分迅速。为了更好地维护统治，查士丁尼还同他的大臣们制定了《查士丁尼法典》。

《查士丁尼法典》保留了奴隶法，肯定了妇女继承遗产的权利。最重要的是，法典强调了基督教的思想统治，确立了君权神授的原则，这标志着罗马法律已到了极其发达、完备的阶段。另外，法典的内容远比其他奴隶法更为详尽。它所确定的概念和原则具有措辞严格、确切和结论明晰的特点，尤其是它所提出的自由民在"私法"范围内平等、契约经当事人同意才生效、公民财产无限制私有等重要原则，均为后世法律的制定奠定了基础。

■ 伊丽莎白一世

英国都铎王朝时期的女王伊丽莎白一世，在历史上被誉为一代英主。她威严、冷峻、刚毅，终生未嫁，因此又被称为"童贞女王"。

伊丽莎白幼时天资聪敏，勤奋好学，受过有新教倾向的剑桥教师的教育，会讲法语和意大利语，通晓古典文化。1558年，年仅25岁的伊丽莎白登上了英国王位宝座。她即位时英格兰因宗教分裂等原因而处于混乱状态，但她不但成功地维护了英格兰的统一，而且经过近半个世纪的统治后，使英格兰成为欧洲最强大、富有的国家之一。

查士丁尼皇帝与廷臣
这是一幅精美的马赛克镶嵌画，画中人物身体比例被拉长，具有一种形在神不在的抽象风格，显得非常肃穆、庄严。

阿波罗：古希腊神话中最著名的神祇之一，主神宙斯与暗夜女神勒托所生之子，主管光明、青春、医药、畜牧、音乐等，是人类的保护神。

外国名人篇

"太阳王"路易十四

伊丽莎白鼓励英国的海盗活动，视之为打击西班牙和充实国库的重要手段，据说她还曾经直接为海盗船投资。1588年7月，西班牙无敌舰队远征英国，结果被打得大败。由于控制了海上霸权，伊丽莎白时代的英国遂达到极盛，经济繁荣，文化兴旺，出现莎士比亚、弗朗西斯·培根等文化名人。女王晚年时期，国内矛盾日趋尖锐，她曾多次处死清教激进派领袖。

伊丽莎白一世像

1603年3月24日，伊丽莎白一世因病去世，终年70岁。她曾说："朕希望，有一块大理石，上面刻着这样一些字句——有一位女王，她曾经在这一段时期统治过她的王国，她终生都是一位处女。"

伊丽莎白一世在英国历史上占有重要地位。她巩固了宗教改革的成果，维护了民族的团结统一，促进了资本主义的发展。由于取得了对西班牙战争的决定性胜利，英国一跃成为欧洲强国，在北美的殖民地亦在此期间开始建立。伊丽莎白一世的统治期在英国历史上被称为"伊丽莎白时期"，亦被称为"黄金时代"。

【百科链接】

无敌舰队

为了保障海上交通线和在海外的利益，西班牙建立了一支拥有100多艘战舰、3000余门大炮、数以万计士兵的强大海上舰队，这支舰队被西班牙人骄傲地称为"无敌舰队"。

1638年9月，路易十四诞生。他是法国国王路易十三的长子，5岁时就继任了法兰西国王。直到1715年去世为止，路易十四共统治了法国长达72年之久，是世界历史上执政时间最长的君主之一。

路易十四堪称"专制统治最完美的化身"。自1661年亲政之后，他紧紧地将大权掌握在自己手里，撤除了首相的职位，拒绝召开三级会议，还取消了高级法院对国王敕令的

路易十四像

路易十四身材矮小，为了显示君王的威严气势，他喜欢穿着自己发明的高跟鞋，并且头戴蓬松、披肩的长假发，后来这些都成为欧洲的时尚。

指摘权。路易十四发表过许多关于君主专制的精彩言论，而凡尔赛宫和巴士底狱则成为他一软一硬的两个统治工具。此外，这位皇帝多才多艺，热爱艺术，并通晓天文、地理、解剖学等学科。高乃依、莫里哀、拉辛代表了路易十四时代文化的昌盛，路易十四本人也被誉为"法国有史以来最伟大的艺术赞助者"。在希腊神话中，九位掌管艺术的缪斯女神的统领是太阳神，路易十四喜爱推广艺术，便常常称自己是太阳神阿波罗，是艺术的保护者，因此后人也称其为"太阳王"。

路易十四一生不断扩张，使法国成为当时欧洲最强大的国家和文化中心。在他的统治下，法国一度统治了欧洲，伏尔泰则把这个时期称为"路易十四的世纪"。由于法国炙手可热的国际地位，法语也取代了拉丁语成为欧洲外交场合的通用语言，各国的上流社会人士都以能讲一口流利的法语为时髦的标志。

客观唯心主义：唯心主义哲学的基本形式之一。认为某种客观的精神或原则是先于物质世界产生并独立于物质世界而存在的本体。

▶ 苏格拉底：思想的接生婆
▶ 柏拉图：设计理想国

西方思想家

■ 苏格拉底：思想的接生婆

苏格拉底是古希腊著名哲学家，对后世西方哲学产生了极大影响。他很喜欢在市场、运动场、街头等公众场合与各阶级的人谈论各种各样的问题。在辩论中，他通过问答形式使对方纠正、放弃原来错误的观念，产生新的思想。苏格拉底还非常善于辞令，经常把那些自认为知识渊博的浅薄之辈驳得目瞪口呆，因此，他在广大青年中享有很高威望，被誉为"思想的接生婆"。

公元前399年，有人控告苏格拉底反对民主政治，用邪说毒害青年，不尊敬城邦信奉的诸神，而且还引进新神。他因此被捕入狱。他发表了慷慨激昂的演说，宣称自己的言行不仅无罪，而且是有利于社会进步的，但他仍然被判了死刑。

苏格拉底一生没留下任何著作，其行为和学说，主要是通过他的学生柏拉图等人的记载流传下来的。后代哲学家往往把他作为古希腊哲学发展史的分水岭，将他之前的哲学称为前苏格拉底哲学。

苏格拉底像
苏格拉底与他的学生柏拉图及柏拉图的学生亚里士多德被合称为"古希腊三大哲学家"。他被后人公认为西方哲学的奠基者、当时最有智慧的人。

■ 柏拉图：设计理想国

柏拉图是古希腊最著名的思想家之一，客观唯心主义哲学的代表。他出身于雅典的名门贵族，自幼受到良好教育，后来师从苏格拉底，并深受其影响。

公元前386年，柏拉图在雅典近郊开办了一所学校，他一边教书，一边著书立说。他的政治思想主要反映在《理想国》和《法律篇》中。

《理想国》是一本对话体哲学著作。在这本书里，柏拉图认为国家应当由哲学家来统治，公民则应划分为卫国者、士兵和普通人民三个阶级。卫国者是少部分管理国家的精英，他们的位置可以被继承，但是其他阶级的优秀儿童也可以被培养成卫国者；而卫国者的后代也有可能被降级。柏拉图的理想国要求每一个人在社会上都有其特殊功能，以满足社会的整体需要。值得一提的是，在这个国家中，存在着完全的性平等，女人和男人有着同样的权利。

《理想国》一书为柏拉图生前的唯心主义哲学思想做了最为完整、系统的表述，在哲学史乃至人类思想史上都产生了广泛而深远的影响。

柏拉图像
柏拉图在雅典城西北创立了自己的学校，取名学园（Academy）。这是西方最早的高等学府，后世的高等学术机构也通常以此命名。

哈尔基斯：希腊城市，埃维亚州首府，位于爱琴海中的埃维亚岛西部，古希腊时代经济发达，以地处贸易往来的十字路口而著称。

外国名人篇

■ 博学的亚里士多德

亚里士多德出身于一个医生家庭，是古希腊著名哲学家和百科全书式的大学者。

公元前384年，亚里士多德到雅典求学，进入了柏拉图创办的学校，先当学生，后留校当了教授修辞学的老师。公元前343年，他又应马其顿王的邀请，担任年仅13岁的王子亚历山大的私人教师。公元前335年，亚里士多德回雅典自办学校，从事教学和学术研究。因为他经常同弟子在漫步时讲授和探讨问题，故人们戏称他的学校为"逍遥学园"。公元前323年，雅典人把反马其顿情绪发泄到他头上，亚里士多德被迫避祸于母亲的故乡哈尔基斯，次年逝于该地。

亚里士多德像

他是柏拉图的学生、亚历山大大帝的老师，百科全书式的科学家、哲学家，更是一位卓越的教育家。他的思想曾经统治过全欧洲，恩格斯称他是"最博学的人"。

亚里士多德的著作现存47部，包括《政治学》《伦理学》《修辞学》《诗学》《物理学》《动物志》等。他又是第一位把哲学同其他学科真正区分开来的人。亚里士多德极具个人思辨精神，他反对导师柏拉图的"理念论"，肯定客观世界的存在。在学术探索中，他的名言"真理高于吾师"成为了他尊重科学的精神写照。他的《政治学》和《雅典政制》是关于希腊政治体制、政治思想的重要史料，为西方政治学理论的形成奠定了基础。他本人更是被奉为与苏格拉底、柏拉图同等地位的思想大师。

■ 培根：科学新时代的先驱

弗兰西斯·培根是英国著名唯物主义哲学家，文艺复兴时期科学史上划时代的人物，被马克思誉为"英国唯物主义和整个现代实验科学的真正始祖"。

培根像

1626年3月，正在潜心研究冷热理论的培根路过一片雪地时，突然想做个实验。他把雪填进死鸡肚子，以观察冷冻对于防腐的作用，结果不幸感染风寒，支气管炎复发，病情迅速恶化，于1626年4月9日清晨病逝。

1561年1月，培根出生于伦敦的一个官宦世家，12岁时就被送入剑桥大学三一学院深造。后来父亲病亡，家道中落，培根为了生计不断奔波，也因此得以接触到社会的各个阶层。1605年，培根完成了两卷集《论学术的进展》，书中猛烈抨击了中世纪的蒙昧主义，论证了知识的巨大作用。后来培根又在逻辑学、美学、教育学等方面提出了许多新思想，著有《新工具》《论说随笔文集》等作品。

培根还是研究近代自然科学的先行者。他最早表达了近代科学观，阐述了科学的目的、性质以及发展科学的正确途径，并首次总结出科学实验的经验方法——归纳法，对近代科学发展有极大的指导作用。此外，他对经院哲学的科学观和传统逻辑思维方式的批判，也为自然科学的发展扫清了道路。

【百科链接】

《诗学》：

现存26章，主要是讨论悲剧和史诗的讲义。它是西方美学史上第一部最为系统的美学和艺术理论著作，对西方后世文艺理论和文学创作的发展产生过巨大影响。

比萨斜塔：位于意大利托斯卡纳省比萨城的奇迹广场上，始建于1173年，历经200年才完工，设计者至今未知。被联合国教科文组织评选为世界遗产。

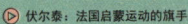

▶ 伽利略：近代科学之父
▶ 伏尔泰：法国启蒙运动的旗手

■ 伽利略：近代科学之父

伽利略是意大利伟大的物理学家和天文学家，也是科学革命的先驱。17岁时，伽利略遵从父命进入比萨大学学医。由于家庭经济困难，伽利略没有毕业便离开了大学。他在艰苦的环境下仍坚持科学研究，攻读了欧几里得和阿基米德的许多著作，并发表了许多有影响的论文，受到当时学术界的高度重视，被誉为"当代的阿基米德"。1590年，伽利略在比萨斜塔公开做了自由落体运动实验，证明物体下落速度与重量无关，从而验证亚里士多德的说法是错误的。这使统治人们思想长达2000多年的亚里士多德学说第一次发生动摇。

伽利略像

伽利略是意大利文艺复兴后期伟大的天文学家、力学家、哲学家、物理学家、数学家，也是为维护真理而不屈不挠斗争的战士。恩格斯称他是："不管有何障碍，都能不顾一切而打破旧说，创立新说的巨人之一"。

伽利略是第一位在科学实验的基础上，将数学、天文学、物理学三门学科融会贯通的科学巨人。他扩大、加深并改变了人类对物质运动和宇宙的认识，通过倡导实验和理论相结合，用实验来检验理论的正确性，开创了以实验为基础的、具有严密逻辑理论体系的近代科学。此外，为了证实和传播哥白尼的日心说，伽利略献出了毕生精力。正因为如此，他晚年受到教会迫害，并被判终身监禁。伽利略一生坚持真理、不畏强权，为近代科学的成长做出了巨大的贡献。他追求科学真理的精神，为后人所景仰，因此，人们将他誉为"近代科学之父"。

■ 伏尔泰：法国启蒙运动的旗手

伏尔泰是法国著名的哲学家、史学家、文学家，也是18世纪法国资产阶级启蒙运动的旗手和代表人物，被誉为"思想之王""法兰西最优秀的诗人""欧洲的良心"。他一生创作了数量众多的作品，代表作有史诗《亨利亚德》、历史著作《查理十二史》等。他的哲学著作《哲学通信》被人称为"投向旧制度的第一颗炸弹"。伏尔泰一生致力于反封建专制制度的斗争，主张由开明的君主执政，强调资产阶级的自由和平等思想，强烈批判天主教会的黑暗和腐朽。

【百科链接】

百科全书派：
18世纪法国启蒙思想家在编纂《百科全书》的过程中形成的派别。《百科全书》的主编是狄德罗，参加撰稿的有140余人，其中包括伏尔泰、卢梭、孟德斯鸠等著名学者。

1755年，伏尔泰在法国边境定居，开始了他反封建斗争的新阶段。他热情支持狄德罗等百科全书派学者，利用各种斗争形式抨击宗教狂热分子和封建王朝的罪行，推动了民主自由运动的发展。伏尔泰以他非凡的才智、锐利的思想以及对封建专制主义的深刻批判，在人民中间赢得了崇高的声望，并深深地影响了法国以及其他国家的众多思想家和领导人，所以人们称赞他为"启蒙泰斗"。

伏尔泰像

伏尔泰去世后，他的心脏被装在一只盒子里，存放在巴黎国家图书馆。盒子上写着伏尔泰的名言："这里是我的心脏，但到处是我的精神。"

> 辩证法大师黑格尔
> 弗洛伊德：精神分析学的创始人

辩证法：关于对立和统一、斗争和运动、普遍联系和变化发展的哲学学说，核心是矛盾论。也指与形而上学相对立的世界观和方法论。

外国名人篇

■ 辩证法大师黑格尔

黑格尔是德国古典哲学的集大成者，他一手建立起了西方哲学史上最庞大的唯心主义哲学体系，也是哲学发展史上第一个系统地阐述唯心主义辩证法的哲学家。

马克思在青年时代是黑格尔的信徒，他在自己的学说体系中保留了黑格尔哲学里若干重要的特色，其中最著名的就是辩证法。黑格尔在论述他的独特思想时，自始至终都贯彻了辩证法原则，恩格斯曾评价说："近代德国哲学在黑格尔的体系中达到了顶峰。在这个体系中，黑格尔第一次揭示了运动和发展的内在联系。"

黑格尔年轻时曾积极地参加学校里政治俱乐部的活动，同时期的法国大革命在他心中留下了深刻印迹，自由与民主的精神后来成为他毕生的追求。1806年，黑格尔完成了《精神现象学》，比较详细地阐明了自己的哲学观点，并且首次提及辩证法。之后，他又出版了《逻辑学》《哲学全书》等著作，从此声名鹊起。1816年，黑格尔应聘到柏林大学做哲学教授。此后的13年，黑格尔一直没有离开柏林大学，这一时期是他人生的鼎盛阶段，学术界形成了以他为中心的"黑格尔学派"。1829年，黑格尔就任柏林大学校长，两年后因霍乱在柏林去世。

黑格尔像

黑格尔的思想象征着19世纪德国唯心主义哲学运动的顶峰，对后世哲学流派，如存在主义和历史唯物主义都产生了深远的影响。

■ 弗洛伊德：精神分析学的创始人

1856年，西格蒙德·弗洛伊德出生在奥地利莫拉维亚的一个犹太商人家里，父亲是一名羊毛商。由于生活在犹太人受到疯狂排挤的时代，他们家经常受到反犹、排犹分子的迫害，小弗洛伊德由此在逆境中形成了自强不息、坚忍倔强的性格。成年以后，弗洛伊德在维也纳以神经病理学家的身份开办诊所，并兼任维也纳大学客座讲师。1900年，弗洛伊德出版了著名的《梦的解析》一书，打开了研究精神分析学的大门。1905年，弗洛伊德发表了《性学三篇》，提出"泛性论"。他认为人的性冲动从婴儿期就已经出现，而恋母情结是大多数精神障碍的症结。后来他的理论越来越受到人们的关注，一批著名的学者纷纷加入到精神分析学的研究当中。

1910年，在弗洛伊德的积极倡导下，国际精神分析协会成立，这标志着精神分析学派的最终确立。

弗洛伊德是精神分析学派的创始人，从根本上改变了人们对人类本性的看法，其影响远远超出了专业学术领域。人们对弗洛伊德一直毁誉参半，有人将弗洛伊德与爱因斯坦、哥白尼等人并列为文明史上最有影响力的人物，称他是"人类的领路人"；但另一方面，弗洛伊德也一直受到来自不同学术领域的众多恶伪的批评和指责。

弗洛伊德像

弗洛伊德的影响力不只体现在心理学领域，而且扩大至整个西方社会，他的《梦的解析》一书，曾被誉为"改变人类历史的书"。

国会：亦称议会，按照立法、司法、行政三权分立的原则组织起来，一般由上、下两院组成，是资产阶级民主制的重要组织形式，实际权力和作用不断变化。

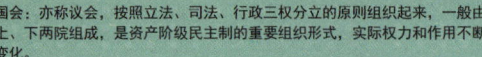
"护国主"克伦威尔
美国之父华盛顿

近现代政治伟人

■ "护国主"克伦威尔

克伦威尔是17世纪英国资产阶级革命时期的领袖、政治家、军事家。他生于英格兰东部亨廷顿郡的一个信奉清教的乡绅家庭，17岁时被送进剑桥大学锡德尼·苏萨克斯学院学习。

因家族的历史威望和本人热烈坚定的清教信仰，克伦威尔于1628年当选为国会议员。1642年，英国内战爆发。当查理一世向议会宣战时，克伦威尔毅然参加了议会军，反对国王。1644年7月，议会军与国王军在约克城附近的马斯顿大草原上进行了大会战，结果国王军死伤无数，大炮、武器尽数落入议会军手中。克伦威尔在战斗中表现出了卓越的军事才能，人们甚至送给他一个"铁人"的称号。

马斯顿草原战役成为英国内战的转折点，从此议会军掌握了战争的主动权，克伦威尔也成为军队的实际统帅。在他的英明指挥下，国王军被彻底击溃。1649年1月，国王查理一世被送上了断头台。5月，克伦威尔宣布英国为共和国。

共和国建立后，克伦威尔率军侵入爱尔兰，其后又北上苏格兰，消灭了拥戴查理二世复辟的苏格兰军队。随着军事上的不断胜利，克伦威尔的个人野心也逐渐膨胀起来。他已经不满足于仅仅指挥军队，还要独揽全部大权。1653年，克伦威尔强行将国会解散，自任为英格兰、苏格兰、爱尔兰的"护国主"，建立起军事独裁统治。后来，他又改护国主为克伦威尔家族世袭，成为无冕之王。

■ 美国之父华盛顿

1732年12月22日，乔治·华盛顿出生于美国弗吉尼亚州的一个种植园主家庭。他幼年丧父，只继承了少量的田产和10个黑奴，也未受过系统的正规教育。年轻时，华盛顿当过土地测量员的助手，土地测量员以及治安法官，后来又在俄亥俄河流域做过土地买卖，参加过几次英国人对法国人的战争。靠着自己的艰苦奋斗，华盛顿最终成为当地有名的大种植园主。

1775年，美国独立战争爆发。6月，北美13个英属殖民地在费城召开"大陆会议"，华盛顿代表弗吉尼亚州出席了这次会议。会议上，各州代表决定组织军队，并推举华盛顿担任大陆军总司令。此后，华盛顿与士兵一起同甘共

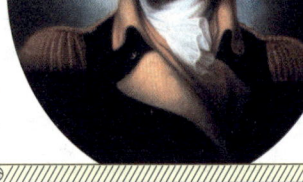
乔治·华盛顿像
美国首任总统，独立战争时期大陆军总司令，被美国人尊为国父。华盛顿领导了美国独立战争，实现了国家独立，却无永远把持政权的野心。1796年，他表示不再出任总统，从而开创了美国历史上总统连任不超过两届、到期和平转移权力的范例，这一范例至今仍为美国所奉行。

战场上的克伦威尔
克伦威尔（1599～1658年）是英国17世纪资产阶级革命领袖、政治家和军事家。在内战中他率领议会军战胜王党的军队，后处死国王查理一世，宣布英国为共和国，成为军事独裁者。

- 大革命领袖罗伯斯庇尔
- 林肯：全世界的英雄

约克敦战役：美、国独立战争后期，美、法联军在弗吉尼亚半岛顶端的约克敦地区战胜英军的一次重要战役，美国独立战争至此基本结束。

外国名人篇

苦，度过了1778年艰难的"福治谷之冬"，并在1781年夺取了约克敦之战的胜利。身为独立战争的最高军事将领，华盛顿具有非凡的组织才能，身处逆境，依然能坚忍不拔。他领导北美人民奋力抗争，克服种种困难与挫折，最终赢得了美国独立战争的最后胜利。

1789年，华盛顿当选为美国开国总统，他连任两届，内政外交皆多建树，奠定了联邦政府未来发展的基础。1796年9月，华盛顿发表《告别词》，宣布翌年任满后，退出政坛，由此开美国总统不连任三届之先例。由于华盛顿在美国历史上具有重要地位，所以他被誉为"美国之父"。

■ 大革命领袖罗伯斯庇尔

"过路人，不管你是谁，切莫为我的命运悲伤。要是我还活着，你就得死亡。"这个看似简单实则含义深远的墓志铭属于法国大革命中的风云人物——罗伯斯庇尔。罗伯斯庇尔出生于一个律师家庭，1769年进入巴黎著名的路易学院学习哲学和法律，受到启蒙思想的很大影响。从1789年11月起，他经常出入雅各宾俱乐部，发表演说，由此声名鹊起。接着他又以群众领袖的身份从事革命活动，领导雅各宾俱乐部，并主办《宪法保卫者》周刊。

1792年8月10日，巴黎人民起义，推翻了君主立宪派统治，逮捕了国王路易十六，罗伯斯庇尔坚决主张处决路易十六。后来他又同吉伦特派在议会内外展开斗争，组织和领导了推翻

罗伯斯庇尔像

罗伯斯庇尔是法国大革命时期重要的领袖人物，雅各宾派政府的实际首脑之一，同时也是法国大革命中最有争议的人物之一。

吉伦特派的活动，建立起雅各宾专政的政府，成为法国最有权力的人。在执政期间，他努力实践卢梭的社会政治思想，力图实现人民民主和建立民主共和国，主张通过部分地分配财产以实现社会平等。面对当时革命的严峻形势，罗伯斯庇尔果断实行恐怖统治。每天都有被革命法庭宣判死刑的反革命者被送上断头台，全国被捕的嫌疑犯总数超过30万。罗伯斯庇尔还先后镇压了左翼的埃贝尔派和右翼的丹东派，最终使自己陷于孤立境地。1794年7月，反对势力联合发动"热月政变"，罗伯斯庇尔被捕，被送上了断头台。

■ 林肯：全世界的英雄

亚伯拉罕·林肯出生于美国肯塔基州一个普通的拓荒者家庭。由于家境十分清寒，小林肯几乎从未受过系统的正规教育，其渊博的学识是靠顽强自学，"一点一点捡来的"。他早年曾干过帮工、店员、土地测量员、邮递员、律师等，因品德高尚，谦逊正直，被人们称为"诚实的亚伯"。1834年至1840年，林肯四度当选州议会议员。1860年11月，林肯当选为美国总统。

林肯像

亚伯拉罕·林肯（1809～1865年），美国第16任总统。他领导了拯救联邦和结束奴隶制度的伟大斗争，是美国历史上最伟大的总统之一，也是世界历史上最伟大的人物之一。

103

幕府：古代日本一度凌驾于天皇之上的中央政府机构，常"挟天子以令诸侯"，最高权力者为征夷大将军，亦称幕府将军。

▶ 明治天皇睦仁
▶ 革命导师列宁

林肯就职前后，实行奴隶制的南卡罗来纳等州悍然分裂联邦，并首先挑起内战。在国家危难之时，林肯力挽狂澜，克服内政、外交上的艰难险阻，在1862年先后颁布了《宅地法》《解放宣言》等重要法令。1863年11月，他又在演说中提出了"民有、民治、民享"的思想，受到大众的欢迎。最终，林肯领导美国人民赢得了南北战争的胜利，并以国家宪法的形式根除了黑人奴隶制度，为资本主义的发展彻底扫除了障碍，促进了美国历史的发展。

1865年4月14日晚上，林肯在剧院里看戏时，被南方奴隶主收买的一个暴徒刺杀。他的逝世引起了巨大震动，有700多万美国人民伫立在道路两旁向他的灵车致哀，有150万人瞻仰了他的遗容。100多年来，林肯一直受到世界人民的尊敬，马克思曾赞扬林肯说："他是一位全世界的英雄。"

■ 明治天皇睦仁

19世纪，日本这个又小又穷、资源贫乏的偏僻岛国，仅用了半个世纪的时间便脱胎换骨，成为东亚大国，实现了世界史上的一大奇迹。这一切，都和"明治"这个年号紧密地联系在一起。

明治天皇名睦仁，是日本历史上最著名的天皇之一，1867年即位时，年仅16岁。不久，倒幕派发动了维新运动，推翻了幕府的统治，重新确立了天皇至高无上的地位，开始了明治维新。明治天皇天资聪颖，悟性很好，在维新元老的改造下，很快就成了既符合日本传统，又符合维新精神的理想君主。他颁布了一系列改革措施，还在全国大力推行文明化和富国强兵的改革，大力发展资本主义和军国主义，使日本在短短的几十年时间里，一跃成为亚洲最强国。1889年，明治天皇又颁布了《大日本帝国宪法》，建立了专制的天皇制。睦仁在摆脱日本民族危机方面功勋卓著，但他很快就使日本走上了对外侵略扩张的道路，给亚洲人民带来了痛苦与灾难。

明治天皇像

明治天皇在位期间，通过一系列的措施使日本资本主义迅速发展，并走上了军国主义的道路。

■ 革命导师列宁

列宁是马克思、恩格斯创立的无产阶级学说及事业的继承者。他创建了俄国布尔什维克党，并缔造了世界上第一个社会主义国家，是全世界无产阶级和劳动人民的伟大领袖和革命导师。

列宁在演讲

作为革命的领导者，列宁演讲时风趣幽默，言简意赅，常常三言两语就征服了整个会场。

列宁原姓乌里扬诺夫，1870年4月出生在伏尔加河岸的辛比尔斯克城。他天资聪颖，性格活泼，再加上家庭环境良好，使他从小就养成了爱读书、勤思考、乐于助人的习惯。进入中学后，列宁的学习成绩一直名列前茅，还因品学兼优获得了金质奖章。1887年，列宁进入喀山大学法律系学习，后因参加学生运动而遭到流放。之后，他开始研究马克思的《资本论》，并将《共产党宣言》译成俄文，还组织了一个马克思主义小组。此时，列宁已成为一个坚定的共产主义斗士。1912年，列宁主持了在布拉格举行的布尔什维克党的第六次代表会议，至此，布尔什维克正式成为一个独立的政党。

- 罗斯福：坐轮椅的总统
- 丘吉尔：强悍的英国首相

蒙哥马利：英国陆军元帅、战略家、军事家，第二次世界大战中盟军杰出的指挥官之一。著名的阿拉曼战役、诺曼底登陆为其军事生涯的两大杰作。

> 外国名人篇

【百科链接】

《资本论》：马克思用毕生心血写成的一部科学巨著，对马克思主义理论体系进行了最为全面的科学论证，它的问世标志着马克思主义政治学的诞生。

第一次世界大战期间，俄国沙皇的反动腐朽统治达到了黑暗的顶点。1917年3月，俄国爆发的二月革命推翻了沙皇政权。随后，列宁提出了著名的《四月提纲》，指出应建立苏维埃共和国。

1917年10月，列宁从芬兰秘密回到彼得格勒，亲自担任"十月革命"的总指挥。10月25日，革命工人和士兵执行了起义的战斗命令，在深夜攻下了冬宫，宣告无产阶级掌握了国家政权。从此，俄国开始了社会主义的新纪元。

痹症，从此他便失去了行走的能力。痛苦的他备受煎熬，但他最终凭借毅力和勇气战胜了自己。在1932年竞选总统时，罗斯福提出"新政"计划，最终以压倒性优势获胜。

罗斯福上任时正值经济危机，美国经济状况空前恶化。他充满信心地厉行改革，受到各阶层的欢迎，"新政"得以顺利实施，结果使美国逐渐摆脱经济危机，维护了资产阶级民主制度，并使国家垄断资本主义大规模发展起来。

第二次世界大战爆发后，罗斯福促使国会通过《租借法案》，向反法西斯国家提供物资和援助。1941年，日本偷袭珍珠港后，美国正式对法西斯国家宣战。经过多年努力，美国在东部战区取得了胜利。第二次世界大战的胜利使美国一跃成为资本主义国家联盟的领导者，并为美国日后在国际上取得重要地位奠定了基础。

■ 罗斯福：坐轮椅的总统

罗斯福是美国第32任总统，世界闻名的政治家。他打破了美国建国以来的传统，曾在1933年至1945年间连续担任了四届总统。靠着顽强的毅力和坚强的意志，罗斯福赢得了人生中众多的挑战。

1882年1月，罗斯福出生于美国纽约州的一个富豪之家，

罗斯福总统

罗斯福一直被视为美国历史上最伟大的总统之一，是20世纪美国最受民众敬重和爱戴的总统，也是美国历史上唯一连任四届总统的人。

后就学于哈佛大学，对政治产生了浓厚兴趣。1910年，罗斯福竞选议员成功，开始了他的政治生涯。不幸的是，1921年的一天，罗斯福双腿感觉不适，经医生诊断，他罹患了成人小儿麻

■ 丘吉尔：强悍的英国首相

1940年夏天，丘吉尔与英国名将蒙哥马利到一家餐馆就餐。他问将军喝什么酒，蒙哥马利回答说："我只要一杯水。我不喝酒，不抽烟，睡眠充足。这正是我以百分之百的状态指挥全军获胜的原因。"丘吉尔回应道："我嗜酒如命，很少睡觉，不间断地抽雪茄。这正是我以百分之二百的状态指挥你获胜的原因。"这就是幽默而强悍的丘吉尔，他用坚定的意志带领英国赢得了第二次世界大战的胜利。他有一句著名的口号是："我想干什么，就一定干成功。"

丘吉尔出身贵族，喜欢历史、文

英国首相丘吉尔

丘吉尔不仅是一位伟大的政治家，还是一个著作等身的作家，他一生中写出了26部共45卷（本）专著。这些著作被翻译成多国文字在各国发行。《星期日泰晤士报》曾断言："20世纪很少有人拿的稿费比丘吉尔还多。"

英国广播公司：简称BBC，英国最大的新闻广播机构，也是世界最大的新闻广播机构之一。政府资助，独立运作，在全球拥有极高的知名度。

▶ 戴高乐：自由法国的领袖

学和军事。1900年，他以保守党议员身份进入下议院。后来几次竞选首相都遭失败，但他毫不气馁，仍然像"一头雄狮"那样去战斗。

1939年，第二次世界大战全面爆发，丘吉尔受命于国家危难之际，接替张伯伦任首相兼国防大臣，宣布"不惜一切代价去争取胜利"。他拒绝希特勒的诱降，领导英国人民保卫英伦三岛，取得了不列颠空战胜利。与此同时，丘吉尔积极开展外交活动，争取同盟者，为反法西斯战争的最后胜利做出了积极贡献。

直到今天，丘吉尔还被英国人看作是最伟大的首相之一。除了在政坛上取得的卓越成就外，丘吉尔还是著名的作家及记者，于1953年获得诺贝尔文学奖，他也被公认为世界上掌握英语单词词汇量最多的人。2002年，英国广播公司举行的一个名为"最伟大的100名英国人"的评选中，丘吉尔以最高票数当选。

■ 戴高乐：自由法国的领袖

戴高乐是法国的民族英雄，第二次世界大战中，他带领广大法国人民同法西斯展开了坚决的斗争；战争结束后，他在执政期间又使饱受战争创伤的法国跻身于世界强国的行列。因此，戴高乐被誉为"法兰西守护神"和"自由法国的领袖"。

戴高乐在幼年时期，受到家族民族主义情绪的熏陶，立志从戎。第一次世界大战期间，戴高乐英勇作战，后因受伤被俘。他坚忍而顽强地策划和实施越狱计划，先后六次越狱，又六次被抓回。为此他吃尽了苦头。第一次世界大战结束后，戴高乐重回法国，并到一所高级军事学院深造。他在军事理论上颇有创见，提倡重视机械化装甲部队在未来战争中的作用，反对消极防御战略。

1940年6月14日，在希特勒"闪电战"的攻击下，法国沦陷。戴高乐毅然出走，在伦敦广播电台发表演讲，号召法国人民与纳粹德国斗争到底。1943年，戴高乐在英国招募了一支部队，发动了"自由法国"的运动。1944年3月，法国国内各抵抗组织的武装力量联合为统一的内地军，戴高乐和他的将士们与德军进行了英勇的战斗。1945年5月，德国投降，戴高乐以法国临时政府的名义和盟军一起接受了德国的投降。巴黎解放后，戴高乐一度隐居乡间。1958年，他再度出山担任总统。自此，法国由议会制过渡到总统制，法兰西第五共和国成立，法国现代史翻开了崭新的一页。

晚年戴高乐

戴高乐是法兰西第五共和国的首任总统，在法国历史上是一位与拿破仑一样充满传奇色彩的人物。他执政期间极力同第三世界国家发展友好关系，使法国成为西方世界中第一个同中国建立大使级外交关系的国家。

解放巴黎

1944年8月25日，英、法、美等国联军解放巴黎。当天下午，法军第二装甲师接受巴黎地区的德军的投降。次日，戴高乐率军进入巴黎，受到巴黎人民的热烈欢迎。

Part 5

世界民族篇

阿尔泰语系：语言学家划分的一组语群，包括60多种语言。说该语系语言的人约为2.5亿，主要集中于中亚及其邻近地区。

▶ 人口众多的汉族
▶ 满族：八旗后人

中华民族大家庭

中华民族是一个勤劳勇敢、富于创新精神的伟大民族，包括汉族、满族、藏族、蒙古族、维吾尔族、回族、傣族等共56个民族。虽然每个民族都有各自的地方语言和风俗习惯，但他们团结互助、共同发展，组成了一个和睦、繁荣、兴旺的民族大家庭。

■ 人口众多的汉族

汉族是中国56个民族中人数最多的一个——人口超过了10亿，也是世界上人口最多的民族。汉族人原本是以华夏族为主体的中原居民，后逐渐同其他部落同化、融合，自汉代开始形成了独立的民族。汉族并没有全民统一信仰的宗教，但是在其民族传统上十分推崇儒家思想、道教和佛教。然而，由于近现代西方文化的冲击，汉族的传统文化与宗教已有弱化的趋势，基督教、天主教等西方宗教开始慢慢为人所接受。

汉语属汉藏语系，有七大方言。现代汉语以北方方言为基础，北京语音为标准音。汉字则是世界上最古老的文字之一，已有6000年左右的历史，共有4万个以上的方块字，常用的有7000个左右。汉族的文化丰富多彩，在其形成和发展的历史过程中，形成了齐鲁、中原、巴蜀、荆楚等各具特色的区域文化，这些都反映了汉文化的多元性和多彩性。

汉族儿童
汉族是中国的主体民族。"汉"原指天河，即银河，《诗经》云："维天有汉。"汉族是一个历史悠久的民族，也是世界上人口最多的民族。

■ 满族：八旗后人

满族的历史十分悠久，最早可以追溯到2000多年前的肃慎族。黑水靺鞨是满族的直系祖先，后发展为女真。后来，努尔哈赤在统一女真各部的战争中，建立了军政合一的八旗制度。清朝时期，女真改名为满洲。1911年辛亥革命后，满洲族改称满族。

满族人主要分布在中国的东三省，以辽宁省最多。其数量超过了1000万，在中国55个少数民族中仅次于壮族，居第二位。满族有自己的语言和文字。满语创制于16世纪末，是借用蒙古文字母创制的，属于阿尔泰语系。17世纪40年代，满族人大量入关后，开始袭用汉语。满族的传统节日有春节、元宵节、二月二、端午节和中秋节。节日期间一般都要举行"珍珠球"、跳马、跳骆驼和滑冰等传统体育活动。每年12月3日的颁金节则是满族"族庆"之日。

沈阳故宫大政殿
沈阳故宫是清朝入关以前的皇宫。大政殿是用来举行大典的地方，其建筑格局是个亭子，脱胎于满族的帐殿制，具有浓厚的满族文化韵味。

世界民族篇

文化悠久的藏族
宽袍大袖的蒙古族
能歌善舞的维吾尔人

天山：亚洲中部的一条大山脉，横贯中国新疆的中部，把新疆分成两部分：南边是塔里木盆地，北边是准噶尔盆地。流经中亚地区的三条大河——锡尔河、楚河和伊犁河均发源于此山。

■ 文化悠久的藏族

西藏在藏语中称为"博"，生活在西藏的藏族自称"博巴"，历史上还有吐蕃、西番等不同称呼。藏族是中国古老的民族之一，以农牧业为主，信仰藏传佛教。现在藏族人民主要聚居在西藏自治区及青海、甘肃、四川等地。藏族拥有悠久的文化传统，其文字是根据7世纪初的古梵文和西域文字创制出来的。此外，在建筑、雕刻、绘画、医学等方面，藏族文化都有独到之处。藏民普遍信奉大乘佛教。大乘佛教吸收了藏族土著信仰的某些仪式和内容，形成具有藏族色彩的藏传佛教，即喇嘛教。藏传佛教的圣地就是著名的布达拉宫。藏族的民间节日有藏历新年、酥油灯节、浴佛节等。

【百科链接】

布达拉宫：
位于西藏首府拉萨，唐时由吐蕃松赞干布主持兴建，是过去西藏地方统治者的统治中心，同时又是供奉历世达赖喇嘛灵塔的地方。

拉萨的朝圣者
拉萨是藏传佛教圣地，西藏、青海、四川等地的藏族信众有一路"磕长头"，步行去拉萨朝圣的习俗。

■ 宽袍大袖的蒙古族

蒙古族是一个历史悠久而又富有传奇色彩的民族。中国的大部分草原都留下了蒙古族牧民的足迹，他们过着"逐水草而迁徙"的游牧生活，因而被誉为"草原骄子"。

每年七八月举行"那达慕"大会是蒙古族历史悠久的传统，这是人们为了庆祝丰收而举行的文体娱乐大会。蒙古族崇尚青、黑色，男女都穿袍子。男子冬天穿皮衣，外罩丝绸或者布面；夏天穿布袍，袍身肥大不开叉，俗称蒙古袍。妇女们的服饰颇有特色，衣袖上配有花边图案，上衣的高领精致、美观，再配上工艺考究、造型美观的饰物"哈布特格"，就使各种美都点缀在了蒙古族妇女身上，同时也突出了她们的勤劳和智慧。

■ 能歌善舞的维吾尔人

维吾尔族是我国古老的、历史悠久的民族之一。"维吾尔"意为"团结"或"联合"。维吾尔人民勤劳勇敢，热情奔放，性格豪迈，并且能歌善舞。每逢节日和喜庆的日子，男女老少都要载歌载舞，尽情欢乐。在漫长的历史发展过程中，维吾尔族人还创造了丰富多彩的文化艺术。维吾尔族的舞蹈和民歌都深受各族人民的喜爱。

维吾尔人主要聚居在新疆维吾尔自治区天山以南一带，其族源可追溯到公元前3世纪过着游牧生活的"丁零"族。丁零人与汉人以及后来迁来的吐蕃人、契丹人、蒙古人不断融合，繁衍发展而形成了维吾尔族。维吾尔族的节日大都来源于伊斯兰教，是用回历来计算的。

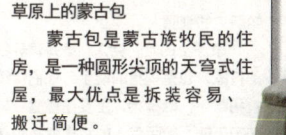

草原上的蒙古包
蒙古包是蒙古族牧民的住房，是一种圆形尖顶的天穹式住屋，最大优点是拆装容易，搬迁简便。

【百科链接】

诺鲁孜节：
又叫迎春节，维吾尔族的迎新年的节日，是为进入春耕生产做准备，绿化、美化、净化环境的节日，时间大概在公历3月22日。

109

萨满教：在原始信仰基础上逐渐丰富与发展起来的一种民间宗教，产生于原始渔猎时代。曾经长期盛行于我国北方地区，对北方古代各民族的影响较大。

▶ 回族：恪守伊斯兰传统
▶ 热情好客的哈萨克人
▶ 羌族：云中的民族

■ 回族：恪守伊斯兰传统

回族是回回民族的简称。13世纪，大批穆斯林从中亚迁入中国，并同当地的汉族、维吾尔族、蒙古族等融合，在长期的历史过程中逐渐形成了回族。回族最有名的民间节日是开斋节，每年希吉来历即伊斯兰历9月为斋月，回族凡身体健康的12岁以上男子和9岁以上女子都应封斋。新中国成立后，国务院把开斋节定为回族的法定假日。在生活习俗上，回民恪守伊斯兰传统，遵循教规。

回族男子普遍戴白色或黑色无檐小圆帽，也称礼拜帽，而回族妇女有戴盖头或披头巾的习惯。

北京牛街清真寺

牛街清真寺又称礼拜寺，是北京历史最悠久、规模最宏伟的清真寺。它始建于辽代统和十四年，即北宋至道二年（996年），历经元、明、清各代的扩建与重修，是中国传统建筑形式和阿拉伯建筑风格相结合的代表。

■ 热情好客的哈萨克人

哈萨克族源远流长，西汉时，天山北部的乌孙人即哈萨克族的先民。后来，他们因各种原因不断东迁。这些东迁的牧民得名"哈萨克"，意即"避难者"或"脱离者"。哈萨克人主要分布在新疆，少数分布在甘肃阿克赛和青海等地。哈萨克人最开始信仰萨满教，11世纪前后改信伊斯兰教。

哈萨克族的主要节日有古尔邦节和肉孜节，还有那吾热孜节。哈萨克人热情好客，不论与来客是否相识都会好好招待，经常宰杀羊羔来款待贵宾。进餐时，主人献上羊头，客人要将羊头右面颊上的肉割下来放在盘中，再割一只羊耳给座上年幼的人，这是表示接受的礼节。哈萨克族的服装多以裘皮、棉布为面料，衣袖一般都长过手指，主要是为了骑马方便而设计的，服饰色彩艳丽，极富民族特色。

■ 羌族：云中的民族

羌族是我国多民族大家庭中历史最悠久的民族之一，早在3000年前，殷代甲骨文中就有关于羌人的记载。由于羌人多居住在山脉重重、地势陡峭的川北，故而羌寨一般建在半山腰的地方，所以羌族又被称为"云中部落""云朵中的民族"。

羌族人现主要聚居在四川西部的茂汶一带，那里的山区产有世界上稀有的熊猫、飞狐、金丝猴等动物。如今羌族人口不到20万，并呈日趋减少之势，故而有"熊猫民族"之称。羌族人没有本民族的文字，通用汉文，信仰原始宗教，也有一部分人信仰藏传佛教。农历十月初一为羌族年节，年节的宴会又称"收成酒"。这天全寨人会到"神树林"还愿，焚柏香祭奠祖先和天神。

哈萨克的驯鹰人

草原上的哈萨克人，既是饲养牲畜的行家，也是捕猎的能手。他们传统的捕猎帮手，除猎狗，主要是猎鹰。早在4000年前，哈萨克人的祖先就有养鹰驯鹰的习惯。

> 世界民族篇

洱海：我国云南省西部的湖泊，是滇西著名风景区，南北狭长如耳状，故名。为淡水湖，鱼类丰富，特产弓鱼。湖水由下关市流出，汇合漾濞江后注入澜沧江。

■ 彝族：创造灿烂文明

彝族人分布于云南、四川、贵州和广西壮族自治区，其先民在史前就已经创造了以彝文为标志的灿烂文明。考古专家曾发现距今9000至8200年前的古彝文，长江中上游乃至黄河流域等地也都有古彝文的考古发现。彝族的"十月历""刻划文字"可追溯到距今12000至10000年前，可以说是世界上最古老的历法与文字。

以前，彝族的称号很多，有"诺苏""密撒""罗罗""撒尼""阿细"等许多不同的叫法。新中国成立后，彝族才以"彝"作为统一的民族名称。彝族民间的传统节日也很多，主要有十月年、火把节及区域性的节日和祭祀活动。十月年是彝族的重要节日，多在农历十月上旬择吉日举行。每年农历六月二十四日的火把节则是彝族最盛大的传统节日。彝族服装集多种装饰工艺于一身，美观大方，尤为注重红、黄、黑三色的搭配，象征着彝族人民的刚强、坚忍和善良。

彝族妇女

彝族支系繁多，各支系服饰差异较大，各具特色。彝族妇女一般上身穿镶边或绣花的大襟右衽上衣，头戴黑色包头，通常佩戴耳环，领口别有银排花。

【百科链接】

火把节：
彝、白、纳西、基诺、拉祜等民族的古老而重要的传统节日，主要活动有斗牛、斗羊、斗鸡、赛马、摔跤、歌舞表演、选美等，被称为"东方的狂欢节"。

■ 苍山洱海旁的白族

白族有着悠久灿烂的文明史，自古以来就是中华民族大家庭中的一员。

现在的白族人主要聚居在云南大理白族自治州，其余分布于云南、贵州及四川各地。白族村寨多建于湖滨、河畔和交通便利的平坝之上。新中国成立前，白族人常自称为"白伙""白尼""白子"等，汉语意为"白人"。1956年，中央根据白族人民的意愿，正式将其定名为白族。

白族的传统节日很多，已有上千年历史的"三月街"是白族一年一度最盛大的节日，现被定名为"三月街民族节"，另外还有火把节（又称星回节）等节日。白族是一个能歌善舞的民族，许多民间歌手和表演艺术家创造了独特的民歌和舞蹈。无论是在生产活动、节日庆典还是谈情说爱之时，白族人总爱用歌声来表达自己的感情，用舞姿去展现自己的喜怒哀乐。

大理崇圣寺塔

崇圣寺位于云南大理白族自治州，是南诏国和大理国时期建造的一组颇具特色的佛教寺庙，初建于南诏丰佑年间（824～859年）。三塔布局成鼎足之势，高耸蓝天，成为大理白族文化的象征。

小乘佛教：佛教内部派别之一，奉释迦牟尼为教主，认为现世界只能有一个佛；总的倾向是"法有我无"，即否定人我的实在性，而不否定法我的实在性。

▶ 生活在孔雀之乡的傣族人
▶ 苗族：蚩尤的子孙

■ 生活在孔雀之乡的傣族人

傣族是一个历史悠久的民族，远在公元1世纪，汉文史籍已有关于傣族的记载。如今傣族人主要聚居在云南省西双版纳傣族自治州和云南省德宏傣族景颇族自治州。他们喜爱孔雀，把孔雀视为和平、幸福、吉祥的象征。傣族人居住的竹楼是一种干栏式建筑。傣族男子一般上穿无领对襟袖衫，下穿长管裤，以白布或蓝

■ 苗族：蚩尤的子孙

苗族的族源可追溯到原始社会时代活跃于中原地区的蚩尤部落。传说蚩尤统率九黎部落联盟时，发明了谷物种植，而谷物种植就需要育苗、移苗、壮苗等。正是由于这个原因，所以后来人们就用"苗"字来给蚩尤的子孙组成的民族命名为"苗族"。

苗族的音乐舞蹈历史悠久，挑花、刺绣、织锦、蜡染、首饰制作等工艺在国际上享有盛名。苗族传统节日以苗年最为隆重。苗族女子的头饰可以说是中国少数民族女子头饰中最丰富、最漂亮的，它反映出浓郁的民族风尚和古老的文化传统，是图腾文化和农耕文化相结合的产物，又是富有、婚嫁等象征性的标志。此外，丰富的银饰、绚丽的花衣也为苗族人物装饰的独特风貌增添了光彩。

西双版纳的傣家竹楼
竹楼是傣族人世代居住的房屋，属于干栏式建筑，外形像个架在高柱上的大帐篷，具有冬暖夏凉、防潮、防水、防震的特点。

【百科链接】

干栏式建筑：
主要以竹木为材料，特点是抬高房屋地板，以适应南方地区特殊的生存环境（潮湿、多虫）。

布包头；女子服饰则有较大差异，但基本上都以筒裙和短衫为共同特征。筒裙长到脚面，衣衫紧而短，下摆仅及腰际，袖子则又长又窄。傣族普遍信仰小乘佛教，不少节日都与佛教活动有关。在每年傣历六月举行的泼水节是该族最盛大的节日。

美丽的苗族姑娘
苗族主要分布在我国贵州、湖南、云南、湖北、海南、广西等省（区）。银饰是苗族女子最喜爱的传统饰物，分为头饰、面饰、颈饰、肩饰、胸饰、腰饰、臂饰、脚饰、手饰等，工艺考究，几乎件件都是精品。

- 壮族：人口最多的少数民族
- 瑶族：服饰精致
- 台湾土著高山族

蜡染：我国民间古老的纺织印染工艺，汉代已有，盛于唐代。使用该工艺时，先用液状蜡将图案绘制在布上，染色后再除去蜡质，从而使图案丰富，色调素雅。

世界民族篇

■ 壮族：人口最多的少数民族

壮族是岭南的土著民族，也是中国少数民族中人口最多的一个民族，大概在2000万左右。新中国成立前，壮族有"布壮""布土""布侬"等40多种称呼。新中国成立后，先是统称其为"僮族"，后来改为"壮族"。

壮族人多信仰原始宗教，少部分人信仰天主教和基督教。壮族著名的节日有一年一度的"三月三"歌节等，最隆重的节日莫过于春节，其次是七月十五中元鬼节、清明节、中秋节等。壮锦与南京的云锦、成都的蜀锦、苏州的宋锦并称"中国四大名锦"。壮族的服装端庄得体，朴素大方，以蓝黑色衣裙、衣裤式短装为主。

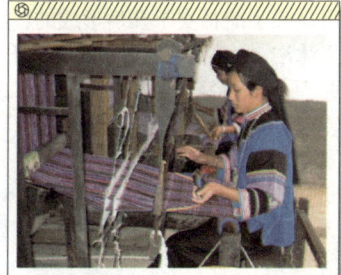

织锦的壮族姑娘

壮锦是中国四大名锦之一，利用棉线或丝线编织而成，上面的图案生动丰富，结构严谨，色彩斑斓，表现出热烈、开朗的民族风情。

壮族人好客，到壮族村寨任何一家做客的客人都被认为是全寨的客人，往往几家轮流请吃饭，有时一餐饭吃五六家。壮族人平时也互相请客，比如一家杀猪，必定请全村每家来一人，共吃一餐。招待客人的餐桌上务必备酒，方显隆重。

■ 瑶族：服饰精致

瑶族是中国南方一个比较典型的山地民族。瑶族人除过春节、端午节、中秋节，还有自己特有的、大大小小的传统节日30多个，其中最具民族特色的有盘王节、仁王节、赶鸟节。农历十月十六的盘王节是瑶族最为隆重的节日。

瑶族的服饰制作精细，颇为讲究。瑶族支系众多，瑶族服饰也因支系和地域的不同而有差异，但瑶族人一般都爱穿黑色和深蓝色衣服，习惯于自织自染。瑶族男子多蓄发盘髻，用青色土布包头。妇女服饰古朴雍容，大致可分为平地瑶和高山瑶两大类型，富有浓郁的民族风采。

■ 台湾土著高山族

高山族是中国少数民族之一，主要分布在台湾省，包括十多个族群。"高山族"这个名称是1945年抗日战争胜利后，中国大陆对台湾省各少数民族的总称。

高山族有自己的语言，没有自己的文字。居住在台湾的高山族同胞保留了自己独特的文化艺术。他们的口头文学很丰富，有神话、传说和民歌等。高山族又是能歌善舞的民族，该族人在劳动、恋爱、婚宴、节庆、祭祀时，都会用歌舞来抒情寄意。高山族人大多数从事农业，少数人以捕鱼、狩猎为生，还有人从事雕刻和编织等职业。

高山族的节日很多，且大都具有浓厚的宗教色彩。"丰收祭""收获节"等，相当于汉族的春节，都是高山族最盛大的节日。

瑶族服饰
瑶族妇女人人懂刺绣和蜡染，她们的衣襟、袖口、裤脚镶边处都绣有精美的图案和花纹。

神道教：简称神教，是日本传统的民族宗教，以自然崇拜、祖先崇拜、天皇崇拜等为主，属于泛灵多神信仰（精灵崇拜）。

▶ 日本人：大和民族
▶ 印度斯坦人：沐浴恒河水

东方文明的创造者

■ 日本人：大和民族

大和民族简称和族，是构成日本国民主体的民族，占日本总人口的99%，属于蒙古人种，是由古代日本众多的部落与自北亚迁徙来的游牧民族融合后形成的，其文化与北亚大陆以及朝鲜半岛上的文化属于同一系统。公元前数千年，日本列岛上的居民以渔猎、采集或刀耕火种的原始农业为生。3至4世纪，以奈良为中心的大和国统一了日本列岛，"大和民族"的名称即源于此。

日本严岛神社

神社是祭祀日本神道教中各神灵的社屋，在日本非常普遍。严岛神社位于日本广岛县佐郡宫岛町，修建于6世纪末。竖立于海滩上的神社大门（鸟居）高16米，是日本文化的象征之一。

在服饰方面，日本人以传统式和服和现代式服装两类为主。和服是别国人对日本传统民族服装的称呼，在日本也称"着物"，它是仿照我国隋唐服饰改制而成的。虽然今天日本人的日常服装早已为现代式服装所替代，但在婚礼、庆典以及其他隆重的社交场合，和服仍是公认的必穿礼服。讲究礼节是日本人民的习俗，平时人们见面总要互相鞠躬，并多次说"您好""再见""请多关照"等。饮食方面，日本人爱吃酱汤和甜食。宗教方面，日本人主要信仰神道教、佛教、基督教三个大的宗教。其中，神道教是日本的民族宗教；佛教可以说是日本的外来宗教，但也有人认为佛教在日本已经实现了民族化，可以被看成是日本的本土宗教。

■ 印度斯坦人：沐浴恒河水

印度斯坦人，又称为兴都斯坦人，属欧罗巴人种。印度斯坦人是由许多族源相同、语言文化和生活方式接近的地区性民族集团组成的，把他们联系在一起的是他们共同使用的印度斯坦语。印度斯坦人主要信奉印度教，部分信奉佛教和伊斯兰教。根据印度教的传说，恒河是天上的神女下凡后形成的，所以普通人如果沐浴、饮用恒河水的话，便可以洗掉身上的罪恶，死后能够直接升入天堂。因此印度斯坦人经常去恒河沐浴，有人甚至终身都只喝恒河水，死后其骨灰也被撒入恒河。

【百科链接】

印度教

印度传统宗教。广义的印度教包括吠陀宗教、婆罗门教及新婆罗门教；狭义的印度教仅指新婆罗门教，即从8世纪初发展延续至今的印度教。

在恒河中洗浴的印度人

恒河是印度人心目中的圣河，据说恒河之水可以涤罪攘祸，所以不管在上游、中游、下游，也不管在春夏秋冬，总是能看到印度人在恒河中洗浴。

- 高棉人：吴哥文化的创建者
- 波斯人：伊朗高原的居民

婆罗浮屠：由120多万块巨大岩石构筑而成的佛塔，位于印度尼西亚的爪哇岛，同长城、金字塔和吴哥窟齐名，具有重要的文化、艺术价值。

世界民族篇

印度斯坦族历史悠久，与其他民族一起共同创造了辉煌的印度文化。公元前2000年至前1000年间写成的《吠陀》，是婆罗门教以及印度教最古老的经典。著名的两大史诗《摩诃婆罗多》和《罗摩衍那》，也是经由印度斯坦人而流传至今的。印度斯坦人与中国人民早有交往，公元前117年，张骞出使西域时，曾派副使前往印度。5世纪时，中国高僧法显、玄奘曾前往天竺取经，许多印度僧人也曾来中国讲经交流。

■ 高棉人：吴哥文化的创建者

"吴哥"一词源于梵语"Nagara"，意为都市。以建筑和雕刻艺术为代表的吴哥文化是柬埔寨文化发展史上的一个高峰。吴哥遗迹位于柬埔寨暹粒市北面约6千米处，是由许多古老的庙宇组成的。这些佛教寺庙由巨大的石块建造而成，不但宏伟而且非常精致，几乎每块石砖上都有精美雕刻。吴哥古迹曾和中国的万里长城、埃及的金字塔、印度尼西亚的婆罗浮屠、印度的泰姬陵并称为"东方五大奇迹"。吴哥文明奇迹的创造者就是聪明勤劳的高棉人。

802年，阇耶跋摩二世建立了辉煌的高棉帝国，帝国繁荣昌盛达600年之久，先后有25位国王，统治着中南半岛南端及越南和孟加拉湾之间的大片土地，势力范围远远超出了今天的柬埔寨。高棉族由外来移民与土著居民长期融合后形成。高棉人主要从事农业，种植稻谷和棉花，兼事渔业和手工业，如纺纱织布、生产陶器、加工金属等。受京族的影响，一部分高棉人会讲越语，穿京族服装。如今高棉已成为东南亚中南半岛上重要的民族之一，高棉人大多数分布在柬埔寨，占全国人口的80%以上。

高棉人多笃信佛教，佛教在古老的吴哥文化中起过巨大作用，佛寺、佛塔至今仍是该族建筑物的主要部分。寺庙不仅是宗教活动中心，也是教育场所。高棉男孩长到一定年龄就要剃发入寺为僧，修行期限一般为3个月。

■ 波斯人：伊朗高原的居民

据考证，古伊朗部落于公元前2000年就自中亚进入了现在的居住地。而后逐渐吸收阿拉伯、突厥、蒙古等民族的文明，于公元前550至前330年间建立了波斯帝国，创造了辉煌灿烂的波斯文化。

公元前2世纪，波斯人便经由"丝绸之路"，开始与中国交往，并与中国人建立起了比较密切的关系。自5世纪后半叶起，有不少波斯人到中国做生意，最后就定居在了中国。现在波斯人是伊朗人口的主体，也被称为伊朗人，主要分布在该国的中部和东部。他们使用波斯语，信奉伊斯兰教，多属什叶派。

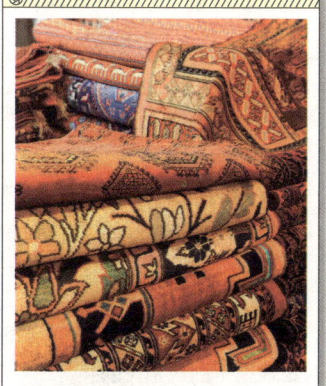

绚丽的波斯地毯

波斯地毯是伊朗最著名的手工业产品，编织和生产的历史至少已经有2500年。波斯地毯通常以抽象的植物、阿拉伯文字和几何图案进行构图，所用的染料则从天然植物和矿石中提取，颜色经久不褪。

吴哥窟古迹

吴哥古城是柬埔寨的象征，也是人类文化宝库中的明珠。它与埃及的金字塔、中国的长城、印度尼西亚的婆罗浮屠、印度的泰姬陵并称为"东方五大奇迹"。

亲吻礼：欧美许多国家广为流行的一种礼节，美国人尤其爱行此礼，法国人不仅男女间，男子间也多行此礼。行此礼时，往往与一定程度的拥抱相结合。

▶ 土耳其人：突厥人的子孙

波斯人绝大多数从事农业，兼营畜牧业。城市居民多从事棉毛纺织、制毯等手工业，少数人从事商业和石油工业。波斯人擅长建筑、绘画、制毯和烧瓷，工艺十分精美。传统的波斯住宅为泥土房，平房顶兼作晾台，取暖就用壁炉或火塘。米饭是该民族的主食。

波斯男人多穿长衫和肥大长裤，缠头巾，依照头巾的颜色和式样，可以判断出此人的社会地位和籍贯。妇女外出时穿灯笼裤和黑长袍，城市妇女还要戴面纱，农村妇女则往往不戴面纱。

■ **土耳其人：突厥人的子孙**

世界上大多数国家政权变换和王朝更替只是权力的移交，敌对双方属于同一个民族，其血缘是不会发生变化的。可横跨欧亚两洲的土耳其则不然，在改朝换代的同时，民族血统也会发生变化。奇妙的土耳其人，肤色各异，眼睛有着不同的颜色，发色差异也极大，但却真正地属于同一个民族。

土耳其人的祖先是骁勇剽悍的突厥人，他们不仅在中亚细亚、小亚细亚纵横驰骋，还几乎踏遍了整个欧洲。在漫长的历史上，这个国家先后经历了罗马、拜占庭和奥斯曼三大帝国的统治，轮换了13个王朝，希腊、罗马、斯拉夫、阿拉伯、波斯、突厥等难以计数的民族都曾在这块土地上驻足盘桓。几千年的通婚联姻使得各种血缘交融渗透，产生了土耳其人特有的血统。历史名城伊斯坦布尔一直是上述帝国和王朝的首都。它巍然屹立了2600多年，是世界上唯一跨越欧亚两洲的大城市和当之无愧的"东西文化桥梁"。

郁金香
土耳其人钟爱郁金香，并把它作为国花，含义是郁金香花像包着头巾的伊斯兰教少女一样美丽。

土耳其人性格豪爽而奔放，热诚而直率，并且非常好客，他们认为，将客人招待好了有助于建立或发展双方之间的友好关系。土耳其人与人相见时，会首先向对方问好，然后与之握手，接下来还要祝愿对方身体安好。与亲朋好友见面时，一般会与对方行亲吻礼；晚辈拜见长辈时行"捧手碰额礼"；和客人道别时行"交手鞠躬礼"。虽说土耳其的领土大部分在亚洲，但土耳其人却一直把自己当作欧洲人。

蓝色清真寺
本名"艾克森克尔清真寺"，建于1609年，位于土耳其首都伊斯坦布尔，是全世界唯一拥有6座宣礼塔的清真寺。

【百科链接】

什叶派：
又称阿里派，以拥护穆罕默德的堂弟、女婿阿里及其后裔担任穆斯林领袖"伊玛目"为主要特征，与逊尼派相对，是伊斯兰教中除逊尼派人数最多的一个教派。

> 日耳曼人：罗马帝国终结者
> 法兰西人：高卢人的后裔

罗曼语：属印欧语系，是从意大利语族衍生出来的现代语族，主要包括从拉丁语演化而来的现代诸语言。操此语的人主要为传统意义上的"欧洲拉丁人"。

世界民族篇

❦ 开创西方文明的欧洲人

■ 日耳曼人：罗马帝国终结者

　　日耳曼泛指古代占据中欧和东欧广大地区的部族，古罗马人称之为日耳曼民族。日耳曼人曾分布于莱茵河以东、维斯瓦河以西、多瑙河以北的地区，从事游猎与畜牧业。直到2世纪初，部分日耳曼人才从游牧生活转向从事农业耕种的定居生活。由于长期处于原始氏族社会阶段，日耳曼族被古罗马人视为未开化的蛮族。然而这个被称为野蛮民族的日耳曼民族最终走上了历史舞台，并成为罗马帝国的终结者。

> 【百科链接】
> 中世纪：
> 　　从476年西罗马帝国灭亡到1640年英国资产阶级革命爆发这一时期。传统上认为这是欧洲文明史上发展比较缓慢的时期。

　　西罗马帝国从某种程度上说是自取灭亡。在罗马帝国后期，统治者荒淫腐化，国民追求享乐，民族精神萎靡不振。为了补充兵源，罗马人采取了对外募兵的兵役制度，其必然的后果是其他民族的人大量进入，然而罗马人似乎并未意识到其潜伏的危机。当罗马皇帝狄奥多西在395年把帝国一分为二的时候，罗马人在不知不觉间已经变成了少数民族。至4世纪末，日耳曼各部族在来自东方的匈奴人的压力下，相继向西迁徙，最终灭亡了西罗马帝国，并在那片广大的废墟上建立起日耳曼王国，开启了新的时代——中世纪。

■ 法兰西人：高卢人的后裔

　　法兰西民族的祖先主要是古代的克尔特人。他们于公元前4世纪来到如今的法国地域内，排挤或同化了利古尔人，成为当地的主要居民，罗马人称之为高卢人。51年，高卢人为罗马帝国所征服，开始了罗马化进程。到5世纪罗马帝国崩溃时，高卢人已经逐渐与罗马移民融合，形成了高卢罗马人，他们是现代法兰西民族的祖先。9世纪中叶，进入法国西北的诺曼人也被同化，成为法兰西民族中的一员。843年，查理曼大帝国分裂，莱茵河以西的罗曼语地区大部分划归西法兰克王国，并开始被称为法兰西。12世纪加强王权、消灭封建割据的过程促进了法兰西民族的融合。到13世纪，北法兰西的主要地区已统一在以巴黎为中心的王室领地周围。百年战争之后，法兰西大部分领土实现了统一，法国大革命则是现代法兰西民族形成的最终阶段。

　　天性浪漫的法兰西人爱好社交，也善于交际。对于法国人来说，人际交往是人生的重要内容。不过他们一般纪律性较差，与法国人约会，自己准时赴约，但是要做好对方姗姗来迟的准备。法国人自尊心强，偏爱"国货"，与法国人交谈时，如能讲几句法语一定会博得对方的好感。法国人十分讲究饮食。在西餐之中，法国菜可以说是最讲究的。法国人平常爱吃面食，面包的种类很多，油炸土豆在法国也是较受欢迎的食物。

古希腊雕塑《自杀的高卢人》

　　雕塑表现了一个战败的高卢人首领，为了不做阶下囚，勇敢坚定地杀死爱妻之后自杀的情景，体现出一种宁死不屈的精神。

诺贝尔奖：以瑞典著名化学家、工业家、硝化甘油炸药发明人诺贝尔的部分遗产作为基金创立的永久性国际大奖，被公认为国际最高荣誉奖。

▶ 意大利人：真正的罗马文化继承者
▶ 德意志人：欧洲思想家

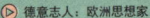

■ 意大利人：真正的罗马文化继承者

公元前1000年左右，古意大利人进入了亚平宁半岛，他们中的一个分支在拉丁平原建立了罗马城，并继承了灿烂辉煌的古罗马文化。公元前1世纪，意大利人开始形成了自己独特的文化，之后又与东哥特和法兰克等民族融合。

在2世纪左右，意大利民族正式形成。14世纪时，意大利首先开始了文艺复兴运动，并出现了著名诗人但丁和伟大画家达·芬奇。之后，意大利人在建筑艺术和造型、园林艺术上都有较大成就。

意大利目前约有6000万人，使用意大利语，他们性格热情、开朗，讲究穿着打扮，在服饰上喜欢标新立异，出席正式场合都穿着得体。意大利人谈问题一般都单刀直入，不拐弯抹角或耍心计。他们喜欢辩论，情绪容易激动，往往争论得面红耳赤。争论虽然激烈，双方却不伤感情。意大利人很喜欢宠物，尤其是猫和狗，他们甚至把宠物作为家庭的一员介绍给客人。

■ 德意志人：欧洲思想家

德意志人属于欧罗巴人种中的北欧类型和阿尔卑斯类型，使用德语，系古代日耳曼人的直系后裔，但在不同历史时期混入了不同的异族血统。如今德意志人主要分布在德国，约有8000多万人。另有1000多万人居住在美国、俄罗斯、加拿大、巴西等国。"德意志"这个名称来源于历史上德意志民族的神圣罗马帝国。

自古以来，德意志人由于文化、教育水准极高，对欧洲和世界文化有着重要影响，所以被称为"欧洲的思想家"。德意志人对于真正的思想大师始终采取一种宽容的姿态，如柏林大学的神学教授费尔巴哈大反神学，导致教育部曾经一度想开除他。身为国教教主的威廉三世犹豫再三，最后干脆将费尔巴哈调到了哲学系，由此可以看出德国对于思想和文明的尊敬程度。

在19世纪末，德国是当时世界科学的中心。自诺贝尔奖开始颁发以来，已有近百位德意志人成为了该奖得主。德意志培养了不计其数的伟大的科学家：哲学家康德、黑格尔、叔本华、费尔巴哈、马克思、尼采、海德格尔；文学家歌德、席勒、海涅；社会学家韦伯、弗罗姆；数学家高斯、哥德巴赫；物理学家普朗克、爱因斯坦、波恩、伦琴等。

【百科链接】

费尔巴哈：
19世纪德国著名的旧唯物主义哲学家，他批判了康德的不可知论和黑格尔的唯心主义学说，重树了唯物主义的权威，但他的唯物主义依然是形而上学的。

庞贝遗址
庞贝是位于意大利西南沿海的一座古城，79年8月在维苏威火山喷发时被火山灰埋在了地下，也因此而保留了大量古罗马建筑遗迹和艺术文物，成为世界上最著名的古城遗址。

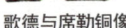

歌德与席勒铜像
这尊铜像位于歌德的故乡魏玛市的中心广场，已经成为魏玛的象征。歌德的一只手搭在席勒的肩头，另一只手紧握住一个花环，席勒则一手执书，一手与歌德同握花环，同时仰视前方。两位文坛巨擘曾在魏玛创作了不朽的文学作品，他们是德国文化鼎盛时期的代表。

- 希腊人：为西方文明奠基
- 热情奔放的西班牙人

人本主义：又称人本学，是一种把人生物化的形而上学唯物主义学说。该学说不联系具体历史和社会实践来考察人，因而看不到人的社会性。

世界民族篇

1933年以前的德国是全世界诺贝尔奖得主最多的国家。可惜的是，德国世界科学中心的地位在1933年后毁于纳粹之手。

■ 希腊人：为西方文明奠基

希腊民族是世界上最古老的民族之一，也是一个很有特色、独具风采的民族，其古老悠久的古代文化是西方文明的基础和源头。希腊人有强烈的民族自尊心和浓厚的宗教意识，热爱民族传统，热情活跃，能歌善舞。由于希腊地处欧、亚、非三洲的交界处，又长期被土耳其人统治，所以其传统习俗中有很多都同时兼具东西方色彩。

德尔菲神庙遗址

位于距雅典150千米的帕那索斯深山里，主要由阿波罗太阳神庙、雅典女神庙、剧场、体育训练场和运动场组成。古希腊人认为，德尔菲是地球的中心，称其为"地球的肚脐"。

古希腊哲学为西方哲学的发展奠定了坚实的基础。苏格拉底是古希腊哲学思想的先驱，柏拉图是古希腊唯心主义哲学的集大成者。亚里士多德不仅在哲学、逻辑学方面取得重要成就，而且在物理、数学、医学等方面都做出了突出的贡献。德谟克利特则强调万物的根基是"原子和虚空"，把古希腊唯物主义哲学推向了顶峰。起源于远古时代的希腊神话包括了神的故事和英雄传说两大部分，叙述了开天辟地、神的产生、宗谱和活动以及人类的起源等内容，人性色彩浓厚，具有很强的人本主义精神。

希腊的国教是东正教，其信徒占全国人口的98%。东正教教会在希腊人民政治、经济和文化生活中占有极其重要的地位，这是因为希腊曾遭受过外族的入侵和长期占领。在这一漫长的历史过程中，东正教对维护希腊的传统文化发挥了很大的作用，后来甚至逐渐成为团结希腊民族力量的支柱，因而受到了希腊人的信任和拥护。

【百科链接】

东正教：

又称东方正教，是基督教中的一个派别，主要是指依循东罗马帝国（拜占庭帝国）流传下来的基督教传统的教会。它与天主教、新教并列为基督教的三大派别。

■ 热情奔放的西班牙人

伊比利亚半岛上的西班牙是一个西南欧大国，其最早的土著是伊比利亚人，而他们的后裔西班牙人则以热情奔放、乐观向上和无拘无束的特点著称于世。

西班牙人不像德国人那样按部就班，不学英国人的深沉矜持，不喜欢美国人快餐式的生活节奏，没有日本人拼命干活的劲头，甚至与同处伊比利亚半岛的葡萄牙人也截然不同。葡萄牙人温和忧郁，西班牙人却潇洒得多，斗牛、跳舞、唱歌说笑才是西班牙人生活的主旋律。

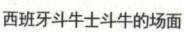

西班牙斗牛士斗牛的场面

在斗牛场上，斗牛士舞动红色的斗篷引逗和激怒公牛，然后凭借熟练的技巧优雅灵巧地躲避公牛的攻击，最后将公牛一剑刺死。在此过程中，也有不少斗牛士被公牛锋利的双角刺伤。

李斯特：19世纪匈牙利天才的作曲家、钢琴家、指挥家和音乐活动家，浪漫主义音乐的主要代表人物。他的音乐大胆、绚丽、栩栩如生，立意惊世骇俗。

▶ 流浪民族吉卜赛

斗牛是一项人与公牛相搏的古老运动，被西班牙人称为"国粹"，它最能够体现出这个民族热情而奔放的独特气质，受到很多西班牙人的欢迎。西班牙的斗牛历史可以追溯到2000多年前原始人捕猎野牛的活动。12世纪，在加斯特里亚国王阿方索七世的加冕仪式上就曾举行过斗牛表演。

1743年，马德里兴建了第一个永久性的斗牛场，斗牛活动逐渐演变成一项全民性的体育娱乐活动。西班牙历代作家都将这项活动说成是西班牙人生气勃勃、好武尚斗的象征。每年的3月至10月是西班牙的斗牛季节，在这几个月中，每逢周四和周日各举行两场斗牛比赛。如逢节日和国家庆典，比赛会更多。西班牙全国共有400多个斗牛场，首都马德里的范рат士斗牛场最具规模，其古罗马式的建筑壮观宏伟，最多可容纳三四万人。

■ 流浪民族吉卜赛

玩塔罗牌的吉卜赛女郎

吉卜赛人以占卜为生，塔罗牌就是其中一种占卜方法。在罗马教廷势力最为强大的时期，正是吉卜赛人的保护才使塔罗牌能够流传到今天。

吉卜赛是一个以过流浪生活为特点的民族。吉卜赛的祖先起初居住于印度旁遮普一带，10世纪前后迫于战乱和饥荒开始外迁，遂遍布世界各地。

吉卜赛人在不同的地域有不同的叫法：法国人称他们为波希米亚人，西班牙人称他们为弗拉明戈人，俄罗斯人称他们为茨冈人，希腊人称他们为阿金加诺人，伊朗人称他们为罗里人，而吉卜赛人则自称多姆人。

从法国作家梅里美的名作《卡门》中，我们可以了解到这个民族的一些特性：热情、奔放、洒脱、不愿受拘于任何法律的束缚。吉卜赛人以卖艺为生，没有固定的居所，大篷车就是标志性的吉卜赛人之家和他们普遍使用的交通工具。即使现在已经有95%的吉卜赛人定居在石砌的房子里，但他们仍然谨守祖先的传统，共同而紧密地生活在以地毯装饰的狭小空间里，就如同过去生活在敞篷马车里一样。

吉卜赛人非常擅长歌舞，在著名的音乐之邦匈牙利，吉卜赛音乐也能占据一席之地。在匈牙利的许多饭店内，客人们都能欣赏到吉卜赛人欢快的歌舞表演。吉卜赛族也是匈牙利最重要的少数民族，吉卜赛人约占匈牙利人口的1/20。著名音乐家李斯特曾说过，吉卜赛人所保留的最早的音乐传统，虽历经数百年风雨但依然鲜活。

【百科链接】

《卡门》：
法国作家梅里美的代表作，讲述了生性无拘无束的吉卜赛女郎卡门凭借美貌从事走私的冒险经历。后来这部作品被改编为歌剧和电影，历经百余年却常演不衰。

吉卜赛舞者
吉卜赛人在流浪途中，以卖艺和占卜为生，特别是舞蹈，他们走到哪里就跳到哪里，同时也注意汲取各国文化的精髓，创造新的歌舞艺术形式。

- 贝扎人：勇士的后代
- 班图人：非洲最大的民族

父系氏族社会：原始社会后期的一种社会形态，特征是氏族由一个男性祖先和他的子女以及他的男性子孙后代组成，世系由男性传递，财产也按父系继承。

世界民族篇

非洲大陆的主人

贝扎人：勇士的后代

贝扎人主要分布在苏丹，少数居住在埃及和埃塞俄比亚。传说贝扎人的祖先是一个来自阿拉伯半岛的勇士，因此贝扎人十分强悍勇武。贝扎族的每个男人都随身佩有一把锋利的宝剑，睡觉时枕剑而眠，只要一有动静，他们就会一跃而起，执剑战斗。

早在公元初，强悍的贝扎人就抵御过罗马兵团的侵略。近代以来，欧洲列强侵略苏丹，贝扎人不断掀起反抗斗争，终于在1956年摆脱了英国的殖民统治，获得国家独立。

据记载，至少在公元前4000年，贝扎人的祖先就已在尼罗河、阿特巴拉河与红海之间的多山地区生息繁衍。他们属于黑白混血的埃塞俄比亚人种，身材矮小强健，鼻子笔直高耸，皮肤呈深黑色，头发卷曲，使用贝扎语。今天的贝扎人受阿拉伯人的影响很大，多数人能讲阿拉伯语，信仰伊斯兰教。

贝扎人现在尚处于父系氏族社会，他们分成若干强大部落，部落的事务由部落长老会议决定，但酋长也拥有相当大的权力。贝扎人平时主要从事畜牧业，采取游牧的生活方式，饲养骆驼和牛羊。他们以群体为单位赶着牲畜辗转于群山之间，逐水草而居。

民族英雄马赫迪

马赫迪是伊斯兰教尊奉的救世主。苏丹的民族英雄穆罕默德·艾哈迈德在1881年8月12日发动人民进行反英起义，自称是"上帝派来的神圣领袖、众所期待的马赫迪"，起义沉重地打击了英国殖民主义者，马赫迪也从此被苏丹人民尊为"独立之父"。

班图人：非洲最大的民族

当前非洲最大的民族集团是班图。班图人是赤道非洲以及南部非洲22个国家的主要居民，大概分布在刚果盆地、大湖地区、赞比西河和林波波河流域一带，其语言属尼日尔—科尔多凡语系，自成一大语群。

班图人多保持着传统的自然崇拜和祖先崇拜，部分地区的人信仰基督教。考古资料证明，班图文化发祥于东非大湖和刚果河下游地区。1世纪，东非的班图人掌握了制陶术，3世纪后，他们开始冶铁。他们与西亚、印度、中国都有贸易往来，在东非沿海和大津巴布韦古迹中曾发现大量中国瓷器。18世纪末，班图人由北向南的迁徙结束，各支分布状况基本定型。1960年以来，除阿扎尼亚和纳米比亚的班图族外，班图族其他分支已纷纷取得独立。

祖鲁人的传统舞蹈

祖鲁人为班图人的一支，主要分布在南非的夸祖鲁—纳塔尔省。祖鲁族被公认为南非最英勇善战的民族，而战舞则是祖鲁人标志性的舞蹈。

突尼斯：非洲北部的国家。西与阿尔及利亚为邻，东南与利比亚接壤，北、东临地中海，隔突尼斯海峡与意大利相望，有"世界油橄榄之国""欧洲的钥匙"等美称。

▶ 柏柏尔人：北非的原始居民
▶ 埃及人：三句话不离真主

■ 柏柏尔人：北非的原始居民

柏柏尔是非洲北部的民族集团之一，柏柏尔人主要分布在摩洛哥、阿尔及利亚、利比亚、突尼斯和马里等国家，属于欧罗巴人种地中海类型。他们有自己的民族语言——柏柏尔语，多数人信仰伊斯兰教。

柏柏尔人的村落
    定居的柏柏尔人以村庄为居住单位，每个村庄选举德高望重的长者组成长老会，管理日常事务。

柏柏尔人在不同的历史时期有着不同的名称：起初，他们先后被称为利布人、利比亚人、努米底亚人和毛里塔尼亚人；罗马帝国统治时期，又被叫作阿非利加人；今天我们则称他们为柏柏尔人。

柏柏尔人生活方式有两种：定居和游牧。定居民以农业为主，游牧民及半游牧民以畜牧业为主。他们擅长传统的手工业技术，例如制陶和编织，以及烧制各种小巧玲珑的灯盏、烛台等。柏柏尔人实行父系大家族制，父亲在家庭中拥有至高无上的权力。柏柏尔妇女主要职责是主持家务，但她们的行动还是比较自由的。

■ 埃及人：三句话不离真主

埃及是非洲大陆最古老的民族，其发祥地为尼罗河中游。公元前3500年，尼罗河一带出现了奴隶制城邦，有了象形文字，成为人类最早走向文明的地区之一。公元前1567至前1085年，古埃及帝国发展到鼎盛时期。它的文化直接影响到非洲其他民族，如柏柏尔、贝扎、努比亚、泰达等。

埃及人三句话不离真主。日常生活中，埃及人使用频率最高的话大多带有"真主"一词，如以真主的名义、感谢真主等。埃及穆斯林对真主的信仰是发自内心的，已形成了一种根深蒂固的世界观与人生观。

埃及人是典型的阿拉伯文化的继承者，他们的风俗习惯多渊源于阿拉伯文化。埃及男子穿短裤和袖子宽大的开领衬衫，冬天时外加一件驼毛织成的斗篷。女子穿黑色、正面开襟的衬衣和直垂到脚面的长衫。有些上了年纪的妇女仍遵照伊斯兰教的规定戴面纱，面纱一般从头顶垂到肩部，把头发、耳朵、脖颈都遮盖起来，个别人甚至只露出两只眼睛。这种面纱多以绸、绒等面料做成，颜色视佩戴者的年龄而定。年长者戴白色的，年轻女子披戴绿色的。妇女还喜欢在手、脚和眼上涂红色或黑色的颜料，并喜爱佩戴阿拉伯式的花饰。

【百科链接】

象形文字：
    早期人类创造的最古老的文字，由记事用的图画演变而来，远古时期的中国人、埃及人都使用过不同类型的象形文字。

古埃及人的生活（壁画）
    关于古埃及人的人种划分，学术界历来众说纷纭，有人认为他们是黑种人，有人认为他们是白种人，还有人坚持说古埃及人属于混合种族。

- 印第安人：美洲原住民
- 印加人：太阳的子孙

安第斯山脉：世界上最长的山脉，全长9000千米，属美洲科迪勒拉山系，是科迪勒拉山系南半段。平均海拔在3000米以上。

世界民族篇

美洲民族

■ 印第安人：美洲原住民

印第安人是美洲大陆最古老的居民。15世纪末，哥伦布一行到达美洲时，错把此地当成了印度，便称当地居民为印第安人，意思是印度人。后来这个误会被澄清，但美洲的原住居民仍被称为印第安人。

印第安人外表最突出的特点是头发色黑而硬直，颧骨突出，皮肤棕黄，属蒙古人种。在学术界，一般认为印第安人主要是从亚洲东北部迁徙到美洲的。初到美洲的印第安人主要靠渔猎为生，能制造粗糙的石器，会人工取火及驾驶独木舟或小皮船，也会编制网具和兽皮衣服，也可能会制造弓箭和陶器。后来，他们定居从事农业，培育出玉米、马铃薯、番茄、烟叶、向日葵等作物，大大丰富了当地人的生产和生活。印第安人族系庞杂，分布广泛，彼此联系不多，各个部落间的社会发展极不平衡。当时，大多数部落仍处在原始社会时期。中、南美洲的玛雅人、阿兹特克人和印加人发展程度较高，并曾对人类文明的发展做出过重大贡献。

印第安人捕猎野牛

传统的北美印第安人以游猎兼农业为生，野牛是印第安部族赖以生存的物质来源，印第安人从野牛身上加工出可用的食物、衣物、饰品、帐篷等生活必需品。

■ 印加人：太阳的子孙

6世纪时，南美洲安第斯山区和沿海地带大约共生活着100多个部落，其中居住在库斯科谷地的克丘亚人逐渐发展并强大起来，成为了印加文化的开创者。到了13世纪，克丘亚部落群中的印加部落开始崛起，建立了奴隶制国家，并开始了近百年的征战史。

【百科链接】

印加帝国：
印加部落先后征服了整个安第斯山脉中部地区的各个部落，建立了幅员辽阔的中央集权帝国，即印加帝国。

"印加"是太阳之子的意思。印加人崇拜太阳，认为太阳是他们的祖先。为此他们还为太阳神建造了神殿，并在祭坛上装饰能够反射日光的黄金大圆盘。每年6月，印加人都要为太阳神举行盛大的感恩祭奠。从1243年印加国崛起，到1532年印加人的末代首领阿塔瓦尔帕被西班牙征服者皮萨罗杀害，印加国大约经历了整整3个世纪的发展过程。

印加人的羊驼

羊驼属于无峰驼的一种，原产于南美的秘鲁和智利的高原山区。古印加人把它们作为主要的运输工具。羊驼还能提供肉食和皮革，其脂肪可做灯油，毛可以结绳或制成绒布，粪便可做肥料，全身是宝。

白令海峡：位于亚洲楚科奇半岛和北美洲阿拉斯加半岛之间，长约60千米，是沟通北冰洋和太平洋的唯一航道，也是北美洲和亚洲大陆间最短的海上通道。

▶ 因纽特人：雪原居民
▶ 能歌善舞的古巴人

印加人的文明是高度发达的。印加人修建了复杂的人工灌溉系统和梯田，并擅长铜、锡、银等矿的开采和加工。印加人古老的文化传统辐射到高地和沿海地区，与玛雅人、阿兹特克人的文化一起被誉为美洲三大印第安文化，对南美文化产生了深远影响。

印加帝国灭亡后，印加人的后裔大部分已分别形成克丘亚人和艾马拉人，现散居在安第斯山脉各国，成为各国居民的组成部分。

■ 因纽特人：雪原居民

因纽特人就是大名鼎鼎的爱斯基摩人，人数不多，只有几千人，分散地居住在加拿大北部和阿拉斯加一带。因纽特人不喜欢外人称他们为"爱斯基摩人"，因为其原意是指"吃生肉的人"。据说因纽特人是从白令海峡来到美洲的，然后就在海岸边安家落户，主要靠猎捕海生哺乳动物和陆地哺乳动物为生。因纽特人也从事渔业，主要捕食海鱼，一些地方化的种族也捕捉淡水鱼。由于居住在冰天雪地里，抵御严寒的衣服就成了因纽特人必不可少的装备之一，所以海豹和加拿大驯鹿的皮毛便成为因纽特人制作御寒衣服的重要材料。因纽特人冬天居住的是用雪砖垒成圆屋顶的传统房屋——雪屋，到了夏季，他们则住在兽皮搭成的帐篷里。

因纽特人世世代代生活在北极地区，至少已有4000多年的历史。现在，因纽特人也已经开始接受现代文明，生活发生了巨大变化。

■ 能歌善舞的古巴人

北美洲加勒比海地区的古巴居民，主要是18世纪末至19世纪70年代西班牙移民与来自非洲的黑人后裔。古巴人性格乐观，富于激情，豪爽热情，能歌善舞。由于地域和气候的差异，古巴西部地区以哈瓦那人为代表的古巴人更熟悉现代民族的文明礼仪，富有教养、懂礼貌，温文尔雅；而炎热的东部地区以圣地亚哥人为代表的古巴人，则有着明显的粗犷、勇敢、尚武和不屈的性格。

古巴街头的舞者
热烈、浪漫、狂放是古巴舞蹈的特质，也是古巴民族的特点。在古巴的街头，到处都能看到人们放歌热舞。

古巴人特别善于跳舞，拉丁舞中的曼波、恰恰、萨尔萨、伦巴舞等都发源于古巴。古巴人苦闷时，不会一味抱怨，而是通过奔放的舞蹈宣泄情绪，据说伦巴舞就是古巴人为了释放情绪而发明的一种舞蹈。热情洋溢的舞蹈让他们拥有了自由的心灵和豁达的性格，使他们活得舒展而快乐，也充分表现了他们对生命的热爱之情。

因纽特人的指路石
这种指路石是用石头堆叠而成的人体形象，堆叠者最初的用意是引导因纽特人寻找同类的村庄和栖息之地。

【百科链接】

雪茄： 一种用经过风干、发酵、老化的原块烟叶卷制出来的纯天然烟草制品。古巴雪茄被公认为全世界最好的雪茄。

美利坚人：民族熔炉
热情豪放的墨西哥人

龙舌兰：多年生常绿植物，原产于美洲，喜温暖、光线充足的环境，耐旱性极强。有些种类要十年或几十年才能开花，花序可高达8米，为世界之最。

世界民族篇

■ 美利坚人：民族熔炉

美国本土原来是印第安人的故乡。自16世纪起，西班牙、荷兰、法国和英国开始向这片新大陆输送移民。18世纪时，英国人在大西洋沿岸建立了13个殖民地，大肆屠杀并驱逐印第安人，还从非洲运来大批黑人充当奴隶。在几百年的殖民地时期，来自英国、荷兰、德国、法国、瑞士和瑞典的欧洲移民共同生活在这片土地上。所以说美国是一个典型的移民国家，其居民主要是不同历史时期迁入的移民的后裔。

■ 热情豪放的墨西哥人

早在公元前2000年，阿兹特克人、玛雅人就已在现今的墨西哥境内定居，从事捕猎和采集活动。16世纪，墨西哥沦为西班牙殖民地，大批欧洲人涌入，所以现代的墨西哥民族是由西班牙人同印第安、黑人长期融合后形成的。其中印欧混血种人约占90%，印第安人占7.8%，其余为欧洲移民、黑人和华人等。墨西哥居民通用西班牙语，天主教是墨西哥人信仰的最主要的宗教，其教徒占全国信教人数的80%左右。

墨西哥人对音乐如醉如痴，每逢大型演出，都是台上表演，台下呼应，众人一同扭腰摆臀，手舞足蹈，不亦乐乎。墨西哥人的豪饮也举世闻名，成年人每年人均饮用酒量名列拉美第一，亦居世界前列。在墨西哥，最出名的酒就是塔其拉酒。它的生产原料是一种叫作龙舌兰的珍贵植物，酒本身有股很特殊的甜香。

墨西哥人热情豪放，他们所喜爱的塔其拉酒喝法也很多样，比如可以加冰，而最具特色的喝法，却是将酸橙蘸上粗盐，再放在嘴中吮吸，然后将杯中的塔其拉酒一饮而尽，口感又酸又咸，实在是难以形容。

美利坚人
美利坚民族可谓是一个民族大"熔炉"，主要由不同历史时期迁入的移民后裔所组成，共有100多个民族。

美利坚民族包括100多个民族，分属欧罗巴、尼格罗、蒙古三大人种和各种混合人种。虽然各族人民在日常生活中保留了一些传统特点，但在长期交往中，美利坚民族已经成为了一个独立的文化共同体。

墨西哥宽边帽
传统的墨西哥人习惯戴尖顶的大圆盘式的草帽，被人们称为"墨西哥帽"。这种草帽现在已经成为墨西哥的标志之一。

负鼠：一种原始、低等的有袋类哺乳动物，平均身长45厘米左右，外形酷似老鼠。常常夜间外出，捕食昆虫、蜗牛等小型无脊椎动物，也吃一些植物。

▶ 澳大利亚土著：图腾部落
▶ 波利尼西亚人：群岛居民

大洋洲的居民

■ 澳大利亚土著：图腾部落

澳大利亚有"羊背上的国家"之称，澳大利亚土著是世界四大人种之一，又称澳洲及大洋洲人种或棕色人种。其体质特点是肤色黝黑，发形卷曲呈波浪状，鼻梁低而宽，眉脊明显，颌部突出。

澳大利亚土著人
早在4万多年前，土著居民便在澳大利亚这块古老的土地上生息繁衍，至今一些土著人仍保留着自己的风俗习惯。

现在澳大利亚一些部落的土著人仍然保留着他们的风俗习惯：主要以狩猎为业，捕猎袋鼠、鸵鸟、负鼠等动物，大部分人仍居住在用树枝和泥坯搭成的窝棚里，围一块布或袋鼠皮以蔽体，并喜欢文身或在身上涂抹各种颜色。每个氏族都以某一动物或植物为图腾，作为该氏族的标志。任何人都不能伤害作为本氏族图腾的动植物。

这些土著平时仅在面颊、肩部和胸部上涂一些黄白颜色，只有参战时才会在身上涂红色，死后身上会被涂白色，节庆仪式或表演歌舞时他们则会彩绘全身。文身多为粗线条，有的像雨点，有的似波纹。对受过成年礼的土著人来说，文身不仅是装饰，而且还可以吸引异性。在狂欢舞会上，他们往往会头戴五彩装饰，身画彩纹，围着篝火跳集体舞。

【百科链接】

羊背上的国家：
澳大利亚地处南太平洋和印度洋之间，国土面积768万平方千米，人口1800多万。全国地势低平，草场辽阔，畜牧业非常发达，故有"羊背上的国家"的美称。

■ 波利尼西亚人：群岛居民

根据现有的考古发现，大约在2500年前，波利尼西亚人的祖先从东南亚陆续迁到了大洋洲东部的波利尼西亚群岛，然后定居于此。后来他们又散布到了广阔海域中的其他岛屿，北至夏威夷，东抵复活节岛，西南到达新西兰。现在的波利尼西亚是指波利尼西亚群岛上的民族集团，包括了毛利、汤加、夏威夷、复活节岛等十多个支系，人口数量超过百万。波利尼西亚人大多属于南方蒙古人种和澳大利亚人种的混合类型，皮肤为浅褐色，多使用不同种类的方言。

18世纪末，欧洲殖民者侵入澳洲，波利尼西亚社会尚处在原始公社制解体后的不同阶段。近200年来，波利尼西亚人受美、英、法殖民统治，传统经济文化遭到破坏，劳动群众备受奴役摧残。近年来情况才大为好转，人口数量渐呈回升之势。波利尼西亚人原来崇拜多神，现在则改信了基督教和天主教。

在日常生活中，波利尼西亚人一般使用石、骨、贝、木等材料制造工具，尤其擅长编织和木刻。他们不会纺织，就用树皮捶制成一种叫作"塔帕"的"布料"来做衣服，制成的服装有围胸、围腰、短裙和披肩等。他们普遍佩戴的饰物有羽毛头盔和手镯等。

毛利人的图腾柱
毛利人是新西兰的少数民族，相传毛利人的祖先于10世纪后自波利尼西亚群岛中部的社会群岛迁来，后与当地土著美拉尼西亚人不断融合。但今天的毛利人在体质特征上与波利尼西亚人仍有很多相似之处。

Part 6

民间风尚篇

《淮南子》：西汉初期淮南王刘安招集门客集体编撰的一部奇书。全书以道家思想为主，融诸子百家思想于一体，是对汉以前古代文化的一次最大规模的总结。

▶ 二十四节气
▶ 除夕守岁

中国节庆

■ 二十四节气

我国自古以农立国，古时农民按照季节来安排农事活动。早在春秋战国时期，人们就根据太阳一年内的位置变化以及动植物不同季节的生长情况等自然现象，把一年的天数平均分成二十四份，并且给每等份取了个专有名称，分列在十二个月中反映四季、气温、物候等情况，这就是二十四节气。战国后期成书的《吕氏春秋》中有立春、春分、立夏、夏至、立秋、秋分、立冬、冬至八个节气的名称，它们正是二十四个节气中最重要的几个节气。后来《淮南子》一书中又具体列出了二十四节气的名称，分别是：正月的立春、雨水；二月的惊蛰、春分；三月的清明、谷雨；四月的立夏、小满；五月的芒种、夏至；六月的小暑、大暑；七月的立秋、处暑；八月的白露、秋分；九月的寒露、霜降；十月的立冬、小雪；十一月的大雪、冬至；十二月的小寒、大寒。

贴春联

每到除夕这一天，家家户户都会在大门门框贴上大红的春联，以增添节日的喜庆气氛，表达对来年的祝福和企盼。

■ 除夕守岁

除夕通常是指春节的前一天，即腊月二十九或三十的晚上。我国的汉族同胞一直有守岁的习俗。所谓守岁，又称"熬年"，就是在除夕之夜，一家老小熬夜不睡觉，以迎接新年。关于守岁，在民间流传着一个有趣的故事。

古时候，深山老林里，有一种叫作"年"的凶猛怪兽。它相貌狰狞，生性凶残，以飞禽走兽、鳞介虫豸为食，从磕头虫一直吃到人，几乎一天换一种口味，人们谈"年"色变。后来，人们慢慢掌握了"年"的活动规律：它大约每隔365天才来到人群聚居的地方吃一次人，而且出现的时间都是在天黑后，等到鸡鸣破晓，它便返回山林中去了。

人们算准了"年"作乱的规律，便把"年"出现的那个可怕的一夜视为难过的关口，称作"年关"，并且想出了一套过年关的办法：每到这一天，每家每户都提前做好晚饭，然后熄火净灶，再把鸡圈牛栏全部拴牢，并将宅院的前后门都封住，这时才躲在屋里吃"年夜饭"。吃饭前先供祭祖先，祈求祖先的神灵保佑自家人平安地度过这一夜。吃过年夜饭后，人们都不敢睡觉，便围坐在一起闲聊以壮胆。后来，除夕"熬年守岁"的习俗就逐渐形成了。

饺子

中国人有过年吃饺子的习俗，饺子一般要在年三十晚上包好，到半夜子时上桌，取"更岁交子"之意。

- 辞旧迎新的春节
- 灯火如昼的元宵节

天官：道教所奉三官（天官、地官、水官）之一，传说由青、黄、白三气结成，每逢正月十五上元之日，即下人间，校定人之罪福，故称天官赐福。

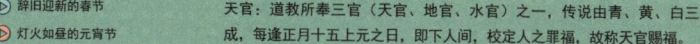

民间风尚篇

■ 辞旧迎新的春节

春节是我国传统习俗中最隆重的节日，古人又称之为元日、元旦、元正、新春、新正等。今人称其为春节，是在采用公历纪元后制定的节日。

春节一般指农历正月初一，也指正月初一以后的几天，其历史很悠久，起源于殷商时期年头岁尾的祭神祭祖活动。但在民间，传统意义上的春节是指从腊月初八的腊祭或腊月二十三的灶祭，一直到正月十五，其中以除夕和正月初一为高潮。春节期间，我国的汉族和很多少数民族都要举行各种活动以示庆祝。这些活动均少不了祭神、祭祖等内容，而祭神、祭祖为的是除旧布新、迎福纳禧，带有浓郁的民族特色。

舞狮
每到春节等喜庆的节日，人们往往会舞狮助兴，以渲染热闹的气氛，并且祈求平安吉祥。

春节期间，家家户户贴春联、放鞭炮、吃饺子，人们走亲访友，参加舞狮子、耍龙灯、游花市、逛庙会等活动。此时花灯满城，游人满街，大街小巷洋溢着喜庆气息。中国人就是以这样的方式庆祝着一年中最隆重的节日。

■ 灯火如昼的元宵节

早在2000多年前的西汉，中国人就开始过元宵节了。许多学者认为元宵节的起源与道教的"三元节"有关。据道教的相关典籍记载，正月十五日为上元节，七月十五日为中元节，十月十五日为下元节。主管上、中、下三元的分别为天、地、水三官。天官喜欢热闹和光亮，因此上元节要燃灯庆祝，那一晚便变得灯火如昼。后来道家的这一节日便发展成为民间普遍庆祝的节日。

按中国民间的传统，在上元节的皓月高悬、大地回春的夜晚，人们要以观灯、猜灯谜、吃元宵等各种方式来庆贺。

我国南北各地都有元宵节吃元宵的习俗。关于它的最早记载，始见于宋人周必大的《平园续稿》和陈元靓的《岁时广记》等史料。宋时元宵称"浮圆子""圆子"或"糖元"。因元宵节必食"圆子"，所以人们逐渐用元宵节之名取代了上元节。

元宵在宋时很珍贵，宋代姜夔有诗云："贵客钩帘看御街，市中珍品一时来。"诗中的"市中珍品"即指元宵。元宵象征着全家人团团圆圆、和睦幸福，吃元宵则寄托了人们对未来生活的美好憧憬。随着时间的推移，元宵节的庆祝活动越来越多，不少地方节庆时增加了耍龙灯、舞狮子、踩高跷等传统民俗表演。

元宵灯会
每到正月十五，家家都要挂灯，天上明月高悬，地上彩灯万盏，人们观灯、猜谜、吃元宵，合家团聚，其乐融融。

129

龙王：神话传说中在水里统领水族、掌管兴云降雨的神。

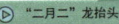 "二月二"龙抬头
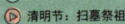 清明节：扫墓祭祖
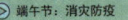 端午节：消灾防疫

■ "二月二"龙抬头

"二月二"，古称为中和节，俗称"春龙节"，象征着春回大地、万物复苏。民间传说，每逢农历二月初二，是天上主管云雨的龙王抬头的日子，从此以后，雨水会逐渐多起来。因此，这天就被称为"春龙节"。我国北方广泛流传着"二月二，龙抬头；大仓满，小仓流"的民谚。

"二月二"在饮食上很有讲究，因为人们相信"龙威大发"，就会风调雨顺、五谷丰登，所以这一天的饮食多以龙为名。吃春饼名曰"吃龙鳞"，吃面条名曰"扶龙须"，吃米饭名曰"吃龙子"，吃馄饨名曰"吃龙眼"，吃饺子名曰"吃龙耳"。

在众多的食俗活动中，以吃摊煎饼和吃炒豆的人最多。民间认为，这一天是东海龙王的生日，煎饼是龙王的胎衣，吃煎饼，是为龙王嚼灾；扔煎饼，是为了掩埋龙王的胎衣；吃炒豆，是为"金豆开花，龙王升天，兴云布雨，五谷丰登"。

■ 清明节：扫墓祭祖

从时令上说，清明是我国的二十四节气之一，按古籍《岁时百问》的说法："万物生长此时，皆清洁而明净。故谓之清明节。"清明节之后，气温回升，雨量增多，正是春耕春种的大好时节。

从民俗上说，清明节又叫寒食节，我国传统的清明节大约始于春秋战国时期，已有2000多年的历史，为我国民间最重要的祭祀节日之一。在这一天，人们吃寒食、祭祖扫墓。扫墓时，人们带上酒食果品、纸钱等到墓地，先将食物供祭在先人墓前，接着将纸钱焚化，再为坟墓培上新土，然后折几枝新柳插在坟上，再叩头行礼祭拜，最后吃掉酒食。直到今天，清明节祭祖扫墓、悼念已故亲人的习俗仍然盛行。

清明节时，春光明媚、草木吐绿，正是春游（古代叫踏青）的好时候，所以古人会在清明节开展放风筝、荡秋千、蹴鞠、打马球等一系列体育活动。

【百科链接】

蹴鞠： 该词原意就是用脚去踢球，此项活动最早出现于春秋战国时期的齐国国都临淄，最初是用来训练武士的，后来逐渐演变成人们喜爱的体育活动。蹴鞠是古代清明节时一项重要的活动。

清明踏青
清明节在每年公历4月初，其时春光明媚、草木吐绿，正是春游的好时候，所以古人有清明踏青的习俗。

■ 端午节：消灾防疫

端午节是我国最隆重的传统节日之一。

中国人过端午节已有2000多年的历史，每年农历五月初五，南北各地都要一起庆祝这个节日。端午节亦称端五节，"端"的意思和"初"相同，称"端五"也就如称"初五"。因在五月，端午节又有五月节之称；端午节时，出嫁的女儿要回娘家小住，所以它还被称为女儿节；有人认为过端午节是为了纪念诗人屈原，所以又称之为诗人节；还有人认为过端午节是为了庆贺夏至日来临，故又称此节为夏节；因在夏季，端午节又被称为天中节。

粽子
吃粽子是端午节的传统习俗之一，据说此举是为了纪念战国时的大诗人屈原。人们用苇叶将糯米和各种馅料包起来，捆扎成三角形状，煮熟后食用。

牛郎织女会"七夕"	钟馗：我国民间传说中的驱鬼逐邪之神，生得豹头环眼、铁面虬髯，相貌奇丑，	
"鬼节" "七月半"	秉性刚直、不惧邪祟。民间奉其为"驱魔大神"，悬其像以驱鬼。	民间风尚篇

端午节不仅称谓多种多样，节俗也多种多样，正所谓"千里不同风，百里不同俗"。但随着社会的发展与文化交流的频繁，各地逐渐在相互吸收融合的基础上，形成了一些共同的节日风俗，如吃粽子，出嫁女儿回娘家，赛龙舟，荡秋千，比武，击球，挂钟馗像，躲午，悬艾叶、菖蒲，挂荷包，拴五色丝线，饮雄黄酒，吃五毒饼、咸蛋和时令鲜果等，其中许多习俗已流传至韩国、日本等邻近诸国。

赛龙舟
据说早在2000多年前，端午节赛龙舟的习俗就已经在民间流传。

"乞巧"的习俗
妇女们有在"七夕"这一天"乞巧"的习俗，她们通常以碗装水置于庭院中，然后将一束针散放在水面上，据说针在水中呈列的图案越好看，放针者的手就会越灵巧。

■ 牛郎织女会"七夕"

农历七月初七，是中国的传统节日七夕节。到了晚上，天空繁星闪耀，银河纵贯南北。在银河东西两岸，各有一颗闪亮的星星，它们遥遥相对，似在默默相望，这两颗星星就是牵牛星和织女星。传说它们是一对情人——牛郎和织女幻化而成的，每年这天都会通过鹊桥相会。因此，"七夕"也就成了中国的"情人节"。在这个晚上，世间无数有情男女都会对着星空祈求自己姻缘美满。七夕节源于汉代，东晋葛洪的《西京杂记》有"汉彩女常以七月七日穿七孔针于开襟楼，人俱习之"的描述，这是我国史料中关于七夕节以及七夕乞巧的最早的记载。

七夕节还称"女儿节"，是过去女子们最为重视的节日之一。据说，织女是一个美丽聪慧、心灵手巧的仙女，其针织技法之娴熟，天上人间莫有与之相较者。因此女子们经常会在"七夕"的颇富浪漫气息的晚上，在院子里摆上时令瓜果，然后朝天祭拜，祈求天上的织女赋予她们聪慧的心灵和灵巧的双手，让她们的女红技法娴熟，同时也祈求姻缘巧配。因此，七夕节还被叫作"乞巧节"。

■ "鬼节" "七月半"

"鬼节"又称"盂兰盆节""中元节"，俗称"七月半"。民间有去世的祖先会在七月初被阎王释放半月的传说，所以形成了七月初接祖，七月半送祖的习俗。送祖时，纸钱冥财要烧得很多，以便"祖先享用"。同时，在写有享用人姓名的纸封中装入纸钱，然后焚烧，称"烧包"。

鬼节的传统习俗，最著名的莫过于招魂祭祖、做法事道场和放河灯三项了。招魂是为了请死人魂魄归于尸体和墓穴而进行的仪式。祭祖一般在招魂后开始，包括摆放祭祀酒菜、点香燃烛、烧纸钱等内容。做法事道场则是佛家普度众生思想的具体展现，仪式往往极为隆重，高僧云集，场面浩大。至于放河灯这项古老的习俗大约始于南北朝梁武帝时期，最初只是僧人在放生池里放河灯，后来流传到民间，成为人们表达对死去亲人的思念的一种形式。

【 百科链接 】

《西京杂记》：
中国古代小说集，每篇短者仅十余字，长者亦不过千余字，所记多为西汉奇闻逸事、时尚风俗，书的作者是谁至今未有定论。

白象舞：傣族人视白象为吉祥美好的象征，每年春耕完毕，云南瑞丽等地的傣族同胞都会抬着篾插纸糊、外粘棉花的白象表演舞蹈，即白象舞。

▷ 全家团圆的中秋节
▷ 草原盛会那达慕
▷ 傣族的泼水节

■ 全家团圆的中秋节

根据我国的历法，农历八月为秋季的第二个月，故称"仲秋"，而八月十五又在仲秋中间，所以称"中秋"。八月十五晚上往往明月当空、月朗星稀，故民间有赏月与祭月之俗。中秋节的主要习俗有赏月、祭月、观潮、吃月饼等。从时令上说，秋天又是"秋收节"，春播夏种的谷物到了秋天就该收获了，自古以来，人们都在这个季节饮酒跳舞，喜气洋洋地庆祝丰收。今天，尽管一些旧俗已不再盛行，但中秋节在中国人的心中仍然是最为重要的传统节日之一。节前，远在他乡的游子往往都要赶回家乡，为的就是八月十五晚上和家人团聚，共度佳节。

月饼

中秋节这一天，人们要吃月饼以示"团圆"。月饼，又叫胡饼、宫饼、月团、丰收饼、团圆饼等，是古代中秋祭拜月神的供品。

■ 草原盛会那达慕

那达慕是蒙古族传统的节日盛会，过去一般在草绿花红、马壮羊肥的七八月举行，或以嘎查（村屯）、苏木（区乡）为单位，或以旗县为单位，会期大概在一周。每当举办大会时，蒙古族的牧民都要穿上节日盛装，扶老携幼，带着蒙古包和日常用品，乘车骑马，从四面八方赶往大会的举办地。大会上有各种竞技活动，其中的主要项目是"男儿三艺"，即骑马、射箭、摔跤比赛。

现在的那达慕大会从内容到形式都已经焕然一新。它不再受时间、空间限制，辽阔的草原可以是那达慕会场，大都市的体育场馆同样也可以是那达慕举办地。

■ 傣族的泼水节

泼水节是傣族最隆重的节日，在云南少数民族中影响极大。

云南民间认为在泼水节当天，水带有吉祥气，泼在身上可消灾除病。泼水有"文泼"和"武泼"之分。"文泼"是用树叶、树枝蘸着盆里的水或用口盅舀水向对方泼去，边泼边说祝福的话语。"武泼"则指人们用铜钵、脸盆甚至水桶盛水，在大街小巷嬉戏追逐，逢人便狂泼。"水花放，傣家狂"，泼水节成了狂欢的节日，水花在空中飞舞，传递着吉祥与祝福。人们从头到脚全身湿透，但却个个兴高采烈。

泼水节当天还有赶摆、赛龙舟、浴佛、诵经、章哈演唱、斗鸡、跳孔雀舞和白象舞、丢包、放高升、放孔明灯等民俗活动。近几年来，还增加了民俗考察、经贸洽谈等内容，使泼水节的活动更加丰富多彩。

那达慕大会上的摔跤比赛

欢乐的泼水节

泼水节源于印度，曾是婆罗门教的一种仪式，后来为佛教所吸收，经缅甸传入云南傣族地区。泼水节一般在公历4月13日至15日举行。

- 十二生肖
- 出生"洗三"

王充：字仲任，东汉杰出的唯物主义思想家和哲学家，极力否定"天有意志""天人合一"的观点，抨击"人死为鬼，有知，能害人"的迷信邪说。

民间风尚篇

🌸 传统风俗

■ 十二生肖

十二生肖是中国人的十二种属相。古人曾经拿十二种动物来搭配十二地支：子为鼠，丑为牛，寅为虎，卯为兔，辰为龙，巳为蛇，午为马，未为羊，申为猴，酉为鸡，戌为狗，亥为猪。后来人们就根据某人出生的年份规定了其属相，例如子年生的属鼠，亥年生的就属猪。十二种动物总称为十二生肖。在古代，生肖常常被涂上迷信色彩，祸福灾喜等大事，往往和属相牵扯在一起。特别是在婚配中，男女属相有很多讲究，所谓"鸡狗断头婚""龙虎不相容"等说法在封建时代不知拆散了多少有情人。

十二生肖铜镜
将十二生肖的纹饰刻于铜镜的背面做装饰的做法，始于隋代，此后历朝历代都曾铸造刻有十二生肖纹饰的铜镜。

十二生肖的说法源于何时，今天已难于细考。长期以来，不少人将东汉唯物主义思想家王充的名著《论衡》视为最早记载十二生肖的文献。该书中的《物势》一章记载道："寅，木也，其禽，虎也。戌，土也，其禽，犬也。……午，马也。子，鼠也。……酉，鸡也。卯，兔也。……亥，豕也。未，羊也。丑，牛也。……巳，蛇也。申，猴也。"以上引文只提到十一种生肖，还少一种龙的属相。不过《论衡·言毒篇》又说："辰为龙，巳为蛇，辰、巳之位在东南。"这样十二生肖便齐全了。十二地支与十二生肖的配属非常完整，于是就一直流传到了现代。

■ 出生"洗三"

在漫长的人生旅程中，总是不乏丰富多彩的礼仪活动，甚至许多礼仪活动都是人们在人生之路上的某一重要时期必不可少的经历。我国流行于湖广等地区的"洗三"之风俗，具有丰富的民俗内涵和喜庆色彩，是庆贺新生的重要仪式。

所谓"洗三"，就是为出生三天的婴儿洗身体的仪式。洗的时候，浴盆里要放上喜蛋和金银首饰等物品。用喜蛋擦抹婴儿的额头，是希望孩子不长疥疮，金银首饰则是用来压惊

【百科链接】

十二地支：
古人分别将天干和地支相配，用以表示年、月、日、时的次序。十二地支依次是子、丑、寅、卯、辰、巳、午、未、申、酉、戌、亥。

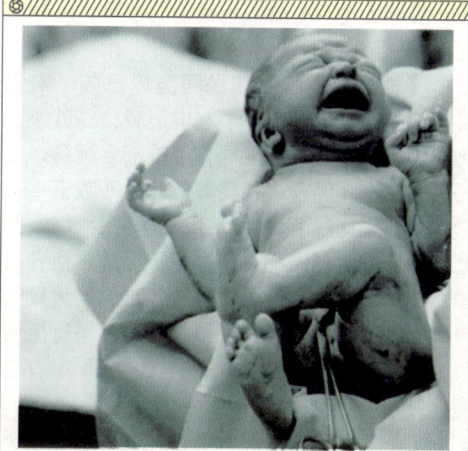

刚出生的婴儿
给新生儿洗澡不仅可以使其保持清洁卫生，还可以加速婴儿血液循环，增强抵抗力。

133

及笄：女子年满15岁。笄，束发用的簪子。古代女子一般到15岁时，就把头发盘起来（谓之结发），并用簪子绾住，表示已经成年。

▶ 满月与抓周
▶ 成年礼

的。洗完后，再用婴儿父亲的一只鞋、一块碎缸片、一根肉骨头，与婴儿一起称重量。这是希望孩子长大后有刚骨。也有人用红带条分系孩子的两手，这是盼望孩子长大后安分守己，不胡作非为。如果主人家生的是男孩，观礼的客人还要向主人索要酒食，这叫"吃喜"。

给婴儿洗澡不仅可以使其祛除污秽，还可以加速其血液循环，促进其生长发育。如今，婴儿多在医院出生，"洗三"之俗也就不再流行了。只有在偏远地区，还有部分人沿袭，但程序已大为简化，迷信色彩也逐步淡化，只是其中蕴含的对婴儿的祝福之情却延续至今，未曾改变。

■ 满月与抓周

新生儿出生足一个月的时候，其父母往往要举家庆贺，这就是所谓的过满月。过满月主要是为了庆祝添丁之喜和足月之喜，代表着长辈们对孩子的良好祝愿。

"抓周"又叫"试儿"，这种习俗在民间流传已久。它是婴儿周岁时举行的一种用来预测其前途的仪式，与产儿报喜、三朝洗儿、满月礼、百日礼等一样，同属于传统的诞生礼仪，其核心是对生命顺利延续的祝愿，反映了父母对子女的舐犊深情。

"抓周"的风俗在民间流传已久。宋代吴自牧的《梦粱录·育子》中记载："其家罗列锦席于中堂，烧香秉烛，金银七宝玩具、文房书籍、道释经卷、秤尺刀剪、升斗戥子、彩缎花朵、官楮钱陌、女工针线，应用物件，并儿戏物，却置得周小儿于中座，观其先拈者何物，以为佳谶。"意思就是婴儿过周岁生日的时候，亲友纷纷送礼物祝贺，并为其举行抓周仪式。具体做法是在婴儿面前摆一些预示着他将来职业的东西，比如笔、刀、算盘、花、铲、瓜果等。然后通过看他抓什么来预测他将来的志向和兴趣。抓周的同时还要给婴儿穿百家衣、戴百家锁。百家衣就是婴儿的父母家人到百家索要各色的小布头后，连缀成的小孩衣服。百家锁多为一面金锁或银锁，有的上面还坠上50个小金牌，非常华贵美观。

■ 成年礼

在我国，成年礼是一项流传已久的古礼。所谓"男子二十弱冠，女子十五及笄"。传统习俗中，汉族男子一般在20岁时行冠礼。所谓"加冠"，就是由仪式的受邀贵宾为20岁的男子戴三次帽子，称为"三加"，象征被加冠者从此有了治人的权利、服兵役的义务和参加祭祀活动的资格。女子则在15岁时行笄礼，笄礼规模比冠礼要小得多，主要是由女性家长为行笄礼者改变发式，表示其少女时代从此结束。

成年礼表示一个人从孩童、少年进入了人生的新阶段。这是一种重要的礼仪，历朝历代，举行过这个仪式的人才被认定为成年人。世界上许多原始民族中，成年礼也是一道个体走向社会的必不可少的程序。

成年礼的意义很多，主要有以下几点：第一，这是一项自我肯定的仪式，宣告着"天生我才必有用"；第二，这是一项表明自己已能承担责任的仪式，标志着青年即将进入社会并承担起对自己、家庭、国家的责任；第三，这是一项标示自己心智成熟的仪式，说明了青年已经成熟；第四，这是一项感恩的仪式，表达了青年对父母、朋友、社会的感谢之情。

【百科链接】

弱冠：
古代男子20岁时须行冠礼，以示成年，但体犹未壮，故称弱冠。冠礼在宗庙中进行，由该男子的父亲主持，并由指定的贵宾给行冠礼的青年加冠三次。

八仙：民间广为流传的八位道教神仙，分别为：铁拐李、汉钟离、吕洞宾、张果老、曹国舅、韩湘子、蓝采和、何仙姑。

民间风尚篇

■ 结婚的三书六礼

三书六礼是中国传统婚俗的基本礼仪，早在先秦时代就已经形成。所谓"三书"是指聘书、礼书和迎书。所谓"六礼"，则是婚礼前嫁娶双方必须办妥的六项手续。男女双方订婚时，男家交予女家的书柬即聘书，它是用来确定婚约的。礼书是男家在过大礼时给女家的书信，要详细列明礼品的种类和数量。迎亲当日，男家送给女家的书柬为迎书。这三书是整个婚礼程序中男方向女方表示敬意的书柬。

凤冠霞帔

凤冠霞帔原是明代受朝廷诰封的命妇的装束，后来成为平民女子出嫁时的礼服。

六礼分别是纳采、问名、纳吉、纳征、请期、迎亲。纳采是古时婚礼之首，即男方请媒人向女方提亲。女方家长接受求亲后，会将女儿的出生年、月、日交给媒人，目的在于防止近亲婚姻以及占卜双方的婚姻是否适宜，这就是问名。纳吉又称过文定，男家会请算命先生推算双方的八字是否相合，这种仪式也叫小定。纳征又称过大礼，一般在婚礼前一个月至两周进行，男女双方家长洽商妥了婚事的一切条件后，男家会依照议定的条件送聘礼到女家；点收大礼的工作则由女家长辈代办。请期亦即择日，男家请算命先生择定良辰吉日，找个迎娶的好日子，以求婚事顺利，二人和顺。迎亲是婚礼的最后程序，即新郎前往女家迎娶新娘，然后两人回到男家拜天地入洞房。

■ 祝寿礼仪

祝寿是人生中必然会经历的事，给同辈朋友过生日，不必拘泥于形式，但给长辈祝寿时，礼数就稍多一些。除了穿衣服要讲究之外，还必须带一份含有健康长寿意义的礼品，比如寿桃。

在民间传统中，给老人祝寿的寿桃多由老人的女儿赠送，寿桃的数量为一大八小。大的寿桃象征寿，其余八桃象征八仙。也有人按老人的年龄来赠送寿桃，如60岁寿诞便送60枚，70岁寿诞便送70枚。赠送寿桃时还要把它们层层相叠，堆成宝塔形，顶上插上大红"寿"字。这样的摆放，有祈祝寿星寿命长、洪福齐天的意思。

寿宴开始后，寿翁坐在正位，接受亲友和晚辈的祝贺。拜寿时由主持者喊礼，辈分不同，拜礼也有区别。平辈只是一揖，子侄则要向寿星四拜，有的还要用寿盘盛熟鸡蛋四枚或枣汤一碗奉于寿星。贺寿仪式完毕，大家才共吃寿宴，喝祝寿酒。

【百科链接】

生辰八字：

一个人出生的年、月、日、时，各有天干、地支相配，每项两个字，四项共八个字，故称生辰八字。旧俗订婚前，男女双方要互换生辰八字，以判断双方是否"相克"，能否成婚。

麻姑献寿粉彩瓷瓶

麻姑是传说中的女寿仙，据说曾在王母娘娘寿辰时献上灵芝酒。南极仙翁则是传说中的男寿仙，因此，古人祝寿时，一般会给女寿星献上麻姑图，给男寿星献上南极仙翁的画像。

火鸡：吐绶鸡属的一种。原产于北美洲东部和中美洲，本为野生，现已驯化为家禽。体型比家鸡大3至4倍，生长迅速，抗病性强，被誉为"造肉机器"。

▶ 圣诞节：纪念耶稣诞生
▶ 复活节：春天与重生

外国节庆

■ 圣诞节：纪念耶稣诞生

公历12月25日，是基督教创始人耶稣诞生日，基督教徒称之为圣诞节。这一天，世界所有的基督教会都会举行特别的礼拜仪式。圣诞节本来是基督教徒的节日，由于人们格外重视，便成了一个全民性的节日。但现在圣诞节的活动和宗教已没有了任何关联。

西方人以红、绿、白三色作为圣诞色，圣诞节来临时，家家户户都要用圣诞色来装饰。红色的有圣诞花和圣诞蜡烛，绿色的是圣诞树，白色的是很多作为装饰的小零件。西方儿童还会在壁炉前或枕头旁放上一只袜子，等候圣诞老人在他们入睡后把礼物放在袜子内。

庆祝圣诞的习俗很多，国与国之间的差别很大。大部分人熟悉的圣诞符号，如圣诞树、

圣诞树
许多常青树都可以做圣诞树，比如松柏、杉树，也有人造圣诞树。人们在树上挂满琳琅满目的装饰品，并在树顶放一颗硕大的星星，这颗希望之星必须由一家之主挂上去。

圣诞火腿、圣诞柴、冬青、槲寄生等，都是基督教传教士附会出来的。美国人庆祝圣诞节的活动有：布置家庭，安置圣诞树，在袜子中塞满礼物，吃以火鸡为主的圣诞大餐，举行家庭舞会等。圣诞节前后，芬兰漫山遍野都是怒放的紫罗兰，掩映在白色的大地上，片片紫红色，使人心旷神怡。

【百科链接】

圣诞贺卡
圣诞节的节日赠品，表达自己对别人的良好祝愿。20世纪以后，互赠圣诞贺卡蔚然成风，许多人都以圣诞卡向亲友表达祝福。

■ 复活节：春天与重生

复活节是基督教纪念耶稣复活的节日。据《圣经·新约全书》记载，耶稣被钉死在十字架上，死后第三天复活并且回到天国，复活节也因此得名。325年，罗马帝国的一次教士会议，把每年春分月圆后的第一个星期日规定为复活节。如果月圆那天刚好是星期日，复活节则推迟一星期。因而复活节可能在3月21日至4月25日之间的任何一天。

复活节彩蛋
复活节当天，父母会把藏有小礼物和小惊喜的彩蛋藏在家里的一些角落，然后让孩子们去寻找。彩蛋是复活节最典型的象征，代表了新生、惊喜和另藏玄机。

在多数西方国家里，复活节一般要举行盛大的宗教游行。游行者身穿长袍，打扮成基督教的历史人物，手持十字架前进，同时唱着颂歌以欢庆耶稣复活。不过如今的节日游行早已失去往日浓厚的宗教色彩。在美国，游行队伍中既有身穿牛仔服、踩着高跷的小丑，也有活泼可爱的卡通人物米老鼠，主要以介绍当地的历史和风土人情为主。

如今，对大多数人来说，复活节只是一个可以享受美好春光的普通节日。节日期间，人们喜欢彻底地打扫自己的住处，表示新生活从此开始。许多家庭都会把早餐吃的蛋放在几个盛有不同颜色的植物染料的锅里煮。这样端上来的蛋不再是白色或浅棕色的，而是黄色、粉红色、蓝色或绿色的，这便是极受欢迎的复活节彩蛋。

- 万圣节：西方的鬼节
- 狂欢节：狂歌痛饮

南瓜灯：用南瓜雕制南瓜灯是万圣节的传统，据说是为了吓走游魂。万圣节当晚，若有人家在窗户上挂南瓜灯，就表示人们可以来敲门"捣鬼"要糖果。

民间风尚篇

■ 万圣节：西方的鬼节

每年公历的10月31日是西方的传统节日——万圣节，又叫鬼节。它的起源与宗教活动有关。在基督纪元以前，凯尔特人常在10月末举行宗教仪式。当时的占卜者会以火焰来驱赶所谓的妖魔鬼怪。后来罗马人用果仁和苹果来庆祝丰收，并与凯尔特人的10月末的节日融合成万圣节了。19世纪末，爱尔兰移民把万圣节前夜的习俗带到美国，这些习俗后来又传入其他拉丁美洲国家。

万圣节前夜是儿童们纵情玩闹的好时候。夜幕降临后，孩子们便穿上五颜六色的化装服，戴上各种奇形怪状的面具，手提一盏南瓜灯，在月光的照耀下来到邻居家门前要糖果。许多成年人也在这时把自己打扮成孩子、动物或各种各样的形象，聚集于广场或街头，载歌载舞，互开玩笑。

【百科链接】

凯尔特人：
公元前2000年左右活动在中欧（意大利北部、西班牙、不列颠、爱尔兰等），有着共同的文化和语言特质且有亲缘关系的一些民族的统称，与日耳曼人并称蛮族。

万圣节的南瓜灯
在古老的爱尔兰传说中，有个名叫杰克的人，因为生前极为吝啬，所以死后无法上天堂，只能提着灯笼四处游荡。后来人们便在万圣节前夜用南瓜刻成可怕的面孔来代表杰克，以吓走游魂。

■ 狂欢节：狂歌痛饮

世界上不少国家都有狂欢节，有些地区还把它称为谢肉节和忏悔节。这个节日起源于欧洲的中世纪，与复活节有密切关系。因为复活节前有一个为期40天的大斋期，其间，人们不得娱乐和吃肉，生活无比沉闷。于是在斋期开始的前三天，人们就专门举行宴会、舞会和游行，狂歌痛饮，故有"狂欢节"之说。如今人们已经彻底抛弃了大斋期之类的节日，但却把传统的狂欢活动保留了下来。

世界各地的狂欢节日期并不相同，通常大部分国家会在2月中下旬举行庆祝活动。各国的狂欢节都颇具特色，但总的来说都以毫无节制地纵酒狂歌著称。

在欧洲，尤其是葡萄牙，人们用抛举同伴和戴着面具到街上跳舞来庆贺狂欢节。在南美，最负盛名的是巴西狂欢节。不过有人认为巴西狂欢节不同于传统的狂欢节，它是移民到巴西的非洲黑人崇拜本土文化的表现，也可能是非洲和伊比利亚两种文化结合后的产物。

狂欢节的化装游行
在狂欢节的游行队伍中，人人都可以戴上面具，隐藏身份，抛却一切束缚，纵情欢乐，这是很多人喜欢狂欢节的理由。

清教徒：英国新教中信奉加尔文教义、不满英国国教教义的人，要求清除天主教的残余影响，废除烦琐的宗教仪式，反对奢华生活，鼓吹《圣经》规定的道德标准。

▶ 感恩节：火鸡与南瓜
▶ 愚人节：捉弄人的节日
▶ 情人节：巧克力与红玫瑰

■ 感恩节：火鸡与南瓜

感恩节是美国人的一个重要节日。每年11月的第四个星期四，美国家庭都要举行丰盛的感恩宴。最常见的传统食品有火鸡、南瓜馅饼和玉米面做的印第安布丁。

1620年9月，"五月花号"轮船载着102名清教徒登上了北美大陆。但是由于食物不足、水土不服、传染病肆虐，这批清教徒一下子死了一半以上。后来还是当地的印第安人教会了幸存的清教徒许多生存技能，使他们活了下来。出于感激，1621年11月下旬的星期四，清教徒们和印第安人欢聚一堂。男人们外出打猎、捕捉火鸡，女人们在家里用玉米、南瓜、红薯和果子等做成美味佳肴，整个庆祝活动持续三天。后来，移居美国的欧洲人也基本上沿袭了这个传统。

感恩节火鸡
感恩节期间，火鸡是美国人饭桌上的主角。据美国国家火鸡联合会估计，感恩节和圣诞节期间，美国人会吃掉数千万只火鸡。

■ 愚人节：捉弄人的节日

每年的4月1日是许多人都很喜欢的愚人节，它起源于法国。1564年，法国首先采用现在的公元纪年，以1月1日为一年之始。但一些守旧的人反对这种改革，依然按照旧历，在4月1日送礼品庆祝新年。改革派对此大加嘲弄，就在4月1日给守旧派送去假礼品。从此法国人便在4月1日互相捉弄。

愚人节最典型的特征就是大家互相开玩笑。有的人把细线拴着的钱包丢在大街上，自己在暗处拉着线的另一端。一旦有人捡起钱包，他们就出其不意地把钱包拽走。孩子们会告诉父母自己的书包破了个洞，或者脸上有个黑点，等大人俯身来看时，他们就喊着"四月傻瓜"，然后笑着跑开。总之，在西方国家，每年4月1日的愚人节意味着一个人可以玩弄各种小把戏而不必承担后果。只要叫一声"愚人节玩笑"，你的恶作剧就会被原谅。

■ 情人节：巧克力与红玫瑰

情人节又名"圣瓦伦丁节"，在每年的2月14日，起源于古罗马。古罗马青年圣瓦伦丁是一个基督教传教士，因为反抗罗马统治者的专制而被捕入狱，并被判处死刑，于2月14日那天执刑。他的事迹感动了监狱长的女儿，两人之间产生了真挚的恋情。临刑前，圣瓦伦丁给姑娘写了封信，表明自己光明磊落的心迹和对心上人的深情，之后便从容就义。那位姑娘则在圣瓦伦丁的墓前种了一棵开红花的杏树以寄托自己的情思。人们被他们二人之间的深情打动，便将2月14日定为情人节。

众所周知，情人节那天的大众礼品是红玫瑰与巧克力。许多小伙子都会将一枝半开的红玫瑰作为送给心上人的最佳礼物。而姑娘则以一盒心形巧克力作为回赠礼物——据说这是因为巧克力中含有苯基胺，能使人体内的荷尔蒙发生变化，从而使人产生热恋的感觉。此外，巧克力还有"浪漫、青春、健康、力量、关心、博爱、愉悦"这七重含义，很能表达情人之间最美好的深情。

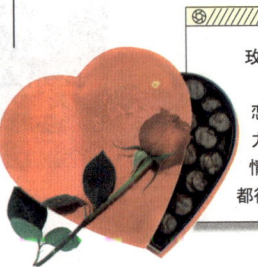

玫瑰花和巧克力
情人节是西方的传统节日，恋爱中的男女在这一天互送巧克力、贺卡和鲜花，以表达爱意。情人节现已经成为各国年轻人都很喜爱的节日。

- 日本的和服
- "白衣民族"的"韩袍"
- 印度的纱丽

茶道：一种饮茶艺术，通过品茶来表现礼仪、品性、意境、美学观点和精神思想。属东方文化，起源于中国，兴于唐代，盛于宋、明，衰于清。

民间风尚篇

服饰与饮食

日本的和服

和服是日本大和民族的传统服装，在当地被称为"着物"。它还有另外一个名称叫"赏花幕"，因为和服的图案与色彩反映了大自然的具体意象，当人们穿着它走动时，会因为晃动而使得和服如同一块动态的画布一般。

和服不用纽扣，只用一条打结的腰带。腰带的种类很多，打结的方法也各有不同，比较广泛使用的一种结叫"太鼓结"，即在后腰打结处的腰带内垫一个纸或布做的芯子，看上去像个方盒。这就是我们在电视上常看到的和服背后的装饰品。由于打结很费事，第二次世界大战后又出现了备有现成结的"改良带"和"文化带"。

今天，日本人的和服早已为现代服装所替代，但在婚礼、庆典、传统花道、茶道以及其他隆重的社交场合，和服仍是公认的必穿礼服。

穿和服的日本少女
和服是日本大和民族的传统服饰，通常采用平面裁剪，并以直线构造美感。

"白衣民族"的"韩袍"

韩国人的传统服装"韩袍"已经流传了数百年，它的样式适合韩国的气候条件和韩国人传统的起坐习惯。女性的韩服是短上衣搭配优雅的长裙，上衣和长裙的颜色五彩缤纷，有的还加上了明艳华丽的锦绣。男性的韩服则是短褂搭配长裤，再以细带缚住宽大的裤脚。韩袍色彩协调，表现出秀雅、整洁的特色。与韩服配套的装饰品，头饰有发带、钗和簪等，腰饰主要有绔带、荷包、妆刀和玉香盒等。男式鞋靴主要是皮鞋、凉鞋、拖鞋、木鞋和草鞋等。女鞋款式多样，不断变化，传统的女式胶鞋是钩鞋，叫"可辛"。现在，大多数韩国国民平常已习惯穿西式服装，但是在春节、中秋节等节庆日，或举行婚礼时，许多人仍喜欢穿传统的韩服。

【百科链接】

可辛：
韩国传统的女式胶鞋，形如小船，鞋尖突起，朝脚背方向呈钩状。

印度的纱丽

纱丽是印度传统的民族服装，庄重、雅致、大方、美丽，常被印度女子在正规场合穿着，是一种独具特色的印度国服。其实纱丽的制作非常简单，就是一块长条布加上两个夹子。长布的宽度在1米左右，长度则在6米至10米不等。穿的时候，先在短边以10厘米的宽度反复折叠数次，再用一个夹子在腹部夹好，使折叠出的荷叶边下垂。然后将剩余部分在身上绕几圈，最后从肩部绕到身前自然垂下，并用另一个夹子在腋下夹好就行了。不

穿纱丽的印度女子
古代的纱丽原为饰有宝石的宽大腰带，围束时露出肚脐。现代的纱丽已成为南亚大陆妇女的主要外衣，常与开襟短袖的紧身上衣（乔丽）和宽松的长衬裙（卡格）配套穿着。

汉诺威王朝：1692年至1866年间统治德国汉诺威地区（今德国下萨克森州首府）和1714年至1901年间统治英国的王朝，前身是韦尔夫王朝。

- 苏格兰方格裙
- 麻辣著称的川菜

过纱丽因穿者的贫富差距而有很大不同，穷人穿的纱丽多是棉布或粗麻制成的，贵妇人穿的纱丽则是用丝绸或薄纱制成的，上缀以金丝银线织成的图案装饰，华丽异常。每逢喜庆的日子，印度妇女都会穿起自己最中意的纱丽，点上传统的吉祥痣，款款而行，别有风韵。

苏格兰方格裙

苏格兰方格裙的前身是一种叫"基尔特"的古老服装。苏格兰方格裙是一种从腰部到膝盖的短裙，用花呢制作，布面有连续的大方格图案。苏格兰裙是苏格兰的民族服饰，也是苏格兰的文化标志。一套典型的苏格兰民族服装包括一条长度及膝的方格呢裙，一件色调与之相配的背心和一件花呢夹克，一双长筒针织厚袜。穿着时，裙子用皮质宽腰带系牢，下面悬挂一个大腰包，腰包挂在花呢裙子前面的正中央，有时肩上还斜披一条花格呢毯，用卡子在左肩处卡住。

1707年苏格兰与英格兰合并后，苏格兰民族服装被保留下来。1745年，英国汉诺威王朝镇压了苏格兰人的武装起义后，随后颁布了"禁裙令"。苏格兰人为此展开了长达30多年的抗争，终

> **穿方格裙的苏格兰人**
> 今天的苏格兰人把方格裙当作正装，通常在婚礼或其他正式场合穿着。

于在1782年迫使汉诺威王朝取消了"禁裙令"，重新赢得了穿裙子的权利。现在在举行各种联欢宴会时，苏格兰高地的居民都会穿上漂亮的方格裙，吹奏起那标志性的风笛，载歌载舞，无比欢乐。

麻辣著称的川菜

中国菜共分鲁菜、川菜、粤菜、闽菜、苏菜、浙菜、湘菜、徽菜八大菜系，又素有"南甜、北咸、西酸、东辣"的特点。在八大菜系中，川菜是最能调和大江南北不同风味的菜肴，川菜口味的多样性居八大菜系之首。此外，川菜品类之丰富，也是其他七个菜系所无法相比的。川菜有咸、鲜、微辣的家常味型；有咸、甜、酸、辣、香、鲜的鱼香味型；有各味皆具的怪味型；也有不同层次、不同风格的红油味型、麻辣味型、酸甜味型、糊辣味型、节皮味型、椒麻味型、椒盐味型等，可以说是兼麻、辣、甜、咸、酸、苦六味于一身。

川菜在秦末汉初就粗具规模，唐宋时发展迅速，到明清时已极富名气，成为一种影响很大的风味菜系。如今，川菜已遍及世界许多国家和地区。川菜油重、味浓，注重辣椒、胡椒、花椒和鲜姜的调味，以麻辣风格著称于世，享有"一菜一味，百菜百味"的美誉。其代表菜肴有"大煮干丝""黄焖鳗""怪味鸡块""麻婆豆腐"等。

麻婆豆腐
麻婆豆腐是川菜中最具代表性的名菜之一，据说始创于清代同治年间。这道菜的特点可以形象地概括为"麻、辣、烫、鲜、嫩、香、酥"。

- 清鲜独特的粤菜
- 鲜嫩香脆的鲁菜
- 制作精细的苏菜

屈大均：明末清初文学家，广东番禺人。诗作成就最高，其诗气魄雄放、笔力遒劲、想象瑰奇，为"岭南三家"（屈大均、陈恭尹、梁佩兰）之冠。

>>>>>>>>>>>
民间风尚篇

■ 清鲜独特的粤菜

粤菜是广东一带的地方菜，主要有广州、潮州、东江三种风味。其中以广州风味较为出名，其特有的菜式和韵味独树一帜，在国内外均享有盛誉。代表菜肴有烤乳猪、白灼虾、龙虎斗、太爷鸡、香芋扣肉、五彩炒蛇丝等。

【百科链接】

五滋六味：
粤菜总体的特点是选料广泛且新奇，菜肴口味清淡，嫩而不生，味别丰富，有"五滋"（香、松、软、肥、浓）、"六味"（酸、甜、苦、辣、咸、鲜）之誉。

原汁鲜鲍鱼
鲍鱼是鱼中珍品，肉质细嫩，营养丰富，烧菜、调汤皆可，妙味无穷，是粤菜中不可少的珍贵食材。

广东地处我国南部沿海地区，境内气候温和，江河湖泊纵横交错，食物来源极为丰富，所以粤菜总体上的特点是选料广泛且新奇，菜肴口味清淡。当然，粤菜讲究的是清鲜，绝非是清寡如水，平淡无味，而是清中求鲜，淡中求美，追求食物的原汁原味，从而使菜品具备清爽、脆嫩、爽甜、润滑有弹性的口感。此外，粤菜还选料独特，鸟、鼠、蛇、虫皆能入席。明末清初文学家屈大均在《广东新路》中曾发出过这样的慨叹："天下所有之食货，粤东应尽有之，粤东所有之食货，天下未必尽有也。"

■ 鲜嫩香脆的鲁菜

鲁菜是我国的八大菜系之一，其历史极其久远。《诗经》中已有鲁地人食用黄河鲂鱼和鲤鱼的记载，而今天的糖醋黄河鲤鱼仍然是鲁菜系中的佼佼者。鲁菜系的起源最早可以追溯到春秋战国时期。后来历经秦、汉、隋、唐、宋、金各代的提高和锤炼，鲁菜逐渐成为北方菜的代表。到元、明、清时期，鲁菜又大量进入宫廷，成为御膳。

鲁菜的特点是因料制菜，自成一格，以爆、煮、炸、熘、扒、贴等烹饪技艺著称。鲁菜的"爆"法可分为油爆、汤爆、葱爆、酱爆、火爆等多种，讲究用旺火快炒，连续操作，一鼓作气，瞬间完成。成菜鲜嫩香脆、清爽而不腻。鲁菜以汤为百鲜之源，尤其讲究清汤、奶汤的调制，仅名菜就有"清汤柳叶燕窝""清汤全家福"等十多种。在烹制海鲜方面，鲁菜亦有独到之处。不论是参、翅、燕、贝，还是鳞、介、虾、蟹，经鲁菜大厨妙手主制，都能成为美味佳肴。

糖醋鲤鱼
糖醋鲤鱼是鲁菜中的代表菜肴。做法是先将鲤鱼炸熟，再将糖醋汁浇在鱼身上，从而使鱼香味扑鼻，外脆里嫩。

■ 制作精细的苏菜

苏菜泛指江苏的地方风味菜。江苏素有"鱼米之乡"的美誉，历来是名厨荟萃的地方。据《史记》《吴越春秋》等书记载，早在2400年前，这里已出现炙鱼、蒸鱼等不同的烹调鱼的方法。

苏菜主要由淮扬菜、南京菜、苏锡菜和徐海菜组成。其中南京菜以口味醇和为特征，淡水产品制作的菜品种类繁多，清真菜有独树一帜，夫子庙小吃更是品种丰富。扬州菜则清淡

清汤狮子头
狮子头是脍炙人口的扬州名菜，有清炖、清蒸、红烧三种烹调方法，讲究肥而不腻，入口即化。

夫子庙：位于南京第一大河秦淮河畔，始建于东晋成帝年间，初为学宫，宋时扩建成孔庙，奉祀孔夫子。明清时为南京的文教中心，今已成为重要的旅游景点。

▶ 闽菜："佛也要跳墙"
▶ 有浓郁地方特色的徽菜

适口，刀工尤其精细，一块2厘米厚的方干，能切成30片。苏锡菜与淮扬菜有同有异，其虾蟹纯鲈、松鼠鳜鱼味冠全省，茶食小吃亦优于苏菜系中其他地方风味小吃。徐海菜近齐鲁风味，肉菜五畜俱用，水产品菜肴以海味取胜。菜肴色浓味重，口味偏咸，烹调技艺多用煮、煎、炸等。可能因为具有地域优势，江苏大厨非常善于烹制鲜活的淡水产品，并且讲究刀工，注重火功，擅长炖、焖、煨、蒸、烧等烹调方法。做出来的佳肴咸甜适中、清鲜淡雅，原汁原味。

苏菜中名菜颇多。南京板鸭、苏州熏鱼、无锡大排、南通鱼翅、太仓肉松、如皋火腿、镇江鲥鱼、扬州狮子头、常州酒酿圆子、淮阴鳝鱼、高邮双黄蛋、阳澄湖清水大蟹、六合龙池鲫鱼、常州酱鸡等都是口味上佳、制作精细的美味。1949年开国大典前夕，周恩来总理招待中外宾客的第一次国宴便采用了淮扬风味的佳肴。

■ 闽菜："佛也要跳墙"

闽菜是以福州、闽南、闽西三地区地方风味菜为主形成的菜系。闽菜的烹饪原料以海鲜和山珍为主，所采用的烹饪手法多是炸、熘、焖、炒、炖、蒸，并且注重刀工，有"片薄如纸、切丝如发、剞花如荔"之美称。闽菜选料精细、泡发恰当、调味精确、制汤考究、火候适当。有人将闽菜的最大特色总结为四个方面：刀工严谨，菜趣横生；汤菜居多，滋味清鲜；调味奇异，甘美芳香；烹调细腻，多彩多姿。

闻名中外的佛跳墙，是清朝后期福州聚春园菜馆首创的菜肴，距今已有100多年的历史。这道菜本名"福寿全"，一次，几位举人和秀才慕名到聚春园品尝此菜，店家端上这道菜后，一揭盖子，香气四溢，众人尝后无不赞好，遂争相吟诗作赋，有人赞曰："缸启荤香飘四邻，佛闻弃禅跳墙来。"诸人无不叫绝，店家也灵机一动，将菜名改为"佛跳墙"。

煨佛跳墙讲究储香保味，料装坛后，先用荷叶密封坛口，然后加盖。煨佛跳墙之火必须是质纯无烟的炭火，旺火烧沸后用微火煨五六个小时制成。煨制过程中几乎没有香味飘出，而在煨成开坛之时，只需略略掀开荷叶，便有荷香扑鼻，直入心脾。盛出来汤浓色褐，厚而不腻，烂而不腐。食时荷香与各种香气混合，香飘四座，使人回味无穷。

■ 有浓郁地方特色的徽菜

徽菜发端于唐宋，兴盛于明清，民国时继续发展，新中国成立后得以发扬光大。在烹调方法上擅长烧、炖、蒸，而爆、炒运用较少，徽菜重油、重色、重火功，主要有皖南、沿江和沿淮三种地方风味。

皖南菜是徽菜的主要代表，起源于黄山麓下的歙县（古徽州），烹调方法主要是烧、炖，讲究火功，并常以火腿佐味、冰糖提鲜，善于保持原料的原汁原味，以烹制山珍野味而著称，其代表菜有"清炖马蹄鳖""黄山炖鸽""腌鲜鳜鱼""徽州毛豆腐""徽州桃脂烧肉"等。沿江菜以

佛跳墙
佛跳墙这道菜食材多样，软糯脆嫩，汤浓鲜美，味中有味，令人回味无穷。

巢湖银鱼羹
巢湖银鱼是安徽巢湖特有的鱼类，体型小而细长，全身洁白如银，肉密无刺，滋味鲜美，而且含有丰富的蛋白质，营养价值很高。

- 北京烤鸭
- 意大利的比萨饼和面条

芫荽：即俗称的香菜，原产于地中海沿岸及中亚地区，汉代时传入中国。抗寒性强、生长期短、易栽培，我国许多地区都有种植，以华北最多。

>>>>>>>>>>
民间风尚篇

芜湖、安庆等地的地方菜为代表，以烹调河鲜、家禽见长，其烟熏技术别具一格，代表菜有"清香炒悟鸡""生熏仔鸡""八大锤""毛峰熏鲥鱼""火烘鱼""蟹黄虾盅"等。沿淮菜主要有蚌埠、宿县、阜阳等地方风味，其特色是质朴、酥脆、咸鲜、爽口，在烹调上长于烧、炸、熘等技法，善用芫荽、辣椒配色佐味，代表菜有"奶汁肥王鱼""香炸琵琶虾""鱼咬羊""老蚌怀珠""朱洪武豆腐""焦炸羊肉"等。

徽菜具有浓郁的地方特色和深厚的文化底蕴，是中华饮食文化中一颗璀璨的明珠。

■ 北京烤鸭

据《元史》记载，南宋末年，烤鸭的做法传到了北京，烤鸭成为宫中的御膳奇珍之一，是各种节日必备的佳肴。据说清代的乾隆皇帝以及慈禧太后都特别爱吃烤鸭，正是从清代起，它被正式命名为"北京烤鸭"。经过100多年的发展演变，北京烤鸭以色泽红艳、肉质细嫩、味道醇厚、肥而不腻的特色，成为了中国饮食界的一个著名品牌，享誉世界，受到越来越多人的喜爱。

北京烤鸭主要有两种烤制方法：挂炉烤和焖炉烤。前者具体的做法是不给鸭子大开膛，只在它身上开个小洞，把内脏拿出来，然后往鸭肚子里面灌开水，再把小洞封上，把鸭子悬挂起来，以果木和枣木作燃料，用明火烤制。这样烤出来的鸭子肥而不腻、皮薄脯大。焖炉烤鸭使用的是暗火，燃料多采用秫秸、板条等软质材料。烤出来的鸭子外皮油亮酥脆，肉质鲜嫩，不柴不腻。

历代美食家都主张在冬、春、秋三季品尝烤鸭，将八两（400克）重的鸭身片成108片，然后搭配不同的作料大快朵颐。北京烤鸭要用一张薄薄的面皮包起来吃，面皮蘸上各种酱，再卷上黄瓜、大葱等，一口咬下去，顿时口角噙香，满口生津，心满意足之际，似觉人生已无他求。

【百科链接】

炙鸭：
公元前400多年成书的《食珍录》中即有关于炙鸭的记载。所谓炙鸭，就是烤鸭，它当时已经成为了上至士大夫、下至平民百姓均钟爱的美味。

北京烤鸭

北京烤鸭色泽红艳，肉质细嫩，味道醇厚，肥而不腻，被誉为"天下美味"，驰名中外。

■ 意大利的比萨饼和面条

比萨饼和通心粉是意大利闻名于世的风味美食。

比萨饼是一种混合了不同馅料的、用番茄及芝士烘焙而成的馅饼。正宗的比萨饼薄而脆，上铺番茄酱、芝士、橄榄油等，用刀叉切着吃或者卷起来吃都别有风味。

据说比萨饼并非意大利人的独创，首创者实际上是受到了中国馅饼的启发。元代时，意大利旅行家马可·波罗来到了中国，他很喜欢吃北方流行的葱油馅饼。回到意大利后，就想让意大利的厨师做出那种美味的馅饼。根据他的描述，厨师只做出了一种把馅料放在面饼上的食物，并配上了那不勒斯的乳酪和作料。这就是最初的比萨饼。

橄榄：亚热带常绿果树，原产于中国。世界栽培橄榄的地方主要有中国、越南、泰国、老挝、缅甸、菲律宾、印度等国家。橄榄果别名青果，人称"天堂之果"。

▶ 印度的咖喱
▶ 日本的寿司

再说通心粉。在意大利，奇形怪状的面条大约有400余种，主要有线形、颗粒、空心和花式几大类。除了品种繁多，意大利面条最诱人的地方在于酱汁非常香浓。长期以来，意大利人大胆地利用各种动植物原料，调制出味道极

意大利比萨饼

意大利比萨饼已经超越语言与文化的屏障，成为全球流行的名吃，受到各国美食家的喜爱。

其香浓的酱汁，使得意大利面条闻名于世，其中最有名的莫过于通心粉了。传说18世纪，那不勒斯城附近有一家面条店，店主叫马卡·罗尼。一天，罗尼的小女儿在玩耍时把面片卷成空心状并晾于衣绳上。罗尼灵机一动，便将空心面条煮熟后拌上番茄酱汁出售，结果大受顾客欢迎。此后通心粉风靡欧洲，并且传遍世界各地。

■ 印度的咖喱

"咖喱"一词来源于印度方言中的坦米尔语，是"许多香料放在一起煮"的意思。印度可以说是咖喱的故乡，咖喱叶几乎在印度全国范围内都有种植。在印度的市场上，一袋袋分门别类、名称多样的咖喱粉也随处有售，价钱从几十卢比到几百卢比（1美元约合42卢比）不等，有些名贵的甚至还会卖到几千卢比。地道的印度咖喱以丁香、小茴香子、芫荽子、芥末

子、黄姜粉和辣椒等10到30多种香料调配而成，味道辛辣浓郁。印度人对咖喱的喜爱是全世界都出名的，在印度餐馆常常能看到印度人餐毕，盘中几乎不留一点汤汁，而肉却会被剩下。

咖喱粉

对印度人来说，做咖喱就是"把许多香料放在一起煮"，所以几乎每个家庭调出来的咖喱味道都不一样。

按照口味的差异，咖喱大致有北印度和南印度两种风味。北印度咖喱香甚于辣，擅长在香料、材料中寻找最具层次和口感的排列组合。南印度气候较为炎热，当地人调制咖喱时必须增加辣味以刺激食欲。南印度盛产椰子，人们在制作咖喱菜肴时，还会添加椰子汁，使得菜肴吃起来还有椰香味。

■ 日本的寿司

寿司是日本料理中独具特色的一种食品，它在日语中的发音为"sushi"。据说寿司的制作方法是和水稻的种植技术一起从中国传到日本的。寿司既可以作为小吃，也可以当正餐。它以生鱼片、生虾、生鱼粉等为原料，配以精白米饭、醋、海鲜、辣根等，捏成饭团后供人食用。普通寿司都是先用米饭加醋调制，再包卷鱼、肉、蛋类，最后包上紫菜或豆皮。寿司有数百种，如压寿司、手握寿司、散寿司、棒寿司、卷寿司、鲫鱼寿司等，并且各地区的寿司也有不同的特点。食用寿司的时候，应根据寿司的种类搭配作料：吃卷寿司需要蘸酱油和涂抹适当的绿芥末；吃手握寿司就不能蘸酱油，否则就品不出它的原味。

清酒：日本的国酒，酿造方法和中国的黄酒相似。酒色呈淡黄色或无色，芳香宜人。酒精含量在15%以上，含多种氨基酸、维生素，是营养丰富的饮料酒。

民间风尚篇

日本有许多寿司店。店中身着白色工作服的厨师可以根据顾客不同的要求制作寿司。他们

漂亮的寿司
　　正宗寿司所用的米，是肥小而稍带甜味的日本珍珠米，煮熟后加入适量的醋、糖、盐等，降温后，才能用来制作寿司。

通常将去了皮的鲜鱼切成片，同其他材料码放在等宽的米饭块上以供选购。由于各类鱼虾的生肉颜色不同，寿司也是五颜六色，十分好看。吃寿司讲究一口吞，这样饭香与生鱼片的香味才能完全相融，那浓香的滋味便在口中久久回味不去。在享用生鱼寿司的同时，如果配饮日本绿茶或清酒，更是别有风味。

■ 朝鲜冷面和韩国泡菜

朝鲜冷面又称"长寿面"，是一种深受朝鲜人喜欢的传统民族食品。其主要原料有荞麦粉、小麦粉和淀粉，也有用玉米面、高粱米面和土豆淀粉的。它一般用牛肉汤或鸡汤佐以辣白菜、肉片、鸡蛋、黄瓜丝、梨条、葱丝、辣椒、味精、盐等配料。食用时，先在碗内放少量凉汤与适量面条，再放入作料，最后再次浇汤。朝鲜冷面条细质韧，汤汁凉爽，酸辣适口，既清凉馥郁，又甜美新鲜。因此，朝鲜人不仅在炎热的夏天爱吃朝鲜冷面，

【百科链接】

长寿面：
　　朝鲜人每年农历正月初四中午或过生日时都会吃冷面。因为民间传说这两天吃了细长的冷面条，就可以长命百岁，福大命大，所以冷面又被称为"长寿面"。

在寒冬腊月里也喜欢吃朝鲜冷面。

韩国泡菜是一种发酵食品。它所选取的原料都是各种新鲜的蔬菜，含有丰富的维生素和钙、磷等无机物，既能为人体提供充足的营养，又能预防动脉硬化等疾病。所以自古以来，泡菜就是韩国上自贵族王公，下至普通百姓的饮食中不可缺少的菜肴。

韩式泡菜
　　韩式泡菜颜色鲜艳，口感脆嫩，辣中带咸，生津开胃，使人食欲倍增。

■ 埃及的酸面包

埃及人制作面包的历史十分悠久。根据考古发现，埃及人在6000年前就有了烤面包的烤炉，他们把面包作为每天的主食。有时候，人们揉好了面粉忘了烤，由于天气热，面团便自然发酵，结果使第二天烤出的面包既软又松，还有些酸，很好吃。于是这种先揉好面隔天再烤面包的方法很快在埃及人中流传开来。这个方法不久就传到了希腊和罗马，随后欧洲各国也开始烤发酵的面包了。

那时候的人们尽管都喜欢吃这种发酵酸面包，但是却不明白它又松又软的原因。1680年，荷兰科学家列文·虎克用显微镜才揭开了这个秘密。原来这是由酵母菌的作用引起的。当烤制面包时，因酵母菌发酵产生的气体从面团中释放出来，便使面包变得松软可口了。

酵母菌：单细胞真菌，几千年前就被人类用于发酵面包和酒类。易于培养，且生长迅速，被广泛应用于现代生物学研究中。

 墨西哥玉米饼
 美国的汉堡包
英国的三明治

■ 墨西哥玉米饼

墨西哥玉米的种类让人叹为观止，不仅有白的、黄的，居然还有蓝的、墨绿的、紫红的，甚至还有红、蓝、白、绿相间的。墨西哥玉米的做法很多，有窝头、团子、糊糊，但最主要的还是一种卷着吃的饼，当地的名字叫塔可。数百年来，以玉米为原料制成的墨西哥饼一直是墨西哥最基本、也是最有特色的食品。这种饼是用玉米面煎制的薄饼，煎好后包成一种荷包状。吃的时候，可根据自己的喜好加入炭烤的鸡肉条或者牛肉酱，然后再加入番茄酱、生菜丝、

墨西哥塔可
数百年来，玉米一直是墨西哥人餐桌上的主角。而以玉米为原料制成的塔可（Taco）饼也是墨西哥最重要、最有特色的食品。

【百科链接】
塔可：
墨西哥人卷着吃的玉米饼。最奇特的地方就是它不像我们平时吃的玉米饼那么酥，而是出奇地韧，其独特的玉米香更是香甜沁鼻。

玉米饼起司等配料，看上去颜色格外丰富。包好以后，放入嘴中一咬，外面香脆可口，里面香、辣、酸、甜各味俱全，多味混杂，真叫人爱不释口。

在墨西哥街头上，常会见到"没有玉米，就没有这个国家"的标语，有人甚至因此谑称墨西哥原住民为"玉米人"。这显示出玉米与墨西哥人千百年来的紧密关系。

■ 美国的汉堡包

汉堡包原来是德国汉堡市的一种油炸牛肉饼，19世纪末传入美国。1932年，一个美国人将这种油炸牛肉饼夹入表面撒有芝麻的小圆面包中，作为主食或点心食用，并为它取名汉堡包，意思是有汉堡牛肉饼的面包。近年来，人们在汉堡包中除夹上传统

汉堡包
汉堡包是美国最流行的快餐食品之一，有人认为它是美国精神的体现。

的牛肉饼外，还在圆面包的第二层中涂以黄油、芥末、番茄酱、沙拉酱等，再夹入番茄片、洋葱、蔬菜、酸黄瓜等食物，这样就可以同时吃到主副食。这种食物食用方便、风味可口、营养全面，现在已经成为风行世界的方便主食之一。

据许多了解国外食品行业的人士介绍，西方国家的汉堡包主要有两种形式，一是麦当劳、肯德基式的快餐连锁店现做现卖的热汉堡；另一种是冷冻的汉堡包，在食品店的冷冻柜中销售，顾客买回家在微波炉中加热后食用。我们现在在超市或小售货亭中所买到的带包装的汉堡包，可以说是一种具有中国特色的汉堡。

■ 英国的三明治

三明治又名三文治，和汉堡、热狗一样，都是快餐食品，也是一种典型的西方食品。它由两片面包夹上几片肉和奶酪以及各种调料制作而成。由于吃法简便而广泛流行于西方各国。

三明治的历史几乎和面包一样古老。关于它的来历，有一个有趣的故事："三明治"本来是英国东南部一个不出名的小镇，镇上有一位名叫约翰的绅士，他是个酷爱玩纸牌的人，整天沉溺于游戏中，已经到了废寝忘食的地步。仆人很难伺候他的饮食，便将一些菜肴、鸡蛋和腊肠夹在两片面包之间，让他边玩牌边

莴苣：一二年生草本植物，分叶用和茎用两类。叶用莴苣又称生菜，主要食叶片或叶球；茎用莴苣又称莴笋，肉质嫩，茎可生食、凉拌或炒食。

民间风尚篇

鲁本三明治
豪华的鲁本三明治是用烤热的黑面包夹腌牛肉、瑞士奶酪、泡菜，并浇上俄式的酱料制成的。

吃。没想到约翰见了这种食品大喜，并随口把它叫作"三明治"。其他赌徒也争相效仿，玩牌时都吃起三明治来。不久，这种食物就风靡英伦三岛，并传遍了欧洲大陆。

如今的三明治已不再像当初那样品种单一，它已经拥有了许多新品种，例如：有夹鸡肉片或火鸡肉片、咸肉、莴苣、番茄的夜总会三明治；有夹咸牛肉、瑞士奶酪、泡菜并用俄式酱料浇在黑面包片上的鲁本二明治，有夹鱼酱、黄瓜、水芹菜、番茄的饮茶专用三明治。在法国，制作三明治时往往已不用面包片，而是改用面包卷或面卷了。

■ 阿拉伯烤饼

阿拉伯烤饼是阿拉伯世界最著名、历史最悠久的食品之一，早在1400年前，《古兰经》中就有了关于它的记载。当时，烤饼的做法是在面粉中加上调料，再用木炭火烘烤后即可。

阿拉伯烤饼水分少，酥香耐存，特别适合阿拉伯商人远道经商携带。在多数阿拉伯国家，出于对社会稳定、人民福利的考虑，政府

都会对烤饼的制作给予大额补贴，使得这种百姓餐桌上必不可少的食品价格非常低廉。有些地方餐馆中，香气四溢的阿拉伯烤饼甚至是免费的。

如今，烤饼的制作分为手工和机器两种。最常见的手工制作方法就是把饼皮贴在布撑子上，然后拿润湿的毛巾在炉子里扫一圈再把饼皮贴在上面烤。刚烤好的大饼外焦里嫩，热气腾腾，像一个充气的皮球。吃阿拉伯烤饼也有一些门道，讲究的人会在里面夹上烤肉、丸子或者腌好的酸黄瓜，再蘸着有豆子香味的酱料一起大嚼。吃阿拉伯烤饼时还可以就着酸咸爽口的橄榄粒，别有一番味道。

【百科链接】

《古兰经》：
伊斯兰教唯一的根本经典，是穆罕默德在23年的传教过程中陆续宣布的"安拉启示"的汇集。它既是伊斯兰信条的源泉和教法创制的依据，也是一切穆斯林的行动指南和道德规范的准则。

阿拉伯烤饼
烤饼是阿拉伯世界最重要的主食，阿拉伯人一日三餐无论菜单如何变换，都以烤饼为主食。

阿斯特拉罕：俄罗斯重要海港，伏尔加河流经的最后一个大城市，位于伏尔加三角洲地区，分布在有运河和小溪相连的11个岛屿上，始建于13世纪。

▶ 俄罗斯鱼子酱
▶ 法式大餐

■ 俄罗斯鱼子酱

鱼子酱就是将经过精心筛选的鱼卵稍微腌制之后制成的酱。严格地讲，只有用鲟鱼卵制成的酱才能叫鱼子酱。

鱼子酱蛋白质和矿物质含量很高，而且不含胆固醇，是补身养颜的佳品。粒大、透明的黑鱼子酱质量最为上乘，其颜色是闪光的黑色或深褐色，且个头均匀，粒与粒之间不粘连。鱼子酱的制作方法很简单：从鱼腔中挖出鱼子囊后，把鱼子同粘连的组织分离开，冲洗干净再加上适量的细粒食盐，再经短时间腌制即成。

鲟鱼鱼子酱是俄罗斯最重要的菜之一，也是皇室、贵族餐桌上最名贵的菜之一。除了配面包或饼干，鱼子酱地道的吃法是用勺子直接送到嘴里，但这个勺子不能是金属的，因为娇

美味的鱼子酱
　　用来盛装鱼子酱的器具颇为讲究，贝壳、牛角和黄金器皿都可以。不过不能使用银质的餐具，因为银有氧化的作用，会破坏鱼子酱本身的香味。

贵的鱼子酱会跟金属发生氧化作用，从而带上金属的味道。边缘光滑的贝壳、象牙、木头，甚至塑料勺子才是好的选择。

鱼子酱还有"黑黄金"之称。白鲟的鱼子酱在莫斯科市场上每千克售价高达830多美元，而在英国伦敦，每千克能卖到5000多美元。在俄罗斯，鲟鱼每年会两次逆水而上，游到伏尔加河等内河产卵，这时正是采集鱼子的大好时节。位于河口三角洲的古城阿斯特拉罕，由于地理位置优越，成为世界上最大的鲟鱼鱼子生产和加工基地。

■ 法式大餐

法国人一向以善于吃并精于吃而闻名。法式大餐代表着精致、浪漫、高雅、昂贵，至今仍名列西菜之首。从餐前开胃酒到头盘、汤、主菜和甜品、咖啡，一般要花上几个小时去品尝……法国菜的特色是汁多味腴，而享用大餐时则须辅以精巧的餐具、如画的背景、扑鼻的酒香、宁静的空间等。

法式大餐的特点是：选料广泛、加工精细、烹调考究。除了酒类，法国菜里还要加入各种香料，如欧芹、迷迭香、百里香、茴香等。独特的香料以不同的比例放入不同的菜肴中，就形成了不同的风味。可以说，以酒类和香料调制，是法国菜的重要特色。蜗牛、鹅肝等都是法式菜肴中的美味。法式菜还比较讲究吃半熟或全生的食品，牛排、羊腿都以半熟鲜嫩为特点，海味的蚝则可生吃。

此外，法式菜肴还重视食物与酒类的搭配，如清汤用葡萄酒，海味用白兰地，甜品用各式甜酒或白兰地，等等。

法式鹅肝酱
　　鹅肝酱是法国最著名的美食之一，用经过特别喂养的鹅的肥肝制成，口感浓郁，细腻顺滑，入口即化，而价格也高得令人咋舌。

Part 7

国际事务篇

人道主义：以个人为着眼点，尊重个人的平等和自由权利，承认人的价值和尊严，把人当作人看待，而不把人看作工具。

▶ 联合国的成立
▶ 联合国大会
▶ 安全理事会

联合国

■ 联合国的成立

第二次世界大战中，为了联合反法西斯国家统一行动，美、英、中、苏等26个国家于1942年1月1日签署了《联合国家共同宣言》，为联合国的成立奠定了基础。1945年6月26日，50个国家的代表签署了《联合国宪章》。同年10月24日，中、法、苏、英、美和其他多数签字国递交了《联合国宪章》的批准书后，当今世界最大、最重要、最权威的国际组织——联合国正式宣告成立。其主要宗旨是维护国际和平与安全；发展国际间以尊重各国人民平等权利为基础的友好关系；促进国际合作，解决国际间经济、社会、文化和人道主义性质的问题等。

联合国设有联合国大会、安全理事会、经济及社会理事会、托管理事会、国际法院和秘书处6个主要机构。

■ 联合国大会

联合国6个主要机构之一的联合国大会简称"联大"，主要成员是全体会员国的代表，每年9月第三周的星期二举行一次常会，一般于12月20日左右闭幕，会期长达几个月。联合国大会是联合国的主要审议机构，每一会员国都有投票权。很多重要决议，例如关于世界和平与安全、接纳新会员国和预算事项等，必须得到2/3以上的赞成票才能通过。普通问题则以简单多数票决定。

每届常会开幕时，各国往往派外交部长或者部长级官员率代表团出席，一些国家元首和政府首脑也可能到会发表讲话。大会审议讨论的事项非常广泛，除正在由安理会处理的事情以外，凡是与维护国际和平与安全有关的问题，都可由大会讨论，并向各会员国和安全理事会提出相关建议。虽然大会仅有权就其职权范围内的国际问题向会员国提出不具约束力的建议，但大会采取的政治、经济、人道主义、社会和法律等多方面的行动和措施，对世界各国仍有很大影响。

联合国旗
联合国旗的底色为浅蓝色，正中是一个白色的联合国徽记。联合国徽记的中间是一幅世界地图，周围用一个橄榄枝编成的圆环围绕。

■ 安全理事会

安全理事会简称"安理会"，根据联合国宪章的宗旨及原则，安理会承担着维护国际和平与安全的责任，由5个常任理事国和10个非常任理事国组成。中、俄、美、英、法5个大国是安理会的常任理事国，拥有特殊的否决权：所有的决议必须5个常任理事国一致同意才能实施。任何一个常任理事国投票反对某一项决议，这项决议就不予通过。

联合国总部大楼
联合国总部位于纽约曼哈顿岛东河岸边，这块面积7.2公顷的土地是当年纽约富商洛克菲勒买下并捐给联合国的。总部大楼于1947年动工，1953年建成。

人权：在一定的社会历史条件下，人人基于生存和发展所必需的自由、平等权利。

国际事务篇

安全理事会是联合国主要机构中唯一有权对维护国际和平与安全采取行动的机构。它可以对国际争端进行调查和调停，并采取武器禁运、经济制裁等强制性措施，也可以派遣联合国维和部队，以缓和某一国家或地区的紧张局势。安理会作为联合国集体安全机制的核心，已经成为多边安全体系中公认的最具权威性和合法性的机构。

此外，联合国大会根据安理会的推荐任命联合国秘书长；安理会会议一般在联合国总部举行；安理会设有军事参谋团、接纳新会员委员会以及其他特设机构；根据联合国宪章规定，安理会有权断定任何威胁和平、破坏和平或侵略等行为的存在，并可促请会员国用经济制裁的方法和除了军事行动以外的其他方法制止侵略，乃至提出采取强制措施以维持或恢复国际和平与安全的建议。

【百科链接】

非常任理事国：
安全理事会有10个非常任理事国，按地区分配，亚洲2个，非洲3个，拉美2个，东欧1个，西欧及其他地区2个，非常任理事国由选举产生，任期两年，不能连选连任。

■ 联合国秘书处

联合国秘书处是处理联合国各个机构的行政事务的机关，执行联合国各机构交付的任务。

秘书处设有一名秘书长、若干名副秘书长、助理秘书长。

秘书长是联合国的主要行政长官，由安理会推荐，联合国大会任命；任期5年，可以连任。其责任包括帮助解决国际争执，组织重要国际会议，敦促安全理事会做出决定等。

秘书处下设的工作班子包括负责发展国际经济合作关系的总监办公室和秘书长办公室若干个，以及政治和安全理事会事务司和裁军事务司在内的司级组织若干个。联合国各地区性委员会、全部附属机构、专门机构以及因处理临时任务而成立的机构的首席负责人也包括在工作班子之内。他们的职责从建议采取维持和平行动到调停国际争端、从调查经济及社会趋势和问题到编写关于人权和可持续发展问题的研究报告，同联合国所处理的问题一样多种多样。

联合国前任秘书长安南

科菲·安南，联合国前任秘书长。2001年诺贝尔和平奖获得者。无论身处何时、何地，安南总是非常注意自己的仪容仪表，因此熟悉他的人常戏称他为"世俗教皇"。

举手表决

安理会的每个理事国都有投票权，常任理事国对重要问题都有否决权，只要有1票反对就不能通过，这就是"大国一致"规则。

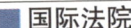

海牙：荷兰第三大城市，政府和议会所在地，外国使馆亦设于此。早年为荷兰伯爵狩猎驻留地，17世纪以后发展成为国际性城市。

▶ 国际法院
▶ 教科文组织

■ 国际法院

国际法院是处理国际争端的世界性机构，也称"世界法院"或"海牙法院"。它是联合国的主要司法机关。

国际法院有15名法官，他们由联合国大会和安全理事会从提名的候选人中选举产生，任期9年，可连选连任。15名法官中不得有任何两名属于同一国籍。国际法院受理联合国会员国和符合一定条件的非会员国提出的诉讼。它的职能有：对当事国一致同意提交国际法院的法律争端，根据联合国宪章及有关条约及公约做出判决；为联合国各种机构提出的法律问题提供咨询。法院的审讯通常是公开进行的，一切问题由出席的法官投票决定。

和平宫

和平宫位于荷兰海牙市郊，是联合国国际法院、国际法图书馆和国际法学院所在地。许多重要的国际公约都是在这里开会通过的。

育、科学及文化来促进国际合作，对世界和平与安全做出贡献，维护正义、法制，保障联合国宪章所确认的不分种族、性别、语言或宗教的世界人民享有人权及普遍尊重。

教科文组织有教科文大会、执行局和秘书处三个主要机构。活动形式多种多样：召开各政府间或非政府间的国际会议，举办专业讨论会、研究班、培训班，并提供奖学金；开展人员和信息交流，举办试点项目，开展国际合作和国际运动，推动扫盲、文化遗产保护事业等；为会员国提供咨询，制定准则性文件；推动会员国参加教育、科学、文化等方面的国际公约，实施各种建议等。

我国是教科文组织的创始国之一。1971年10月29日，我国恢复了在该组织的合法席位。1972年10月，我国首次派代表团出席了第17届大会，并当选为执行局委员。1979年2月，中国联合国教科文组织全国委员会成立。1984年，教科文组织向中国派驻代表机构。1997年11月4日，中国再次当选为执行局委员。

教科文组织的会徽

教科文组织的宗旨是："通过教育、科学及文化促进各国间合作，对和平与安全做出贡献，以增进对正义、法治及联合国宪章所确认之世界人民不分种族、性别、语言或宗教均享有人权与基本自由之普遍尊重。"

■ 教科文组织

1946年11月4日，由182个成员国构成的教科文组织成立，同年12月，它成为联合国的一个专门机构，其宗旨是通过教

世界文化遗产——长城

确认世界遗产是一项由联合国支持，联合国教科文组织负责执行的计划，以保护对全世界具有自然或文化价值的事物为目的。目前全球共有世界遗产878处（2008年），我国的长城于1987年12月被列为世界文化遗产。

- 世界卫生组织
- 世界遗产委员会
- 维持和平部队

日内瓦：位于西欧最大的湖泊——日内瓦湖湖畔，瑞士第三大城市，亦是国际机构云集的国际化城市，有"世界钟表之都"的美誉，是举世闻名的旅游胜地。

国际事务篇

■ 世界卫生组织

1946年7月，64个国家的代表在纽约举行了一次国际卫生会议，签署了《世界卫生组织法》。1948年4月7日，这部法律得到了联合国26个会员国的批准，世界卫生组织（简称"世卫"）正式宣告成立，总部设在瑞士日内瓦。

世界卫生组织的宗旨是使全世界人民尽可能获得高水平的健康，其主要职能包括：促进流行病的防治；提供和改进公共卫生、疾病医疗和有关事项的教学与训练；推动制定生物制品的国际标准。目前世界卫生组织共有192个成员国。世界卫生大会是世卫组织的最高权力机构，每年召开一次会议。会议主要任务是审议总干事的工作报告、规划预算、接纳新会员和讨论其他重要议题。执行委员会是世界卫生大会的执行机构，负责执行大会的决议、政策和委托的任务。

■ 世界遗产委员会

1972年11月16日，联合国教科文组织第17届会议在巴黎通过了《保护世界文化和自然遗产公约》，并根据该公约成立了世界遗产委员会，设立了世界遗产基金。

作为联合国教科文组织的下设机构，世界遗产委员会重点负责《保护世界文化和自然遗产公约》的实施。其主要任务有：挑选录入《世界遗产名录》的文化和自然遗产，并对世界遗产的定义进行解释；审查世界遗产保护状况报告；当遗产得不到恰当的处理和保护时，敦促缔约国采取特别保护措施；与缔约国协商，把濒危遗产列入《濒危世界遗产名录》；管理世界遗产基金；对为保护遗产而申请援助的国家给予技术和财力援助。

中国于1985年加入《保护世界文化和自然遗产公约》，成为缔约方。1999年10月29日，中国当选为世界自然与文化遗产委员会成员。

■ 维持和平部队

联合国维持和平部队是联合国根据有关决议建立的一支跨国界的特种部队，成立于1956年。它受联合国大会或安全理事会的委派，活跃于国际上有冲突的地区。部队人员由联合国成员国自愿提供。为了方便识别，维和部队的士兵均头戴蓝色的头盔，头盔上有联合国标志和英文"UN"。久而久之，人们都习惯性地称维和部队为"蓝盔部队"。

> **维和部队的士兵**
> 与各国特种部队不同的是，维和部队在执行任务时必须公开自己的存在，必须行进在最引人注目的公路、广场等公开场合。

维和部队是一支政治外交军队，其任务是制止战争和冲突。维和士兵在执行任务时，必须行进在最引人注目的公路、广场等公开场合。1988年，中国成为联合国维和行动特别委员会成员。

云南石林

2007年，由云南石林、贵州荔波、重庆武隆三地共同组织的"中国南方喀斯特"申遗项目获得通过，"中国南方喀斯特"成为中国第34项世界遗产。

白皮书：一国政府或议会正式发表的以白色封面装帧的重要文件或报告书的别称。可能是一本书，也可能是一篇文章。已经成为国际上公认的正式官方文书。

▶ 北大西洋公约组织
▶ 欧洲联盟

国际组织

■ 北大西洋公约组织

北大西洋公约组织简称北约，是目前世界上最大的军事集团。

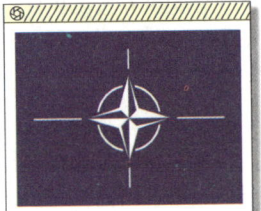

北大西洋公约组织的旗帜
旗面中央的北极星图案，象征北大西洋公约的宗旨是防止东方共产主义势力西扩，维护西方资本主义世界的自由、安全和稳定。蓝色的背景，象征着成员国的文明都渊源于"海洋文明"。而白色的线条则象征着维系团结的纽带。

1949年4月4日，美国、加拿大和一些欧洲国家的代表在华盛顿签署了《北大西洋公约》。同年8月24日，北大西洋公约组织（简称"北约"）正式成立。北约成员国实行集体防御，也就是说，任何一个成员国同北约组织以外的其他国家发生战争时，其他成员国都必须提供援助，包括军事援助。平时，除法国、西班牙外，北约多数成员国都指派本国的一部分军队归北约总部统一指挥。北约成立以来，主要活动是通过部长理事会和防务计划委员会就国际重大政治问题密切磋商、协调立场；在军事方面研究和制订统一战略和行动计划；每年举行各种军事演习。

北约的最高决策机构是北大西洋理事会，该理事会主要有3个司令部，分别是大西洋盟军最高司令部、欧洲盟军最高司令部和加拿大美国地区计划小组。北约组织拥有大量的核武器和常规部队，是西方一支重要的军事力量。欧洲盟军最高司令历来由美国将领担任，这标志着资本主义阵营在军事上实现了战略同盟，也使美国得以控制欧洲的防务体系，从而成为美国称霸世界的标志。

■ 欧洲联盟

1985年6月，欧洲委员会向欧洲理事会提交白皮书，提出在欧洲共同体内建立"无国界"的统一大市场，真正实行人员、商品、资本、服务的自由流通。同年12月，白皮书得到理事会批准。1991年12月，欧洲共同体马斯特里赫特首脑会议通过《欧洲联盟条约》，通称《马斯特里赫特条约》。1993年1月，欧洲正式启动了统一大市场，商品、资金、服务和人员开始在欧盟成员国内部自由流通。这些举措不但加快了欧洲的经济发展，也为未来多极化经济的发展提供了体制保障。1993年11月1日，《马斯特里赫特条约》正式生效，欧洲联盟（简称欧盟）宣告诞生。

欧洲议会大厦
欧洲议会是欧洲联盟的三大机构之一，是欧洲联盟的立法、监督和咨询机构，其总部大厦位于法国的斯特拉斯堡。

- 美洲国家组织
- 非洲统一组织

亚的斯亚贝巴：埃塞俄比亚首都，坐落在埃塞俄比亚高原东南部，平均海拔2450米，是非洲最高的城市。该城市有80多个不同的民族，说80余种不同的语言。

国际事务篇

欧洲联盟主要设有5个机构：欧洲理事会、欧盟理事会、欧盟委员会、欧洲议会、欧洲法院。其他重要机构还有欧盟审计院、欧洲中央银行、欧洲投资银行、经济和社会委员会、地区委员会、欧洲警察局和欧洲军备局等。

■ 美洲国家组织

美洲国家组织的前身是美洲大陆共和国联盟，根据《美洲国家组织宪章》规定，凡同意该宪章的美洲国家都可成为成员国。目前，美洲的35个国家都是该组织的成员国，当时古巴也包括在内，但由于美国推行孤立古巴的政策，从1962年以后，古巴再未参加过该组织的活动。

美洲国家组织的宗旨包括：加强美洲大陆的和平与安全；确保成员国之间和平解决争端；成员国遭侵略时，组织声援行动；谋求解决成员国之间的政治、经济、法律问题，促进各国间经济、社会、文化的合作，加速美洲国家一体化进程。

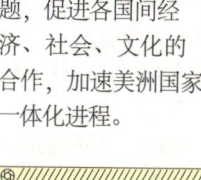

南美洲

南美洲位于西半球的南部，东濒大西洋，西临太平洋，北临加勒比海，南隔德雷克海峡与南极洲相望。一般以巴拿马运河为界同北美洲划分开来。大部分地区属热带雨林和热带草原气候。

美洲国家组织的会徽

目前，所有美洲国家都是美洲国家组织的成员国，古巴虽然也是成员国之一，但自1962年起一直被拒绝参与该组织的活动。

美洲国家组织的主要机构有大会、外长协商会议、常设理事会、秘书处等，总部设在华盛顿。该组织曾长期受美国控制，从20世纪60年代起，这种情况开始有所好转，一些拉美国家也经常就国际问题发表意见和采取行动。

2004年，美洲国家组织常设理事会举行会议，会议正式决定接纳中国为常任观察员。

■ 非洲统一组织

非洲

非洲位于东半球的西南部，地跨赤道南北，西北部的部分地区伸入西半球。东濒印度洋，西临大西洋，北隔地中海和直布罗陀海峡，与欧洲相望，东北隅紧邻亚洲。

1963年5月25日，在埃塞俄比亚皇帝海尔·塞拉西一世的邀请下，31个非洲独立国家的元首、政府首脑在埃塞俄比亚首都亚的斯亚贝巴举行会议，会议通过了《非洲统一组织宪章》，并决定成立非洲统一组织（简称"非统组织"），总部就设在亚的斯亚贝巴。

非洲统一组织的宗旨是：促进非洲国家的统一与团结，协调并加强非洲国家之间政治、外交、经济、文教、卫生、科技、防务和安全等方面的合作，努力改善非洲各国人民的生活，保卫各国的主权、领土完整与独立，从非洲根除一切形式的殖民主义，在对《联合国宪章》与《世界人权宣言》给予应有的尊重的情况下，促进国际合作。

非统组织的最高权力机构是成员国国家和政府首脑会议，此外还有由成员国的外交部长或其他部长组成的部长理事会，常设机构为秘书长处、非洲解放运动协调委员会、经济和社会委员会等。

关税：世界各国普遍征收的一个税种，指一国海关对进出境的货物或者物品征收的一种税。海关是关税征收的管理机关。

▶ 世界贸易组织
▶ 世界银行

■ 世界贸易组织

世界贸易组织的前身是关税及贸易总协定，简称关贸总协定。这是一个各国政府间缔结的有关关税和贸易规则的多边国际协定，其宗旨是通过削减关税和其他贸易壁垒，消除国际贸易中的差别待遇，以充分利用世界资源，促进商品的生产与流通。关贸总协定于1947年10月30日在日内瓦签订，并于1948年1月1日开始生效。1994年4月，在关贸总协定乌拉圭回合部长会议上，各国一致同意成立更具全球意义的世界贸易组织。

1995年1月1日，世界贸易组织成立。现有100多个成员，总部设在瑞士的日内瓦。世贸组织的最高权力机构为部长级大会，部长级大会休会期间，由总理事会履行其职能。部长级大会下设贸易和发展委员会、国际收支委员会、预算、财务和行政委员会等机关。此外，还有为上述机构提供经常性服务的秘书处。世界贸易组织的主要活动包括执行、管理和运作贸易协议；主持多边贸易谈判，解决成员间产生的贸易分歧；协同国际货币基金组织及世界银行参与全球经济政策的制定，并负责起草国家政策评估报告。

1995年7月，我国成为世界贸易组织的观察员。同年12月，我国复关工作组改为加入世界贸易组织谈判工作组。2001年11月10日，在多哈举行的世贸组织第四次部长级会议批准中国加入世贸组织；按照世贸组织的规定，一个月后，即2001年12月11日，中国正式成为了世贸组织成员。

■ 世界银行

1945年10月27日，世界银行与国际货币基金组织同时成立，并于1947年成为联合国的专门机构。我国于1945年即加入了世界银行，是它的创始国之一。

世界银行是联合国下属的一个专门负责长期贷款的国际金融机构，也是世界上最大的发展援助机构之一。它的主要任务是通过提供贷

世界银行总部大楼
世界银行总部位于美国首都华盛顿哥伦比亚特区，世界银行共有雇员1万人，其中在华盛顿工作的约有7000人。

款、政策咨询和技术援助，支持各种可以提高发展中国家人民生活水平的项目和计划。世界银行通常把能产生最大效应的社会工作作为援助重点，比如有关生育健康、妇女保健、基础教育、扶助农村贫困人口等各项工作。作为联合国最大的投资机构，世界银行已经为100多个国家的500多个人力发展项目提供了总额超过400亿美元的贷款。

世界银行还帮助借款国政府推进社会保障和养老制度改革，建立社会安全网，保护那些最容易受经济结构重组伤害的群体。除提供贷款外，世界银行也通过深入评估国家贫困状况、研究公共支出等方式提供技术援助和政策咨询，从而帮助各国政府为实现经济增长制定完善和长期的战略。世界银行还经常给遭受战乱的国家以多方面的援助，不仅重视基础设施的重建，同时也注重促进经济的恢复和发展、解决社会部门需求、加强机构建设能力，还开展清除地雷、安置退役士兵、帮助难民返回家园等方面的项目。

维也纳：奥地利首都，位于阿尔卑斯山北麓的维也纳盆地之中，三面环山，多瑙河穿城而过，是享誉世界的文化名城，有"音乐之都"的美称。

■ 石油输出国组织

1960年9月，伊朗、伊拉克、科威特、沙特阿拉伯和委内瑞拉等国的代表们在巴格达开会，决定联合起来共同对付西方的石油公司。很快，这5个国家就宣告成立了石油输出国组织，简称"欧佩克"。后来阿尔及利亚、厄瓜多尔、加蓬、印度尼西亚、利比亚、尼日利亚、卡塔尔、阿拉伯联合酋长国等国陆续加入，成员国一度增加到了13个。随着成员的不断增加，欧佩克逐渐发展成了一个国际性的石油组织，旨在通过消除有害的、不必要的价格波动，确保国际石油市场上石油价格的稳定，保证各成员国在任何情况下都能获得稳定的石油收入，并为石油消费国提供充足、经济、长期的石油供应。

欧佩克总部设在维也纳，欧佩克大会是石油输出国组织的最高权力机构，大会每年召开两次，如果有需要还可以召开特别会议。各成员国向大会派出以石油、矿产和能源部长为首的代表团参加会议。大会奉行全体成员国一致原则，每个成员国均有一个投票权。

欧佩克组织为维护成员国民族经济权益以及争取建立国际经济新秩序作出了很大贡献。

■ 国际红十字会

1859年，瑞士银行家亨利·杜南在一次出差旅行时，目睹了奥地利、法国及撒丁王国军队在苏法利诺的惨烈战役，发现伤兵经常无人照顾，境况凄惨。为了帮助战争中受伤的人，杜南先生极力呼吁成立一个中立的民间伤兵救援组织，以便在战争发生时，可以及时救助在战场上受伤的士兵。1863年，杜南先生同四位日内瓦公民成立了"救援伤兵国际委员会"，后来就演变为红十字国际委员会。

如今，国际红十字会的主要机构包括红十字与红新月国际大会、国际红十字与红新月运动代表会议、红十字与红新月常设委员会，另外还在国际委员会下设中央寻人局。国际红十字会的基本职能是：从事救助受害者的人道主义活动；救助战俘和受日内瓦公约保护的人员；探视战俘及被关押或拘留的平民；保存人道主义工作者的档案；主动开展人道主义工作；等等。

在全世界范围内，只要是发生天灾人祸或者有战争的地方，我们都可以见到一面以白色为背景色，上面印有红色十字的旗帜在该地上空飘扬，这就是国际红十字会的旗帜。红十字是由五个正方形拼成的，分别代表亚洲、欧洲、非洲、美洲、大洋洲世界五大洲，表明了红十字会的国际性。红十字会并不能阻止战争的蔓延，也不能阻止灾害的发生，但它既是受灾受难的广大民众的保护神，又是倒在血泊中的士兵的救护神。

欧佩克的会旗
虽然欧佩克成员国的石油产量只占世界总产量的40%，但是它们出口的石油却占世界石油贸易量的60%，所以该组织对国际石油市场具有很强的影响力。

美国红十字会总部
美国红十字会创建于1881年，一直是美国最重要的应对灾难的民间组织。

 萨马兰奇：西班牙人，国际奥委会前任主席，中国人民的老朋友。他于2001年7月13日在莫斯科宣布北京获得2008年奥运会承办权后不久卸任。

绿色和平组织
国际奥委会

■ 绿色和平组织

绿色和平组织是一个国际性环境保护组织，于1979年底在荷兰成立，总部就设在阿姆斯特丹。

绿色和平组织的宗旨是：保护地球生物的多样性；防止全球海洋、陆地、空气和淡水受污染；解除所有核威慑、促进和平和全球性裁军。该组织的经费靠热心人士捐赠，成员和支持者至少有250万人，遍及世界各地。绿色和平组织是世界上最大的环境保护团体，在30个国家设立了43个办事机构，共有1000多名专职人员。此外该组织还拥有4艘快艇、1架直升机、2个氢气飞艇、数百艘橡皮艇以及一批最先进的通信设施。

绿色和平组织是一个独立的环保组织。为保持其独立性，该组织并不接受以国家或是政府机构为单位的捐款或帮助。绿色和平组织反对一切核事物，并且努力保护所有生物物种，为环境保护事业做出了卓越贡献。

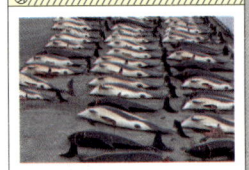
捕杀鲸鱼
鲸油是贵重的工业原料，许多国家的捕鲸活动屡禁不止。绿色和平组织一开始就是以使用非暴力方式阻止大气和地下核试验以及公海捕鲸著称的。

■ 国际奥委会

国际奥林匹克委员会于1894年6月23日成立，是目前历史最悠久也最有影响力的著名国际组织之一，总部设在瑞士洛桑。

这是一个非政府性、不以营利为目的和永久性的国际体育组织，也是领导奥林匹克运动和决定相关问题的最高权力机构。根据现代奥林匹克运动倡导者顾拜旦的理想，国际奥委会将其宗旨定为：鼓励组织和发展体育运动和体育竞赛；在奥林匹克思想指导下，鼓励和领导体育运动，从而促进和加强各国运动员之间的友谊；保证按期举办奥运会。

奥林匹克委员会的委员以个人身份入选而不代表国家。因为国际奥委会的官方语言是法语和英语，所以当选委员必须会使用其中一种。一般一个国家或地区只能有一名委员，不过积极开展奥林匹克运动和举办过奥运会的国家，可拥有两名委员。

国际奥委会目前有100多位委员，每年举行一次全体会议，会议任务之一就是选定某届奥运会的主办城市。

2001年7月13日，国际奥委会主席萨马兰奇先生在莫斯科宣布：北京成为2008年奥运会的主办城市，中国人民一片欢腾。

【百科链接】

洛桑：
瑞士西南部城市，著名的游览和疗养地。国际奥林匹克委员会总部以及欧洲癌症研究中心均设于此。欧洲著名文学家拜伦、雨果、狄更斯等曾先后在此居住过，故此地又有"国际文化城"之称。

2008年北京奥运会主场馆——中国国家体育场
该体育场形如鸟儿搭建的巢，因而被人们亲切地称为"鸟巢"。2008年奥运会开幕式、闭幕式、田径比赛、男子足球决赛等均在该场馆举行。

- 外交代表机构
- 外交人员
- 外交特权

参赞：语出《中庸》"参赞化育"，原指人在天地、自然间的参与和调节作用，现多指驻外大使馆中顾问、参事之类的职衔。

国际事务篇

外交常识

■ 外交代表机构

外交代表机构指一个国家派驻到另一个国家的外交官组。根据《外交人员等级章程》，外交代表机构分为大使馆、公使馆和代办处三个级别。国际法规定外交代表机构享有治外法权，即驻在外交代表机构的外交人员可以免受派驻地的法律制裁。19世纪时，只有大国之间才能建立大使级外交关系，现在世界各国之间建立的一般都是大使级外交关系。大使由国家元首任命并作为国家元首的代表履行职责。以公使为馆长的外交代表机构称公使馆，以代办为馆长的称代办处，主要负责相关外交事务，为本国侨民和公民服务，比如维护本国公民和法人的合法权益，为本国公民颁发签证或护照，为外国公民颁发签证等。目前，中国在166个建交国分别设有157个大使馆、60多个（总）领事馆。

签证

签证是一个国家的出入境管理机构批准外国公民入境时所签发的一种文件。签证制度与国家主权密切相关，颁发签证也是各国驻外使馆最重要的职能之一。

■ 外交人员

外交人员就是一国派往他国办理外交事务的人员，一般指使馆及常驻外交使团中有外交官级位的人员。其中大使是最高级的外交人员，他代表本国及国家元首常驻他国办理外交事务。公使，又称为特命全权公使，是派遣国向驻在国派遣的第二级的外交代表。他是公使馆的馆长，领导公使馆人员工作，具有仅次于大使的权力，并且可以随时请求谒见驻在国的国家元首，与之直接谈判。代办是派遣国外交部长向驻在国派遣的级别最低的外交代表。他代表本国及外交部长常驻驻在国办理外交事务。此外，使馆中有外交官级位的人员还有公使衔参赞、参赞、秘书、专员、武官等。

■ 外交特权

外交特权是国际法中规定的外国使馆及外交官享有的特别权利和待遇的总称。按照国际法和有关协议，驻在国为使一国外交代表有效地执行任务而给予他的特别权利和待遇，即为外交特权。这种特权是建立在国家之间互相尊重主权和平等互利的基础上的。它一方面尊重了驻在国的主权和法律的尊严，另一方面又保障了派遣国的权利和两国之间正常的外交关系。我国过去曾把外交特权称为优遇，即优惠待遇，也有的国家称之为外交豁免权和优例。但无论哪种说法，就其内容来说并无本质的差别。

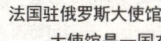

法国驻俄罗斯大使馆

大使馆是一国在建交国首都常设的外交代表机关，全面负责处理两国外交事务。

尼克松：美国第37任总统，1972年访华，堪称20世纪外交史上的重大事件。1973年因"水门事件"辞职，成为美国历史上第一个被迫辞职的总统。

▶ 出国访问
▶ 护照与签证

外交特权本质上属于外交人员代表的国家，因此个人无权自行放弃。外交特权的主要内容有：人身、馆舍、住所和公文、档案、财产不受侵犯；使用密码通信、派遣外交信使；在驻在国使用本国国旗、国徽；不受驻在国的刑事管辖等。

外交代表从为赴任而进入驻在国的国境就开始享有外交特权，特权在其离开驻在国时终止。若外交代表在其任职通知抵达驻在国之前抵达驻在国，则其外交特权在其任职通知到达驻在国之后生效。若外交代表结束任职后居留在驻在国，其特权即自动解除。

顺道访问等。国家元首、政府首脑的互访，是当今世界"首脑外交"的主要方式之一。例如1972年，美国总统尼克松访华，与毛泽东、周恩来见面、握手、会谈，就被视为中美关系史上一个重要的转折点，标志着一个时代的结束，另一个时代的开始。

■ 出国访问

【百科链接】

正式访问：
指一国领导人应另一国领导人的正式邀请，对邀请国进行的访问。这一类访问的礼仪都比较隆重。

出国访问是指国家之间的相互访问，这一国际交往惯例由来已久。现代社会，由于各国交往越发密切，再加上交通便利，出国访问变得更加普遍。各种性质、层次的人员和代表团出访他国，成了社会生活中的常事。

互访是国际经济贸易来往中的一项主要活动。而国家领导人，尤其是主要领导人的出访，则具有更特别的意义。国家领导人的访问分为正式访问、非正式访问、工作访问、私人访问和

周恩来访问坦桑尼亚
周恩来是新中国外交事业的开拓者和奠基人，也是新中国历史上最杰出的外交家。他曾多次出访外国，并与出访国人民建立了深厚的友谊。

■ 护照与签证

护照是主权国家发给到国外旅行、居留的本国公民的合法身份证明和国籍证明。它由本国政府颁发，可在公民户口所在地的出入境管理处办理。

护照
护照（PassPort）一词在英文中是"口岸通行证"的意思，护照是公民旅行时通过各国海关的通行证。一些国家也颁发与护照性质类似的通行证件。

中华人民共和国护照分为外交护照、公务护照、普通护照和特区护照。普通护照又分为因公普通护照和因私普通护照，两者都不是永久性的证件，都有一定的有效期限。

签证是公民要去的国家给该公民的入境许可，外国公民只有凭签证才可以进入别国。签证一般可以在外国驻本国大使馆或领事馆申请。持有护照者只有办好签证，才能达到出入境的目的。不过某些特殊情况下，护照与签证也是可以分离的。

一般情况下，有护照不一定有签证，有签证就一定有护照。出境时，签证是必备的，当然也有少数免签的国家，别国公民只要持有护照就可入境。

Part 8

经济生活篇

符号货币：自身价值与其代表的价值差距甚大，乃至自身价值为零的货币。符号货币的发行无须黄金保证，目前世界各地使用的货币都是符号货币。

交换与货币
通货膨胀

经济与生活

■ 交换与货币

原始社会初期，人类处于自然分工状态，生产力水平很低，人们在共同劳动的基础上获取有限的生活资料，仅能维持生存的需要，没有剩余产品，也就谈不上什么交换。但生产力得到了发展后，产品开始有了少量剩余，于是氏族公社之间、部落之间便开始进行剩余产品的交换，但这种交换是极其原始的物与物交换，还算不上真正的商品交换。直到手工业出现后，以交换为目的的商品生产才产生。

选购水果的妇女
水果成熟以后，还要经过采摘、挑选、清洗、分级和包装等环节才进入市场。商家通常会最大限度地减少水果在储藏、运输和销售过程中的质量损耗，力求以良好的品质满足消费者的需求。

古代的圆形方孔铜钱
公元前210年，刚刚统一全国的秦始皇在全国推行秦国的圆形方孔钱，这种圆形方孔的铜钱在中国钱币史上占据着绝对的主导地位。

商品生产和商品交换的规模不断扩大，便催生了货币，也使得商品交换逐渐变成了以货币为媒介的商品流通。商品货币关系不断发展，专门从事贸易的商人就产生了。

随着社会生产力和社会分工的发展，商品交换越来越频繁和复杂，这就需要一个交换的媒介，货币正是在这个交换过程中逐渐产生的。货币的主要职能是价值尺度、流通手段、支付手段、贮藏手段和充当世界货币。其中价值尺度和流通手段是货币的基本职能，后三种职能是在这两者的基础上派生出来的。人类历史上，货币曾有贝壳、金银、符号货币等多种形式。

■ 通货膨胀

在经济学上，通货膨胀意味着物价持续上升，同时引起纸币贬值。用老百姓的话来讲就是什么东西都变贵了，只有钱便宜。这是因为纸币是一种没有价值的货币符号，只能代替金属货币执行流通职能，如果纸币的发行量超过了流通中需要的金属货币量，纸币就会贬值，物价就要上涨。

按照严重程度，通货膨胀可以分为三类：第一类是温和的通货膨胀，通货膨胀率较低而且比较稳定；第二类是加速的通货膨胀，通货膨胀率较高而且不断上升；第三类是恶性通货膨胀，通货膨胀率非常高且完全失控。

如果社会经济中存在着通货膨胀的压力，那么一旦政府解除了严格的价格管制并取消配给制，就会发生较严重的通货膨胀。

成沓的现金
通货膨胀会引起纸币贬值。通货膨胀时，居民手中纸币的购买能力下降，生活水平就不可避免地受到影响，从而导致社会经济生活秩序混乱。

- 银行与储蓄
- 股票

深圳交易所：中国大陆两大证券交易所之一，1990年成立，是为证券集中交易提供场所和设施、组织和监督证券交易的法人。由中国证监会直接监督管理。

经济生活篇

■ 银行与储蓄

银行是承担存款、贷款、汇兑、储蓄等业务的金融机构，是国民经济运转的枢纽。

一般认为，最早的银行于1580年在意大利威尼斯成立。不久，荷兰在阿姆斯特丹、德国在汉堡、英国在伦敦也相继设立了银行。19世纪初，银行业得到了普遍发展。在我国，宋朝时期就出现了具有高利贷性质、承担无利息存款业务的钱庄与票号。我国第一家具有近代特征的银行是上海中国通商银行，这是一家民族资本银行，成立于1897年。我国最早的国家银行是1905年清政府成立的户部银行。

银行的主要职能之一便是储蓄，狭义的储蓄是指城乡居民将暂时不用的货币存入银行或其他金融机构的一种存款活动。从广义上来讲，存入银行的存款、购买的有价证券、保存在手中的货币等，都属于储蓄存款。在我国，基本的储蓄形式有活期储蓄、定期储蓄和华侨人民币储蓄等。而从宏观上来讲，储蓄又包括政府机构储蓄、企业储蓄和个人及家庭储蓄三种。政府机构储蓄是为多次分配做准备。企业储蓄则是为了再投资或获取利息。个人及家庭储蓄，主要是为不测的事件建立储备金，为自己积累养老基金或者为了其他目的。

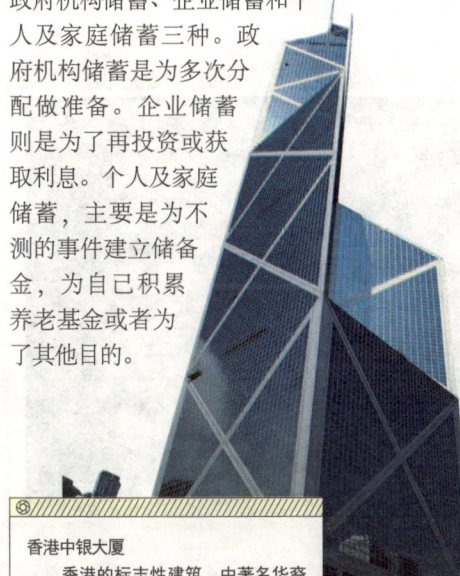

香港中银大厦

　　香港的标志性建筑，由著名华裔建筑师贝聿铭设计，楼高350米，共70层，取"竹子节节拔高"之理念，外形极富想象力。

■ 股票

股票是股份公司在筹集资金时，发给股东的证明其所有权的股份凭证。它可以通过买卖方式有偿转让或成为抵押品，是资本市场最主要的信用工具之一。股票代表着股东对公司的所有权，同一类别的每一张股票所代表的公司所有权是相等的，股东可以按照持有股票的份额从公司领取相应的股息和红利。此外，股东还有权参加股东大会、参与制定企业经营管理的决策。同时股东也要承担相应的责任和风险。按照股东享有的权利，股票可分为普通股、优先股和后配股。

纽约股票交易所

　　位于纽约华尔街的纽约股票交易所是世界上规模最大、组织最健全、设备最完善、管理最严密的交易所，对世界经济有着重大影响。

股票已有近400年的历史。企业可以通过向社会公开发行股票筹集资金，用于生产经营。国家可通过控制多数股权的方式，用相对较少的资金控制更多的资源。股票最初采取的是有纸化印刷方式，纸面记载着面值、发行公司名称、股票编号、发行公司登记的日期、该股票的发行日期、发行公司董事长及董事签名、股票性质等事项。

随着技术的发展，如今又出现了电子化股票。它将有关事项储存在电脑里，股东只持有一个账户卡，就可查到持有的股票的品种和数量。目前，上海和深圳证券交易所上市的股票基本都是电子化股票。

VISA：汉译为维萨、维信，是一个信用卡品牌，由美国圣弗朗西斯科的Visa国际组织负责经营和管理。

▶ 信用卡
▶ 商标与广告

■ 信用卡

信用卡是一种消费支付工具，也是目前最受人们欢迎的塑料货币。它由银行或财务机构签发给资产信用状况良好的人士，其持有者可以在指定的商家购物和消费，或者在指定金融机构存取现金。

信用卡外形大小和身份证差不多，一般用特殊的塑料制成，正面印有特别设计的图案、发卡机构的名称及标志，并有用凸字或平面方式印制的卡号、持有者的姓名、有效期限等信息；背面则有用于记录有关信息的磁条、持卡人签名档及发卡机构的说明等。

刷卡消费

刷卡消费方便快捷，而且没有货币的直观效应，在一定程度上降低了人们对消费欲望的控制。

使用信用卡时，人们不必往里面预存现金，而是先消费再还款。也就是说，信用卡持有者在刷信用卡买东西时，银行会"即时"付账，信用卡持有者只要在月底接到账单后，统一把钱付给银行就可以了。VISA、MASTER等国际信用卡组织签发的信用卡还能够全球通用。

使用信用卡付账实质上是一种贷款行为。偿还借款时可以一次还清或分期还款，一旦借款得到偿还，则该信用卡的信用额度便会重新恢复。如借款到期未付清，银行就会计收罚息。

■ 商标与广告

商标就是商品的标记。它不仅是产品质量的保证符号，同时也是提高商品信誉、扩大商品宣传、引起消费者兴趣、促进经济繁荣的重要因素之一。

作为一个企业或者产品的标志，商标通常固定不变，并受到知识产权等法律的保护，别人不可以随便使用。更有意义的是，商标可以让商标所有人获得知名度和利润，其进取心和事业心也会因此受到激励。

狭义的广告仅指商业广告，比如各种媒体上刊登的广告以及户外张贴广告和陈列在橱窗的商品等。广告也是用来宣传企业或者产品的，而如果在广告里面加入了醒目的商标，给别人的印象可能就会更深。

世界上最早的印刷广告实物，是北宋时期济南刘家针铺所用的铜版雕刻。该铜板上方刻有济南刘家针铺的店名，中间是白兔捣药的图案，图案左右标注着该店以门前的白兔石雕作为标记，下方刻有说明商品质地的广告文字。整个版面图文并茂，白兔捣药就相当于店铺的商标，广告化的文字则宣传了针的质量和售买方法。这幅铜版雕刻诞生的时间比西方公认的最早的印刷广告——1473年英国第一个出版商威廉·凯克斯顿为宣传宗教内容的书籍而印制的广告，早了三四百年。

广告林立的香港街头

香港是一个商业化的社会，街头巷尾均充斥着各种广告。可以说，香港经济的繁荣离不开广告。

水印：纸张对着光线时所显示的纹理清晰的图形、人像或文字，"夹"在纸中而不是在纸的表面，是在纸张生产过程中用改变纸浆纤维密度的方法制成的。

经济生活篇

货币

■ 最早的纸币

纸币是当今世界各国普遍使用的货币，而世界上最早出现的纸币，则是中国北宋时期四川成都的交子。北宋初

> 北宋的纸币"交子"
> "交子"的出现，便利了商业往来，是我国货币史上的一大进步。此外，作为全世界发行最早的纸币，"交子"在印刷史、版画史上也占有重要的地位。

年，四川成都出现了专为携带巨款的商人保管现钱的交子铺户。存款人把现金交付给铺户，铺户把存款人存放现金的数额临时填写在用楮纸制作的券面上，交给存款人作为凭证，存款人凭借楮纸券提取现金时，付给铺户3%的保管费。而这种临时填写存款金额的楮纸券便是俗称的"交子"。后来，交子铺户开始印刷有统一面额和格式的交子，向市场发行。1004年，交子的发行取得了政府的认可和支持。这时的交子已经成为符号货币，是真正意义上的纸币。

■ 人民币

人民币的全称是中国人民银行币，它是中华人民共和国的法定货币。中国人民银行是人民币的主管机关，负责人民币的设计、印制和发行。中华人民共和国自发行人民币以来，历时70多年，共发行了五套人民币。目前流通的人民币，是中国人民银行1999年以后陆续发行的第五套人民币。在这套人民币中，主币单位是元，辅币单位是角和分。1元等于10角，1角等于10分。

人民币图案新颖美观，选题丰富多彩，设计独具匠心，规格材质多种多样，将中华人民共和国70多年的辉煌成就及重大历史事件浓缩于方寸之间。其图案标志、防伪标志、印刷纸质、水印雕刻以及印刷技术已经达到国际水平。统一发行人民币是新中国成立前，中国政府为迎接全国解放采取的一项重大措施，它结束了中国近百年来市场流通外币、金银币的历史，标志着人民解放战争的全面胜利，在新中国成立初经济恢复时期发挥了重要作用。

> 人民币
> 目前，市场流通的第五套人民币共有8种券别，分别为1角、5角、1元、5元、10元、20元、50元、100元。按照法律规定，人民币元币以上为主币，角币、分币为辅币。

■ 港元

港元又称为港币，是中华人民共和国香港特别行政区的法定流通货币，券别主要为1毫、2毫、5毫、1元、2元、5元、10元、20元、50元、100元、500元和1000元，其中10毫为1元。按照香港基本法和中英联合声明，香港的自治权包括自行发行货币。虽然港元只在香港有法定地位，但中国内地和澳门等很多地方都接受港元。在澳门的赌场，港元曾是澳门元以外唯一获准流通的货币。

> 港币
> 虽然港币只在香港有法定地位，但中国内地和澳门等很多地方也接受港币，尤其在澳门赌场。港币是澳门元以外唯一获准流通的货币。

汇丰银行：全称"香港上海汇丰银行有限公司"，是香港最大的商业银行，也是亚洲最大的商业银行之一、世界最大的跨国银行之一。1864年成立于香港。

▶ 美元
▶ 欧元

港元的纸币绝大部分是在香港金融管理局监管下，由三家发钞银行发行的。这三家发钞银行分别为汇丰银行、渣打银行和中国银行，另有少部分新款10元钞票，由香港金融管理局自行发行。

1997年香港主权移交之前，市面流通的硬币上铸有英皇头像，这种硬币后来一度成为收藏对象。其实自1993年起，香港政府便开始逐渐收回旧硬币，以铸有香港市花洋紫荆的新硬币代替。不过目前铸有英女皇头像的硬币仍为合法货币，与新硬币同时流通。

■ 美元

美元俗称美金，是美国的法定流通货币。1775年6月，13个殖民地联合成立的政府批准发行了美国最早的纸币，称为"大陆币"。1863年，美国财政部开始发行钞票，钞票因为背面印成绿色，所以被称为"绿背"，一直沿用至今。

目前流通的美元纸币是自1929年以来发行的各版钞票，主要为联邦储备券。其面额有1元、2元、5元、10元、20元、50元和100元，以前还曾发行过500元、1000元和10000元的大面额钞票，但后来已不再流通。美元纸币正面的主景图案为人物头像，主色调为黑色。背面的主景图案为建筑，主色调为绿色，不同版别的颜色差异不大，曾经有深绿色、草绿色、墨绿色等。

美国的硬币是由金、银、铜、镍等各类材料铸造的钱币，面额有1美分、5美分、10美分、25美分、50美分和1美元，1美元等于100美分。早期的硬币上多铸有自由女神像，后来又改铸人物头像、动物图案、装饰符号等。目前美国流通的硬币的正面为政治家侧面头像和箴言，上部是英文单词"LIBERTY"（自由），下部是铸造年份，人物肖像旁边或下边刻有代表造币厂的字母。背面除面值外还铸有拉丁文箴言。在美国，公民可携带美元和外币自由出入境，但超过1万元时须向有关部门声明。

美元票面尺寸规格固定，是国际印钞界公认的设计特征变化最少的钞票之一。虽经多次改版，但不同版别的钞票特征变化并不大，只是防伪功能不断加强。

> **美元纸币与硬币**
>
> 美元的百元大钞上印着著名科学家、金融家、政治家富兰克林的头像，以纪念他在美国独立战争时期起草《独立宣言》的功绩。

> **【百科链接】**
>
> **面值最大的美元：**
> 历史上，制版印刷局印刷的银行券中，面值最高的是1934年版的10万美元金券。这些银行券从未在公众中流通过，只是为各联邦储备银行与美国财政部之间的交易服务。

■ 欧元

欧洲经济共同体简称欧共体。各成员国之间开展了自由的经济贸易，取得了巨大的经济利益。但是当时各成员国都有自己的货币，进行国际贸易时结算很不方便。为了简化贸易结算的手续、节省时间、加快商品与资金的流通速度，

- 日元
- 英镑

汇率：世界各国货币的名称不同，币值不一，所以一国货币对其他国家的货币要规定一个兑换率，即汇率。汇率是国际贸易中最重要的调节杠杆。

经济生活篇

并使欧洲各国的物价、利率、投资利益差别逐步缩小或趋于一致，欧共体成员国经过协商，决定从1999年1月1日起，正式使用同一种货币——欧元。2002年7月1日后，欧元代替了欧洲大多数国家的货币，成为欧元区国家唯一法定货币。

欧元包括硬币和纸币。硬币一共有8种面值：2欧元、1欧元、50欧分、20欧分、10欧

欧元纸币

欧元纸币正面图案的主要组成部分是门和窗，象征着合作和坦诚精神，另有12颗星围成一个圆圈，象征欧盟各国人民和谐地生活在欧洲。纸币背面是桥梁图案，象征欧洲各国联系紧密。

分、5欧分、2欧分和1欧分。100欧分等于1欧元。所有的硬币正面都是相同的，称为"共同面"，而背面的图案则是由发行国自行设计的。君主立宪制国家常常使用他们的君主的头像，其他国家则通常使用该国的象征性图案。纸币欧元一共有7种面值：500欧元、200欧元、100欧元、50欧元、20欧元、10欧元和5欧元。欧元的正式流通不仅对消除欧洲汇率动荡、稳定世界金融、形成新的国际货币体系等具有重要意义，对欧盟国家最终走向政治统一也将产生深远影响。

日元

日本在明治维新时代，全面吸收西方国家的成果和经验，政治、文化、经济方面均发生了翻天覆地的变化，日元也开始了现代化进程，日元跟美元最初的汇率定在1:1。第二次世界大战后，美元兑日元的汇率变为1:360。这一固定汇率政策的实施，为日本商品重返国际市场铺平了道路。现在美元和日元的汇率在1:135到1:100的区间内浮动。

日元的纸币面额有10000元、5000元、1000元、500元、100元、50元、10元、5元、1元等，另有500元、100元、50元、10元、5元、1元铸币。日元纸币所用的纸张以日本特产"三亚皮浆"为原料，印制水平较高，浅黄色的纸张坚韧而有特殊光泽，面额越大颜色越深。日本的纸币曾经有政府券和银行券两种。银行券是1868年明治初期，由几家政府银行发行的。1882年，日本银行成立后，货币发行权统一集中到了该行。日本钞票正面的文字全部使用汉字，以从左到右的顺序排列，上方印有"日本银行券"字样，各种钞票均无发行日期。

日元纸币与硬币

日元纸币的印制水平很高，纸张以日本特有的"三亚皮浆"为原料，坚韧而有特殊光泽，水印和油墨也采用特殊工艺。

日本是第二次世界大战后经济发展最快的国家之一，目前拥有世界最大的进出口贸易顺差及最雄厚的外汇储备，而日元也是战后升值最快的货币之一，在外汇交易中的地位变得越来越重要。

英镑

英镑是英国的法定货币，其单位是"镑"，因此得名。英国是欧盟的成员国，但它尚未加入欧元区，所以仍然使用英镑。

在英国，女王是最尊贵的象征，所以所有英镑的正面都是英国女王伊丽莎白的头像，反面的图案则根据钱币的面值各有不同。英国纸币分为5镑、10镑、20镑和50镑几个面值，正面印有君主像、编号及币值，不同币值的纸币背面印有不同的英国名人像。一英镑等于100便士。硬币即分为1便士、2便士、5便士、10便士、20便士、50便士、1镑、2镑和5镑等面值。

工业化：机器大工业在国民经济中发展并取得优势地位的过程。它推动整个国民经济的技术改造，使生产日益社会化，使工人阶级不断扩大，使城市迅速发展。

▶ 新加坡元

【百科链接】

英国基尼：

1633年，英国第一代由机器生产的货币，1733年以后成为人们争相收藏的货币，市面价值已经超出了它原有面值的数倍。

第二套以各种鸟为主要图案，第三套以船为主要图案。第四套以总统尤索夫肖像为主要图案。

新加坡元

新加坡元是新加坡的法定货币基本单位，以S$标记。

所有硬币的背面均铸有币值，不过不同行政区所铸的硬币图案各不相同。英国是世界最早实行工业化的国家，曾在国际金融业中占统治地位，所以英镑曾是国际结算业务中使用最广泛的货币。第一、二次世界大战以后，英国经济地位不断下降，但由于历史的原因，金融业还很发达，英镑在外汇交易结算中也仍占有相当重要的地位。不过对于谋求在欧洲事务中起主导作用的英国来说，如果长期游离在欧元区之外，在欧盟的发言权自然就会下降。

新加坡元分纸币和硬币，目前在新加坡流通的新加坡元有10000元、1000元、100元、50元、10元、5元、2元等面额的纸币，另有1元及50分、10分、5分、1分等面额的铸币。自1999年发行"人像系列"钞票以后，新加坡停止发行1元面额的货币，只发行2元以上面额的货币。

从20世纪60年代开始，新加坡推行出口导向型的经济策略，在短时间内便实现了经济腾飞，迅速跻身于"亚洲四小龙"之列。良好的时代条件、优越的地理位置和正确的政府导向，使新加坡在几十年内一跃成为在亚洲名列前茅的经济体，强大的经济实力也使得新加坡元一直非常坚挺，并在总体上呈不断上升的趋势。

英镑纸币与硬币

英国女王的头像是英镑纸币和硬币永恒的图案。

■ 新加坡元

新加坡于1967年6月12日开始发行自己的钞票"新加坡元"，至今已经发行过四套钞票：第一套以新加坡国花"胡姬花"为主要图案，

Part 9

未来展望篇

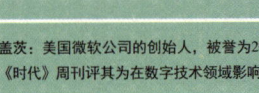

盖茨：美国微软公司的创始人，被誉为20世纪最伟大的计算机软件行业巨人，《时代》周刊评其为在数字技术领域影响重大的50人之一。

▶ 未来的笔
▶ 电子智能黑板
▶ 未来的新型图书馆

未来的工作

■ 未来的笔

为了使纸笔和电脑在某种意义上形成一定的关联，科学家们便想发明一种与鼠标合二为一的新型笔。

盖茨想象的未来社会中，没有纸笔，报纸和杂志都已成为历史，取而代之的是一种与普通笔记本厚薄差不多的电子写字板。而新型的笔就像鼠标一样，既可以在特制的电子纸张上写字，又可以操作笔记本，还可以当激光笔使用。

掌上电脑
简称PDA，即个人数字助理，体积小，便于携带，基本操作方式与电脑类似，阅读、游戏、字典、学习、记事等功能一应俱全。

这种笔的电源直接来自电脑上的无线设备，因此永远不必担心笔用到一半就没电了。但这种"鼠标笔"有一个很明显的缺点：将它当成激光笔指示画面时，就不能使用它的鼠标功能；反之，使用它的鼠标功能时，就不能把它当激光笔用来指示画面。

■ 电子智能黑板

在互动式电子设备快速发展的条件之下，计算机将会把普通黑板赶出教室。大家可以在电子智能黑板上修改作业、浏览网页、播放影片。

电子智能黑板是一个像普通黑板那么大的液晶触摸屏，计算机与之连接，可以控制电子黑板所显示

手写输入
使用触控笔在压力感应屏或手写板上书写文字，电脑内部的识别系统就会把手写字体转换为标准字体显示出来，从而大大提高输入速度。

的内容。在电子智能黑板上面，可以像在普通黑板上那样直接写字，它也可以像投影仪那样将计算机屏幕上的内容显示出来，实现多媒体教学。总之，电子智能黑板就如同装了系统的电脑桌面一样，有菜单栏、文本框、工具栏、快捷键等操作按键，中间部分用来显示所要显示的内容，各种操作按键则可以帮助使用者编辑要显示的内容。

■ 未来的新型图书馆

未来的新型图书馆即数字图书馆，它是一种虚拟的、没有围墙的图书馆。我们只要通过巴掌大小的电子接收终端，就可以轻易地把一个图书馆"装"到衣兜里。

开发数字图书馆是一门全新的科学技术，而数字图书馆也将成为一种拥有多种媒体内容的数字化信息资源，使用户方便、快捷地获取信息。虽然它仍然称为"馆"，但并不是图书馆实体，它与各种公共信息管理与传播的现实社会活动相对应，为种种新型信息资源组织提供信息服务。它借鉴图书馆的资源组织模式、借助计

【百科链接】
美国国会图书馆：
位于美国华盛顿国会山附近，藏有各种资料超过7560万件，其中仅图书就有362.4万种，1893万册以上，是世界最大的图书馆。

算机网络通信等高新技术，创造性地运用知识分类和精准检索手段，使人们获取到信息，避免了受时空的限制。每个拥有电脑终端的用户只要联网，并登录相关数字图书馆

光脑：比电脑更聪明
宇宙工厂

微波：无线电波中一个有限频带的简称，即波长在1米（不含1米）到1毫米之间的电磁波，频率比一般的无线电波高，通常也称为"超高频电磁波"。

未来展望篇

的网站，就可以在任何时间、任何地点方便快捷地享用世界上任何一个"信息空间"的数字化信息资源。

■ 光脑：比电脑更聪明

光脑是由光导纤维与各种光学元件制成的计算机。它不像普通电脑，靠电子在线路中的流动来处理信息，而是靠一小束低功率激光进入由反射镜和透镜组成的光回路来进行"思考"，但同样具有存储、运算和控制等功能。

光脑的工作原理和电脑一样。所不同的是，光子代替了电子，光互连代替了电子导线互连，光开关、光三极管、光储存器、反馈装置和集成光路等部件代替了电脑中的电子硬件，光运算代替了电运算。光子是宇宙中运行速度最快的东西，每秒可达30万千米。电子就差得远了，它在半导体内的运动速度约每秒60至500千米，最快也不到光速的1/10。因此，利用光在光缆中传递信息会减少大量的时间，提高运算速度。超高速电脑的器件只能在极低的温度下工作，而光脑则可以在接近室温的温度下进行超高速运算。光脑的超高速运算也在于光的频带宽远远大于无线电波和微波，具有极大的信息储存空间，存储信息量可达108位数。所以说，光脑

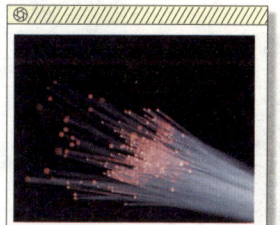

光导纤维

光导纤维简称光纤，是一种能高速传导光的玻璃纤维。光纤传导光的能力非常强，利用光纤组成的光缆能同时传播大量信息。

【百科链接】

最早的电脑：
举世公认的第一台电子计算机ENIAC，诞生在战火纷飞的第二次世界大战期间，它的"出生地"是美国马里兰州阿贝丁陆军试炮场。

比电脑更聪明。

■ 宇宙工厂

多少年来，人类一直希望征服太空。随着空间科学技术的发展，人类飞上太空的梦想已经成为现实。航天飞机的发展、太空实验室的发射成功，使人类有可能进一步实现征服太空的伟大理想——建立宇宙工厂。

宇宙工厂所用的能源是太阳能，对环境没有污染。太阳能又是取之不尽、用之不竭的廉价能源，所以在宇宙中建造工厂有很高的经济效益和社会效益。另外，宇宙空间具备无重力、高真空、超净等条件，这些都是地球所不能及的。同时，在宇宙工厂加工所需要的原料并不完全依赖地球，月球和众多的小行星几乎拥有空间加工所需要的一切原料。可以预见，在不久的将来，航天飞机用上原子电池，能频繁地进入太空，把宇宙工厂中生产出来的各种产品源源不断地送回地球，以造福全人类。

小行星能源开发（设想图）

目前，人类的空间科学技术已从试验阶段发展到了应用阶段。可以肯定的是，21世纪将是更广泛、更深入地开发和利用太空资源并使其造福人类的时代。

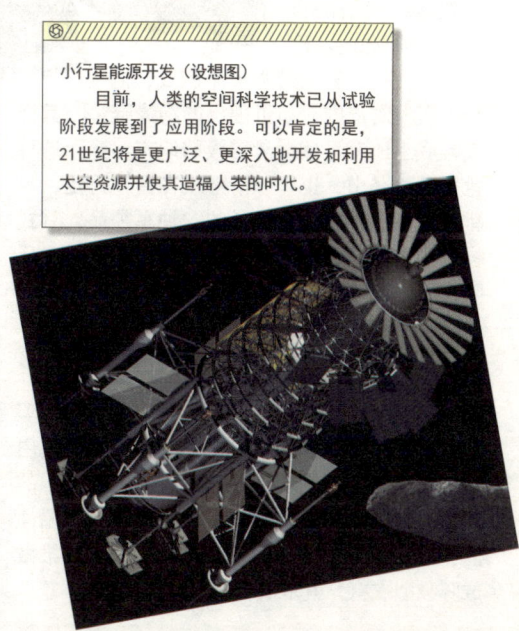

氨基酸：构建生物机体的众多生物活性大分子之一，是构建细胞、修复组织的基础材料。人体所需的氨基酸约有22种。

▶ 特殊的军靴
▶ 蛋白质衣料

未来的衣着

■ 特殊的军靴

为了适应不同的作战要求，军队中有很多特殊的军靴，比如保温靴、排雷靴和山地滑雪靴等。专供寒带地区军队使用的陆军保温靴分黑色和白色两种。黑色靴适于在-32℃左右的温度下穿用，白色靴则可在-51℃的温度下保护士兵的双脚。排雷靴是一种特殊用途的军用作战靴，通常用于扫雷作业。排雷靴采用气垫结构，靠减少人体对地面的压强达到不触发地雷引信的目的。山地部队装备有山地滑雪靴，它由防水皮革制成，内有手套型的皮内衬和可抽出的绝缘鞋垫，其橡胶鞋底上还有可捆绑滑雪板的地方。穿上这种靴子既可登山，也可以滑雪或在雪地行走。军靴是古今中外军队所必备的一种军需品，其式样、质地不仅会影响军人的战斗力，而且也反映出一个国家的经济状况和技术水平。相信在未来，一定会出现更多的、更先进的特殊军靴。

迷彩军靴
军靴必须具有良好的防水性、防滑性、舒适性和抗磨损性等性能，以适应各种极端环境的要求。

■ 蛋白质衣料

最近，科学家们正加紧研制一种由蛋白质加工制成的纤维衣料。它不仅有人造纤维的优良特性，而且具有像皮肤一样的透气保温性能，既保温又透气。如果将这种蛋白质纤维做成呼吸型衣料，就是很有前途的服装材料。

此前，英国人从动物胶中提取蛋白，制造出人造蛋白纤维；意大利人以牛乳酪素为原料制成人造羊毛。这些纤维制成的衣料虽然具有一定的透气性，但强度较差，而且所用的原料又是人类的食物，所以发展受到限制。于是，科学家又发明了一种人体蛋白质做的衣料，就是皮肤型蛋白质衣料。人体蛋白质水解后可得到20余种氨基酸，利用氨基酸聚合体制成的衣料具有皮肤的呼吸功能，既保温又透气，并能阻止雨水渗进衣服。

【百科链接】
蛋白质水解：
蛋白质在酸、碱或酶的作用下发生水解，其最终产物是氨基酸。

更重要的是，人体蛋白质的来源很广，泪水、唾沫、汗液中都普遍含有人体蛋白质，这些都是取之不尽的天然材料。

大豆
从榨掉油脂的大豆渣中提取球状蛋白，再经过特殊处理，就可以纺出大豆蛋白纤维丝。这种纤维丝纤度细、比重轻、拉伸度较高、耐酸耐碱性较好，具有柔软的手感、蚕丝般的光泽、棉纤维的吸湿性及保暖性，被誉为"新世纪的健康舒适纤维"。

纤维素：由葡萄糖组成的大分子多糖，植物细胞壁的主要成分。不溶于水及一般有机溶剂，是世界上最丰富的天然有机物，占植物界碳含量的50%以上。

未来展望篇

■ 细菌织的布

在许多人的印象里，细菌就是产生疾病、瘟疫的罪魁祸首。但并非所有的细菌都是青面獠牙、穷凶极恶的，许多细菌其实还是非常"温柔可爱"的。

在工业方面，美国科学家发现了一种在光合条件下能产生纤维素的细菌，它生产出的纤维比一般的植物纤维要长，质地也更坚实、柔软，用这种细菌纤维织的布，比棉麻织品要耐用得多。

美国有家化学公司最近还发明了一种利用细菌直接生产塑料的新方法，用这种方法生产出的塑料制成的农用地膜，一定时间后会自行降解，不但不会造成污染，反而会增加土壤中的有机质。美国有个大型制糖厂用的原料既不是甘蔗，也不是甜菜，而是一种嗜热细菌。这种细菌专门"消化"各种纤维素，比如废纸中的纤维素，并在消化过程中产生一种无气味的颗粒状合成蛋白或葡萄糖，每"消化"100千克废纸，就可生产50千克食糖。

德国有个垃圾处理厂，处理垃圾的方法既不是焚烧，也不是填埋，而是将一种厌氧的细菌置于垃圾中，让细菌分离垃圾，在分离过程中还能产生一种类似乙炔的可作燃料使用的气体。

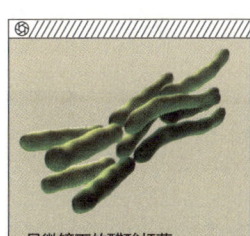

显微镜下的醋酸杆菌

醋酸杆菌能使糖类和酒精氧化成醋酸，而能"织布"的胶醋酸杆菌会"吐"出一根根微小的丝，这种丝经过人工处理，可以制成一种新型的无纺织物。

【百科链接】

细菌：
自然界分布最广、个体数量最多的有机体，结构简单，多以二分裂方式繁殖。

会变色的欢乐女神蝶

欢乐女神蝶产于南美洲的巴西、秘鲁等国，属于闪蝶科，其翅膀的颜色在阳光下会随着角度的转换而改变，因此被誉为"世界上最美的蝴蝶"。

■ 变色衣

你相信吗？未来的服装颜色可以在不同的场合发生变化。

很久以前，古埃及国王亚历山大二世就发现了一种色彩能变幻的花朵。其臣民用这种花朵的汁液染布，布料晾干以后，竟然自动出现了色彩变化。这就是最早的变色衣料。

目前我国研制出了一种见光变色的腈纶线。这种材料编织成的服装，能随光源的变化转换色彩：在自然光下是浅咖啡色，到白炽灯下变得鲜红，经荧光灯照射后会转换为橙黄，遇强太阳光又变成深褐色。英国科学家则将液晶材料封闭在微小气囊中，再把无数小囊加工成可以印染的油墨。这种油墨涂敷在一种黑色纤维表面，可以使其产生受热变色的功能。于是，这种黑色纤维制成的衣服穿在人们身上以后，就随着人的体温的变化而显示出不同的炫丽而迷人的色彩。

在南美洲，栖息着一种世界上最美丽的欢乐女神蝶，其翅膀上有无数显色和不显色的鳞片，受光的反射和折射后能显露出艳丽的色彩。依照这种原理，科学家便将两种热收缩性不同的聚合物混合织成丝，得到具有潜在"扭曲"性能的扁平断面纤维。

穿上用这种纤维制成的衣服，光被扁平断面纤维吸收和反射，便会产生变色效应：去草坪上游戏，衣服就一片翠绿；在红地毯上跳舞，衣服就会变得红艳如火；驰骋在晶莹的冰面上，周身又将一片银装素裹……这种会变色的衣服把人的服装融入大自然的景色，使人们在享受自然的同时，生活也变得更加丰富多彩。

可持续发展：既满足当代人的需求，又不对后代人满足其需求的能力构成威胁的发展。力求在严格控制人口数量及保护环境等前提下发展经济和社会。

▶ 智能化大楼
▶ 太阳能住宅

未来的居住环境

■ 智能化大楼

　　智能化大楼就是一幢将计算机、通信、自动控制等多种功能集于一身的智能化建筑。一般来说，它由通信自动化、办公自动化和楼宇自动化三个系统组成。中央监控系统的计算机群可以将这三个系统有机地结合起来进行合理控制，从而使大楼各项设施的运转达到最高效的程度。

　　1984年，美国建成了世界上第一幢智能化大楼。如今我国也有了自己的智能化大楼。其中，楼宇自动化系统可以将配电、空调、给排水、照明及消防等设备纳入其管理范围；办公自动化系统由电话、传真、电脑及声像存储等多种终端设备构成，具有图文处理、文档管理及决策支援等基本功能；通信自动化系统则具备了话音、数据、视频通信及控制信号传输的功能。在该大楼里面的各处都可得到视像会议服务。第一层的电梯和大堂内部还设有触摸电脑系统，使来访者能直接与大楼工作人员联络。另外，大厦的楼宇自控系统具有全天候监控、保护器材运行和防火功能，使用者只需通过电话机上的按键，就可根据需要调节气温和照明器材。

　　智能化楼宇里的管理和信息传输方式，比非智能化大楼先进十倍乃至数百倍。因此有专家估计，随着计算机技术和现代通信技术的迅速发展，智能化大楼在未来很可能得到普及。

■ 太阳能住宅

　　21世纪，人类面临的共同主题就是可持续发展。城市建筑也必须由传统的高消耗型发展模式转向可持续发展模式。众所周知，太阳能是一种免费的、清洁的并且取之不尽的绿色能源。所以太阳能住宅也将会在各种住宅类型中崭露头角，并成为未来建筑中的亮点。新型太阳能集热器试制成功，使太阳能能源板可直接作为建筑构件在屋顶、墙面和阳台上应用，并且斜坡和平顶镶嵌式太阳能能源板也可紧贴屋面或作为屋面组成部分。此外，住宅内先进的电子自控系统，所有的照明、供暖等设备所需要的能源，全部可以由太阳能来提供。近几年，发达国家已经出现了"零能房屋"，即完全由太阳能光电转换装置提供所需要的能源，真正做到清洁无污染的建筑物。相信未来的太阳能住宅将会有更好的发展。

【百科链接】

绿色能源：又称清洁能源。狭义的绿色能源指可以恢复补充、不产生污染的可再生资源，如风能、太阳能等。广义的绿色能源指在能源的生产、消费过程中，选用对生态环境低污染或无污染的能源，如天然气、核能等。

零能房屋——太阳能住宅
　　零能房屋是指房屋所需的能源均来自太阳，常规能源消耗为零。这种房屋向阳的墙面、屋面可设置太阳能电池板，它所产生的电能除可满足照明需要外，还可为房屋供暖，为空调供电。

- 现代化厕所
- 海上城市

未来展望篇

神户：位于日本本州岛西南部，是日本著名海港城市，以港口、人工岛、珍珠、牛肉和时装闻名。

■ 现代化厕所

随着科学技术的发展，生活环境的改善，将会出现越来越多的现代化厕所。

在欧洲，有一种"音乐厕所"。使用这种厕所，只要投入硬币，门就自动打开，人一进去，门就自动关闭，接着便能听到悦耳的音乐。厕所内设备齐全，干净舒适。

而美国人则造出了一种"全功能厕所"，厕所内除了有便纸外，还配有专门垫便桶圈的纸。洗手处备有液体肥皂、冷热水、烘手机、擦手纸等。还为老人、残疾人设计了特别宽敞的单间和专用厕位，便于轮椅进出。有的甚至备有小床，以方便家长给婴儿换尿布。

整洁的现代化公厕

在现代社会中，公厕已经成为一种体现人文关怀和城市精神的服务性基础设施。布局合理、整洁卫生和服务功能完善的公厕，可以折射出一座城市的文明水准。

日本的某些现代化厕所则提供了一种"健康便座"，上面设有小便样品采集器，能及时对尿液做出糖分、蛋白质、血细胞等成分的分析。便座旁边还放有测量血压的装置，可以为使用者测量血压提供方便。

【百科链接】

血压：
指血液在血管内流动时作用于血管壁的压力，是推动血液在血管内流动的动力。

■ 海上城市

当今世界，人口不断增加，陆上居住的土地日益减少，城市人口密度越来越大，于是人们产生了在海上建立城市的想法。

最早的建立海上城市的设想，是由英国人提出来的，但未能付诸实践。目前，世界上已建成的最大的海上城市，是日本神户人工岛。它建在神户市南约3千米、水深12米的海上，总共花费了15年的时间和5300亿日元。日本人削平了神户市西部两座山峰，将8000万立方米的土石填入海中，建造成这座大型的海上人工岛。该岛东西长3千米，南北宽2千米，总面积为4.4平方千米。

这座海上城市具备现代化的城市功能和新型交通体系。城市中部为住宅区，有可供6500户家庭居住的公寓。居民生活区内不仅有商店、学校、医院、邮电局、饭店、博物馆，还建有公园、娱乐场、体育馆、游泳池和污水处理场等生活服务设施。岛的南侧建有防波堤，其他三面建有现代化的码头，可同时停泊28艘万吨级轮船，因此这座岛是一个名副其实的规模巨大的现代化港口城市。该岛与神户市由一座长300米、宽14米的双层大桥相连，交通十分方便。

迪拜的朱迈拉棕榈岛

朱迈拉棕榈岛位于阿拉伯联合酋长国迪拜的阿拉伯湾，长宽均为5.5千米，完全用沙子和岩石建造而成。岛上建有1.2万栋私人住宅和1万多所公寓，还有水下酒店、摩天大楼和室内滑雪场。

卫星城：为控制大城市过度发展而在其外围建立的既有就业岗位又有较完善的住宅区和公共设施的城镇，因像卫星一样围绕中心城市而得名。

▶ 地下空间
▶ 未来的太空城

■ 地下空间

目前，有许多超大型的城市每天都必须解决几百万人的生存问题。最为典型的例子当属东京，加上周围数不胜数的卫星城，东京的居民人数已超过了3000万。人口密集型城市的交通随时都有陷入瘫痪的危险。而解决这个问题的最好办法就是利用地下空间，例如修建地铁、地下建筑、地下城市等。

维也纳的地铁站　始建于1896年，是世界上最早建成的地铁站之一。在兴建地铁的同时，维也纳还修建了地下建筑工程和地下商业中心，与地铁网络融为一体。

20世纪下半叶，世界发达国家已经开始开发利用地下空间了，现在日本大城市的浅层地下空间都已经开发得差不多了。在欧洲，大都市在发展的同时，还要面对完好保存具有重要艺术价值的建筑物的问题，比如想提高交通效率还必须向文化遗产做出让步。瑞典大城市斯德哥尔摩为了保护古城，修建了一条深埋在地下的交通环线，长约14千米。另外，瑞典、挪威、芬兰这些国家城市地下空间的利用也比较充分，有很多地下音乐厅、游泳池、运动场。

加拿大的蒙特利尔，隆冬时节室外温度可达-34℃。为了对付严冬，人们正在考虑建造一座地下城市。在人们的设想中，这座城市由30多千米的走廊将广场、商店、办公室、医院等连起来，每天有50万人在地下设施系统中购物、工作，度过一天的大部分时光。

■ 未来的太空城

很久以前，人们就有在太空中建造太空城的梦想。随着宇宙空间技术的发展，人类移居太空已经不再是幻想。

人类为什么要费尽心机地移居太空呢？这是因为地球上的人口越来越多，而地球提供给人类的资源是有限的，能源、水源、矿产等人类生存所必需的资源越来越少，再加上大气、水、噪声等污染越来越严重，因此人类在地球上的生存前景越来越不妙。摆脱这种困境的办法，除了更科学地"管理"自己，就是到太空去寻找出路，在那里建造崭新的、良好的生活天地——太空城。

科学家们设想，在21世纪结束之前，先建造几个较小的太空城市，它们像卫星一样分布在地球周围。每个"城市"中能居住几万到几十万人。这些城市，环境幽雅，绿树成荫，工作生活所需要的物品一应俱全，简直是一个世外桃源，人们在里面进行各种科学研究或从事其他工作，愉快地学习、生活。

此外，人类还将在月球上建立太空城市，月球太空城将修建月球田，利用水耕法种植庄稼、花草树木，使它看起来像个大花园，太空城里将有舒适的住宅、旅馆和各种生活设施。

为了解决电力问题，人们可以建造空间太阳能电站，当然，还要解决交通问题，以便人们可以自由地乘坐航天飞机去太空城。

【百科链接】

地下空间资源：
一般来说，城市地下空间可开发的资源总量就是城市面积乘以开发的深度，再乘以40%的可开发系数。

幻想中的太空城　科学家设想的太空城应该建在环绕地球或其他行星的轨道上，通过自转而产生人造重力，利用太阳能实现能源自给，而且要有自己的太空港和对接舱，便于货运飞船的往来。

- 自动人行道
- 高速自行车

未来展望篇

流线型：前圆后尖、表面光滑、略像水滴的形状。流线型物体在流体中运动时所受到的阻力最小，所以汽车、火车、飞机机身、潜水艇等常做成流线型。

未来的交通

■ 自动人行道

在人流密集的大城市里，交通通常都十分拥挤，而自动人行道则能解决这一问题。

自动人行道的零部件、安全装置及电气控制系统与自动扶梯差不多，可以将它看成是一种平铺下来的长条形电梯。它的起始速度较低，因此乘客能够快速适应；而后速度逐渐增加，以减少乘客在自动人行道上停留的时间；最后，速度又逐渐降低，以便乘客安全离开自动人行道。自动人行道安全性高、噪声低、能源消耗低、没有尾气污染，政府也不用额外投资建造停车场。此外，使用自动人行道也不存在停车难和防盗问题，也不用经常对它进行维护或为其更换零部件。

自动人行道主要建造在圆环形的商用大楼内，也可以用于环形地下隧道和室外环形道路、环形高架道路、环形人行天桥、环形轨道交通。当用于环形轨道交通时，自动人行道可代替轻轨、地铁进行短距离的乘客运输，从而大大节省城市资源，并降低政府的总投资成本。

机场里的自动人行道

自动人行道目前多用于车站、商场、机场、展览馆等人流集中的地方，要真正成为一种普及的公共交通方式，还有待于其技术的进一步研究和改进。

■ 高速自行车

未来的自行车时速可达100千米以上。在自行车专用高速公路上骑这种自行车，比开汽车还要快。

高速自行车外罩轻质的特殊塑料，这种塑料差不多将整个车身都包在里面，使自行车具有流线型的外壳。这样可以使车的阻力减少一半。高速自行车的车座装在与脚镫等高的平面上，让人可以半躺着踩脚镫。这样不用格外用力，就能把时速提高40千米。此外，高速自行车还像儿童脚踏车那样有三个轮子，使稳定性更好。

美国一位宇航科学家曾同人合作，设计出一系列叫作"维克多"的高速自行车，可乘坐两人，最高速度可以达到每小时150千米。这种"维克多"自行车的轮胎内部填充着弹性良好的发泡材料，车座向上倾斜具有缓冲作用，外形光滑而呈流线型，防风罩上连雨点都不会留下。人们骑着这种自行车，能像乘坐小轿车一样疾驶如飞。

【百科链接】

阻力：
妨碍物体运动的作用力称为阻力。如物体在空气中运动，因与空气摩擦而受到阻力。

公路自行车赛

目前公路自行车的最高时速只有50多千米，而未来的公路自行车时速可达到100千米以上，可与汽车媲美。

气垫船：又叫"腾空船"，利用高压空气在船底和水面间形成气垫，使船体升离水面，航行速度每小时可达80海里。1959年英国制造了第一艘气垫船。

▶ 未来的船舶
▶ 太空"电梯"

■ 未来的船舶

据科学家预测，未来的水路交通工具多种多样，既有超高速轮船、智慧型船舶，也会有超长的海底隧道和巨型航母。

超高速轮船运用了众多不同的高科技成果，包括具有巨大扬力的船翼和利用空气压力升离水面的气垫船等多项重要发明。超高速轮船的载货量可达1000吨，每小时能航行50海里，是未来海洋中最重要的运输设备。即使海洋中最恶劣的暴风雨天气，也不能阻碍超高速轮船的正常行驶，它堪称兼具速度性、安全性和稳定性于一身。未来，超高速轮船很可能打破飞机的运输垄断地位，成为地球上最常见的交通工具。

行驶中的气垫船

气垫船通常使用铝合金、玻璃钢或高强度钢制造，采用航空发动机、高速柴油机等作为动力装置。

智慧型船舶是一种新概念交通工具，是充分利用电脑来进行航行的海上交通工具。智慧型船舶上的电脑将老练优秀的船长的航行经验和技术全部储存起来，船上的人根据电脑上的信息，同时搭配陆上控制台的支援资讯及船上各种资讯，跟机器共同研判海面上的情况，互相辅助指挥航行的船只。由于海上航行时间相对较长，不确定的危险发生的概率也相对要高，所以智慧型船舶的普及也是未来一种不可避免的趋势。

■ 太空"电梯"

坐上电梯就可以去太空旅游，这是科幻小说中的情节，也是现实中的科学家的设想。这一设想最早是由苏联科学家在20世纪60年代提出来的，后来美国科学家对其做了进一步论证。到目前为止，这方面探索仍在继续。

太空电梯是一种向太空运送物资和人员的永久性装置，主要由吊天梯和甩天梯两部分组成。吊天梯高度为35780千米，一端连接地面，另一端连接太空城，其主要功能就是将地面上的物资和人员送往太空城。吊天梯可以通过运载托盘形成闭路循环，从而得到循环使用。甩天梯的长度是74000千米，由导轨和中转站等组成。它的主要作用是支撑吊天梯。

想象中的太空电梯

根据测算，太空电梯项目实施起来，需要100亿美元。虽然耗资巨大，可一旦建成，收益也将巨大。目前用航天飞机把一个人送上太空大约需要花费12万美元，而用太空电梯大约只需要300美元。

【百科链接】

海里：

按照我国有关规定，1海里等于1.852千米。但由于地球不是一个标准的球体，所以海里的长度并不固定。最短的海里在赤道上，1海里等于1.843千米。最长的海里在南北两极，1海里等于1.862千米。

生产出牢固的太空电梯材料是成功修建太空电梯的关键。科学家目前看好一种碳纤维材料。这种材料的韧度是钢的数百倍，重量只有钢的1/6。不过其生产成本较高，每一克的成本为500美元。

太空电梯虽然耗资巨大，可是一旦建成，可以全天运转，从而产生巨大的经济效益。当太空电梯的运输成本大大降低的时候，绝大多数人都将可以登上太空一览美景。科学家认为，太空电梯甚至可以用来探测其他行星。

- 空天飞机
- 超空间发动机

光年：天文学上表示距离的单位，指光在真空中用一年时间所行走的距离（光每秒大约行驶30万千米），约94600亿千米。

未来展望篇

■ 空天飞机

空天飞机是既能在大气层内飞行，又能到太空中航行的新型飞行器。刚刚起飞的时候，它就像普通飞机那样从跑道上水平起飞，由普通飞机用的涡轮喷气发动机驱动，以液氢为燃料。当速度上升到3倍音速以上时则改由冲压式发动机驱动。这种发动机结构简单，只是必须在高超音速下工作。空天飞机高速前进时，进气道大量吞吸空气，并从空气中分离出氧气，然后使氧气源源不断地与液氢一起流进燃烧室。由于从大气层中取氧，空天飞机可以少带许多液氧上天，从而减轻了起飞重量。不过空天飞机飞到大气层边缘时，便无法再从外界获得氧气，冲压发动机又被火箭发动机取代，无法驱动空天飞机，所以此时空天飞机只能用自身携带的液氧和液氢作推进剂，完成最后一段旅程。空天飞机在100千米高空的飞行速度大约为25倍音速，它最终加速进入地球轨道，成为航天飞行器。返回大气层后，空天飞机照样可以在机场着陆。如此看来，将来人们去太空旅行完全可以像今天乘飞机去世界各地旅行一样简单。

波音747与航天飞机轨道器
1977年2月，美国研制出了一架"创业号航天飞机轨道器"，并在波音747飞机的协助下进行了机载试验。

作为一种高超音速运输机，空天飞机具有推进效率高、耗油低、载客（货）量大等优点，是一种经济而有效的交通工具，可以成为一种高速洲际交通工具。此外空天飞机还具有重要的军事价值，可作为战略轰炸机、战略侦察机和远程截击机使用，这对战略空军进一步发挥作用具有重要意义。

■ 超空间发动机

未来200年内，人类很可能造出可以飞行10亿光年距离的超空间发动机，到那时星际旅行就会变得易如反掌了。

据英美的一些媒体报道，科学家们一直在秘密研究一种令人匪夷所思的飞行动力装置——超空间发动机。一旦研制成功，人类将可以乘坐太空船在太空高速飞行，从地球飞往火星将只需3小时，而飞往11光年之外的星球也只要80天。

这种发动机之所以如此神奇，是因为它应用了一个颇具争议的宇宙构造理论。该理论可以说是对当前物理学法则的重大挑战，它声称，如果超空间发动机能创造一个足够强大的磁场或重力场，那么身处其间的物体（如太空船）就将"进入"另一个完全不同的"多维空间"。而在"多维空间"中，光速将比外面快许多倍，太空船也将以"难以置信的高速度"飞行。当飞行结束，"超空间发动机"所创造的磁场被关掉时，太空船将重新返回我们目前所处的三维空间。不过超空间发动机目前仍处于研制阶段，许多科学家都对它很感兴趣。

毫无疑问，空间旅行是人们都非常期待的事情，因此超空间发动机所带来的效益也将是无法估量的。太空船如果真能穿越空间，那么人类完全可以靠它在不同的星际间自由探索。到那时，到别的星球定居将不再是科幻小说中才有的情节，它将在现实生活中真实地发生。

【百科链接】

太空：地球大气层以外的宇宙空间，离地面的最低高度大概为110千米。